PHILOLOGISCHE STUDIEN UND QUELLEN

Herausgegeben von

Anne Betten · Hartmut Steinecke · Horst Wenzel

Heft 200

Strategien politischer Kommunikation

Pragmatische Analysen

Herausgegeben von
Heiko Girnth und
Constanze Spieß

ERICH SCHMIDT VERLAG

Bibliografische Information der Deutschen Bibliothek

Die Deutsche Bibliothek verzeichnet diese Publikation
in der Deutschen Nationalbibliografie;
detaillierte bibliografische Daten sind im Internet
über dnb.ddb.de abrufbar.

Weitere Informationen zu diesem Titel finden Sie im Internet unter
ESV.info/3 503 07990 4

ISBN-13: 978 3 503 07990 2
ISBN-10: 3 503 07990 4

ISSN 0554-0674

www.ESV.info

Dieses Papier erfüllt die Frankfurter Forderungen der Deutschen Bibliothek
und der Gesellschaft für das Buch bezüglich der Alterungsbeständigkeit
und entspricht sowohl den strengen Bestimmungen der US Norm Ansi/Niso
Z 39.48-1992 als auch der ISO-Norm 9706.

Druck und Bindung: Difo-Druck, Bamberg

Inhaltsverzeichnis

Heiko Girnth/Constanze Spieß

Einleitung: Dimensionen öffentlich-politischen Sprachhandelns

Mit der Politolinguistik hat sich in den vergangenen Jahren eine linguistische Teildisziplin etabliert, die die Sprache im Kommunikationsbereich Politik in allen ihren Facetten beschreibt und analysiert. Für die Mehrzahl der politolinguistischen Untersuchungen ist die Einsicht, dass politisches Handeln vornehmlich sprachliches Handeln ist, erkenntnisleitend. Obgleich politisches Handeln nicht ausschließlich im sprachlichen Handeln aufgeht, bildet letzteres doch eine notwendige Bedingung politischer Tätigkeit. Sprache konstituiert gesellschaftliche Wirklichkeit und gesellschaftliche Wirklichkeit wird wesentlich durch Sprache bestimmt. Schon Humboldt konstatiert die unbedingte Angewiesenheit der Sprache auf Gesellschaft[1], und Wittgenstein formuliert, dass es eine Privatsprache nicht geben könne[2]. Sprache stellt eine Form sozialen Handelns dar und es ist Aufgabe der Pragmalinguistik „Sprache als Form sozialen Handelns in den dieses Handeln konstituierenden und durch dieses Handeln konstituierten kommunikativen Zusammenhängen"[3] zu analysieren. So geht es auch beim politischen Sprachhandeln immer um Wirklichkeitsdeutungen und um Konstitution von Wirklichkeit innerhalb bestimmter situativer und kontextueller Bedingungen.

Das Handlungspotenzial von Sprache einerseits sowie die Kontextbedingtheit andererseits, die sowohl den Äußerungskontext als auch die Situation und die Rollen der Akteure umfasst, sind für den öffentlich-politischen Kommunikationsbereich, der einen zentralen Ausschnitt aus dem Großbereich ‚Sprache und Gesellschaft' darstellt, konstitutiv. Grünert beschreibt das Verhältnis von Sprache und Politik folgendermaßen:

> Politisches Handeln wird durch (mit) Sprache entworfen, vorbereitet, ausgelöst, von Sprache begleitet, beeinflusst, gesteuert, geregelt, durch Sprache beschrieben, erläutert, motiviert, gerechtfertigt, verantwortet, kontrolliert, kritisiert, be- und verurteilt. Politisches Handeln ist mit sprachlichem Handeln, ist mit Kommunikationsprozessen verbunden. Politisches Handeln geht nicht im sprachlichen Handeln auf, aber es ist grundsätzlich angewiesen auf den Austausch von Signalen.[4]

---

1 „In der Erscheinung entwickelt sich jedoch die Sprache nur gesellschaftlich, und der Mensch versteht sich selbst nur, indem er die Verstehbarkeit seiner Worte an Andren versuchend geprüft hat." Humboldt 1963, S. 196.

2 Vgl. Wittgenstein 1984, § 258.

3 Cherubim 1978, S. 7.

4 Grünert 1984, S. 29.

Verbunden mit einem weiten Politikbegriff, wie ihn etwa Strauß oder Sarcinelli[5] vertreten, die politische Sprache, politischen Sprachgebrauch und politische Kommunikation nicht ausschließlich auf „staatliches oder auf den Staat bezogenes Reden"[6] beschränken, legt die von Grünert verfasste Beschreibung politischen Handelns und Sprachhandelns eine pragmatische Analyseausrichtung nahe. Dementsprechend plädiert Burkhardt dafür, einen weiten Begriff von politischem Sprechen bzw. politischer Sprache einer pragmatisch ausgerichteten Politolinguistik zu Grunde zu legen, der

> alle Arten öffentlichen, institutionellen und privaten Sprechens über politische Fragen, alle politiktypischen Textsorten sowie jede für das Sprechen über politische Zusammenhänge charakteristische Weise der Verwendung lexikalischer und stilistischer Sprachmittel umfassen soll.[7]

Der weite Handlungsbereich von Politik und der damit in Verbindung stehende weite Politikbegriff erlauben und begründen zugleich die Vielfalt und Heterogenität politischer Kommunikation und damit einen weiten und relativ offenen Gegenstandsbereich. Denn alles, was politisch wird, kann Gegenstand der Politolinguistik sein. Entsprechend vielfältig sind die Dimensionen, in denen sich politisches Sprachhandeln entfaltet: in Institutionen, in öffentlich-politischen Meinungsbildungsprozessen, in politischen Prozessen der Zustimmungswerbung und Meinungsdurchsetzung und in den jeweiligen weiteren politisch zu gestaltenden Bereichen menschlichen Zusammenlebens. Politisch ist also alles, was in denjenigen Kommunikationsbereich fällt, „in dem über Angelegenheiten öffentlichen Interesses gehandelt wird, in dem Meinungen gefaßt werden und Prozesse ablaufen, die der Herstellung und Durchsetzung verbindlicher oder umstrittener gesellschaftlicher Entscheidungen dienen"[8]. An diesem breiten Gegenstandsbereich kann das zur Verfügung stehende pragmatische Methodeninventar empirisch überprüft oder auf die besonderen Bedürfnisse öffentlich-politischer Kommunikation ausgerichtet und operationalisiert werden. Von der Politikerrede über mediale Diskurse bis zum Chat kann die Politolinguistik die verschiedensten Formen politischen Sprachhandelns zum Gegenstand haben. Sie kann zudem das Sprachhandeln auf den unterschiedlichen sprachlichen Ebenen analysieren. Es kann auf große textübergreifende Einheiten wie etwa politische Diskurse, aber auch auf Einzeltexte, einzelne Aussagen oder lexikalisches Sprachhandeln angewendet werden.

Bedingt durch den weiten Politikbegriff und den damit verbundenen heterogenen und facettenreichen Gegenstandsbereich kann es keine sich ausschließlich auf öffentlich-politische Kommunikation bezogenen und festgelegten Kriterien des Sprachgebrauchs geben, die diesen Kommunikationsbereich strikt von

---

5 Vgl. Strauß u. a. 1989; vgl. Sarcinelli 2005.

6 Dieckmann ^{2}1975, S. 29.

7 Burkhardt 1996, S. 79.

8 Strauß u. a. 1989, S. 29.

anderen Bereichen abgrenzbar machen. Dennoch lassen sich einige zentrale und typische Merkmale politischen Sprechens ausmachen, die zugleich konstitutiv für den Großbereich politisch-öffentlicher Kommunikation sind.

So ist für politisches Sprachhandeln die Dichotomie von Eigen- und Fremdgruppe ein entscheidendes Moment. Die politischen Akteure streben danach, Macht und Zustimmungsbereitschaft zu erlangen, Einfluss auszuüben und Handlungsdispositionen zu verändern. Sie wählen eine bestimmte Strategie, die in einer Mittel-Zweck-Relation zur Intention steht, insofern sie die Umsetzung des Handlungszieles regelt. Dabei fällt auf, dass die Strategie der Inszenierung politischen Redehandelns insbesondere vor dem Hintergrund der Massenmedialität eine bedeutende Rolle spielt.

Politik und damit Sprache in der Politik ist bedingt durch Massenmedialität und bedient sich massenmedialer Vermittlung, um die jeweiligen Adressatenkreise zu erreichen. Will Politolinguistik die Rolle der Massenmedien und die damit verbundenen Strategien sprachlichen Handelns im öffentlich-politischen Bereich angemessen beschreiben, muss sie auf Forschungsergebnisse der Medien- und Kommunikationsforschung zurückgreifen.[9] Massenmedialität bestimmt politisches Handeln und damit die Wahl der Strategie erheblich, denn Massenmedien folgen eigenen Besonderheiten und Gesetzlichkeiten.[10]

Vor dem Hintergrund der medialen Vermittlung von Politik und dem Ziel, Zustimmungsbereitschaft zu erreichen, sind der Inszenierungscharakter als weiterer zentraler Aspekt politischen Sprechens, die Dissens- oder Konsensorientierung politischen Sprachgebrauchs sowie der Aspekt der Mehrfachadressierung zu sehen, die bestimmten Sprachhandlungsmustern folgen. Das Kriterium der Mehrfachadressierung, welches die Gruppenbezogenheit mit einschließt, führt dazu, dass politischer Sprachgebrauch oft polysem und vage bleibt, weil er unterschiedlichen Interessen gerecht werden möchte.[11]

Inszenierung und Massenmedialität setzen Öffentlichkeit voraus. Die Politolinguistik hebt in ihren derzeitigen Entwicklungen und Tendenzen das Kriterium bzw. Merkmal der Öffentlichkeit und dessen konstitutive Funktion für politisches Sprechen in besonderer Weise hervor. Politische Diskurse und politisches Sprachhandeln finden im Raum der Öffentlichkeit statt und werden durch Öffentlichkeit zum Teil erst konstituiert[12]; Politik ist auf mediale Vermittlung und damit auf Öffentlichkeit zwangsläufig angewiesen[13], wie in den einzelnen Beiträgen immer wieder deutlich wird. Zugleich bestimmt politisches Handeln

---

9 Vgl. beispielsweise Moilanen/Tiittula 1994; vgl. auch Burger ^{3}2005; vgl. den Beitrag von Beckmann in diesem Band, die darüber hinaus auch auf Ergebnisse der Konfliktforschung Bezug nimmt und diese in ihr Konzept integriert; vgl. Lehr im vorliegenden Band.

10 Vgl. Burger ^{3}2005; vgl. Luhmann 1981; vgl. Neidhardt 1994; vgl. auch Fetzer in diesem Band.

11 Vgl. hierzu Klein und Spieß im vorliegenden Band.

12 Vgl. Busse 1996.

13 Vgl. Sarcinelli 2005; vgl. Neidhardt 1994; vgl. Busse 1996.

zum großen Teil die Themen der Öffentlichkeit. Sowohl der politische Sprachgebrauch als auch die Strukturen und Themen der Öffentlichkeit unterliegen demnach einer nicht zu unterschätzenden gegenseitigen Beeinflussung, was sich beispielsweise im Gebrauchs- und Bedeutungswandel zentraler Vokabeln, im Entstehen neuer Handlungsmuster, aber auch in der Aktualisierung konventionalisierter Kommunikationsformen und -muster sowie in der Etablierung neuer Öffentlichkeitsarenen manifestiert.[14] Neue Öffentlichkeitsbereiche und -formen, die sich die Politik durch die zunehmende Medialität erschließt, werden zum Gegenstand linguistischer Analysen. So untersucht beispielsweise Niehr politische Monographien, die die Öffentlichkeit als Arena für die gleichzeitige Verhandlung und Thematisierung von Sachpolitik einerseits sowie privaten und innerparteilichen Angelegenheiten andererseits nutzen; letzteres kommt dem Genre des ‚Klatsches' sehr nahe. Dabei spielt auch das Kriterium der Inszenierung als Strategie[15] im Zusammenhang mit weiteren strategischen sprachlichen Verfahren eine wichtige Rolle.

Einen anderen Öffentlichkeitsbereich, der von politischen Akteuren stark genutzt wird und somit auch das zunehmende Interesse sprachwissenschaftlicher Untersuchungen weckt, stellt das Internet mit seinen vielfältigen Darstellungs- und Kommunikationsformen dar. Es entstehen neue Muster, die zum Teil auf traditionelle Formen zurückgreifen (wie z. B. E-Card und E-Mail), zum Teil aber auch ganz neue Formen der Kommunikation entwickeln (wie z. B. Rapid Response als neue Form des Online-Wahlkampfes).[16] Mit den neuen Kommunikationsformen ändern sich zum einen die Adressatenkreise, die politischen Kommunikationsweisen und damit in Zusammenhang stehend der Sprachgebrauch. Das wiederum kann bei Konventionalisierung der Muster zur Etablierung neuer Textsorten führen, was letztlich Auswirkungen auf die politische Situation hat.

Die in diesem Band versammelten Beiträge gehen auf verschiedene Dimensionen politischen Sprachhandelns ein und nehmen dabei unterschiedliche Perspektiven ein. Alle Beiträge stehen im Kontext einer pragmalinguistisch ausgerichteten Politolinguistik, die auf Interdisziplinarität angewiesen ist, und präsentieren eine große Bandbreite aktueller Forschung, von der Untersuchung typischer Sprechhandlungsmuster innerhalb von Textsorten, über die Klassifizierung neuer Textsorten im öffentlich-politischen Kontext, die Analyse von strategischem Gebrauch von Argumentationsmustern, mentalen Konzepten, Metaphern und Leitvokabeln innerhalb bestimmter Diskurse sowie die Beschreibung komplexer Handlungsspiele unter Einbeziehung sozialwissenschaftlicher Aspekte bis hin zur Untersuchung von Einstellungsbekundungen von Journalisten im öffentlich-politischen Mediendiskurs. Einzelne Beiträge befassen sich mit der historischen Dimension politischer Sprache und zeigen so Entwicklungs-

---

14 Vgl. Diekmannshenke und Wengeler in diesem Band.

15 Vgl. Beckmann, Schröter und Niehr in diesem Band.

16 Vgl. Girnth 2006.

linien bis in die Gegenwart auf. Bezugsgröße für die Einzeluntersuchungen sind entweder die lexikalische Sprachhandlungsebene, komplexe Sprechhandlungsmuster und Handlungsspiele, eine bestimmte Textsorte oder die Bezugsgröße des Diskurses, sei es ein thematisch gebundener Diskurs oder der öffentlich-politische Diskurs allgemein.

Zu den Beiträgen im Einzelnen:

Im ersten Teil des Bandes stehen theoretische Aspekte der Politolinguistik, methodische Zugänge zur Beschreibung und empirische Analysen lexikalischen Sprachhandelns in öffentlich-politischen Diskursen im Vordergrund.

Josef Klein (*Pragmatik und Hermeneutik als Gelingensbedingungen für Politolinguistik*) plädiert in seinem Beitrag für eine Verknüpfung von pragmatischer und hermeneutischer Perspektive bei der Analyse politischer Sprache. Während auf der Anwendungsebene der Diskurs-, Text- und Wortschatzanalyse beide Perspektiven durchaus zur Geltung kommen, sieht Klein vor allem auf der Theorieebene ein Defizit. Am Beispiel des Handlungspotenzials von Wörtern wie *Terrorist* und *Demokratie* zeigt er zunächst, dass politische Sprachverwendung nur unter pragmatischem Blickwinkel angemessen untersucht werden kann. Allerdings wäre politische Sprachverwendung nur unzureichend beschrieben, wenn nicht der Bereich des rezipientenseitigen Verstehens und Missverstehens in den Blick genommen würde. Klein entwickelt deshalb einen Katalog von Kategorien, die eine zukünftige empirische Hermeneutik der politischen Sprachverwendung benötigt.

Constanze Spieß (*Zwischen Hochwert und Stigma – Zum strategischen Potenzial lexikalischer Mittel im Bioethikdiskurs*) geht in ihrem Beitrag auf das argumentations- und bewertungsstrategische Potenzial von Hochwert- und Stigmawörtern in massenmedialen Zeitungstexten des deutschen Bioethikdiskurses um embryonale Stammzellforschung ein. Ihrer Analyse lexikalischer Mittel in funktionaler Perspektive legt sie das Nominationskonzept zu Grunde, das die beiden Aspekte *referieren* und *werten* vereint und sprachliches Handeln auf lexikalischer Ebene erfasst. Sprechergruppenabhängige Bedeutungskonstitution und -fixierung semantisch vager Ausdrücke einerseits sowie gleichzeitige Wertung durch die Verwendung der Ausdrücke andererseits ergibt sich aus den kontextuellen und situativen Bedingungen des Diskurses. An den Ausdrücken *Gattungssolidarität* und *Menschenwürde* verdeutlicht sie die Funktion, die Bedeutung und vor allem das Bewertungspotenzial dieser Hochwertwörter. Erst durch das Zusammenspiel der verschiedenen situativen und kontextuellen Faktoren und durch den Einbezug der weiteren sich gegenseitig bedingenden sprachlichen Ebenen in die Analyse können diese Ausdrücke und deren Handlungs- und Bewertungspotenzial angemessen verstanden und nachvollzogen werden.

Der zweite Teil des Bandes umfasst Beiträge, die einzelne Sprechhandlungstypen in politischen Reden einerseits und komplexe musterhaft ablaufende Handlungsspiele im öffentlich-politischen Diskurs andererseits fokussieren. In ihrem

Beitrag untersucht **Melani Schröter** (*Bezüge auf die Adressierten als Handelnde in der öffentlichen politischen Rede*) politische Reden von deutschen Bundeskanzlern unter dem Aspekt der Konstitution sprachlicher Handlungen und politischer Reden im Hinblick auf die Adressierten. Schröter entwickelt ein Konzept der Adressatenrolle, welches vom Adressierten als einem Konstrukt ausgeht. Der Redner nimmt dem Adressaten gegenüber Hypothesen vor, um sein Redehandeln nach dem von ihm vermuteten Adressateninteresse und Adressatenwissen zu richten. Die Adressatenorientierung wird in den einzelnen Reden unterschiedlich realisiert. Aus diesem Grund ordnet die Autorin die Reden drei verschiedenen Redesphären zu, die unterschiedlichen Direktheitsgraden der Adressierungsphänomene entsprechen und sich dementsprechend explizit oder implizit in der Rede darstellen. Im Zentrum der Untersuchung steht die Adressatenrolle der Adressierten als Handelnde. Diese Form des Adressatenbezugs und der -orientierung drückt sich im Text zum Teil direkt, oft aber auch indirekt durch diverse Handlungstypen wie etwa AUFWERTEN, ABWERTEN und ABGRENZEN aus.

Susanne Beckmann (*Der Skandal – ein komplexes Handlungsspiel im Bereich öffentlicher Moralisierungskommunikation*) zeichnet in ihrem Aufsatz das Strukturmuster des komplexen Handlungsspiels des Skandals nach, der im öffentlich-politischen Geschehen einen festen Platz einnimmt und sich aus diversen Redehandlungsmustern konstituiert. Dabei bestimmt die Autorin zum einen die Rollen der Skandalakteure, zum anderen die einzelnen Phasen des Skandals, wobei die Phase der Skandalierung im Zentrum ihres Beitrages steht und in die Phasen des Vorwurfs, der Entrüstung und der Aufforderung ausdifferenziert wird. Der Skandal besteht aus bestimmten Elementen der zur Moralisierungskommunikation gehörenden Vorwurfskommunikation wie etwa VORWERFEN, NEGATIV BEWERTEN und RECHTFERTIGEN, zugleich weist er aber Strukturmomente der Klatschkommunikation auf. Die besonderen Kennzeichen des Skandals, die ihn zugleich von anderen Formen der Moralisierungskommunikation unterscheiden, sind die Synchronie des Geschehens, die Öffentlichkeit des Skandals und die Rolle der Öffentlichkeit als Skandalarena, der eng damit in Verbindung stehende und für den Skandal notwendige Inszenierungscharakter sowie die aktive Beteiligung von Skandaliertem, Skandalierer und mehreren Dritten, was verschiedene Formen der Mehrfachadressierung zur Folge hat.

Politische Textsorten der Gegenwart und der Vergangenheit und deren konstitutive Muster sind Gegenstand der Untersuchungen des dritten Teiles des Bandes. Es handelt sich dabei um Textsorten, denen entweder in der bisherigen politolinguistischen Forschung kaum Beachtung geschenkt wurde oder die sich erst in jüngster Vergangenheit als eigenständige neue Textsorte etabliert haben. In seinem Beitrag nimmt **Martin Wengeler** (*„Wir hatten deshalb keine andere Wahl." Deutsche Kriegsbotschaften des 20. Jahrhunderts als eine wieder aktuell gewordene Textsorte*) die Textsorte der Kriegsbotschaft in den Blick. Anhand eines historischen Vergleichs von Reden zur Kriegs- und Aufrüstungslegitimation über einen Zeitraum von einem Jahrhundert bestimmt er die konstitutiven Elemente dieser Textsorte. Dabei stellt er zum einen Kontinuität die formalen Aspekte dieser Textsorte betreffend fest. Zu allen Zeitpunkten bedienen sich die Redner desselben Musters. So kommen die Elemente der Narratio, der Selbstdarstellung/Selbstinszenierung, Rechtfertigung/Legitimation, Darstellung der Ziele, Berufung auf Geschichte und Instanzen, Darstellung der Siegesgewissheit und schließlich der Solidaritätsappell nach innen in allen Reden mehr oder weniger ausführlich vor. Zum anderen konstatiert er einen Wandel im Hinblick auf die verwendete Lexik und damit auf inhaltliche Aspekte der Legitimation von Kriegsaktivitäten. Der Wandel beispielsweise zeigt sich in der Bedeutungsveränderung des Hochwertwortes *Frieden* oder in der veränderten Bezugnahme auf Bündnispartner. Während zum Ausgang des 19. und in der ersten Hälfte des 20. Jahrhunderts eine „Sprache der Gewalt" vorherrscht, setzt in der zweiten Hälfte eine Demokratisierung der verwendeten Lexik ein.

Hajo Diekmannshenke (*Polit-Postkarten: Propaganda, Wahlwerbung, politische Kommunikation*) beschreibt im Rahmen der historischen Politolinguistik die bisher in der linguistischen Forschung kaum beachtete und wenig erforschte Textsorte der Polit-Postkarte. In einem historischen Überblick zeichnet er – ausgehend von der Entstehung der allgemeinen Postkarte – die Entwicklung der Polit-Postkarte nach und geht auf Entwicklungslinien ein, die bis in die aktuelle Gegenwart reichen, indem er auf die E-Card hinweist, der sich alle Parteien als Wahlkampfmitttel und zu Werbezwecken bedienen. Als Strukturelemente von Polit-Postkarten konstatiert der Autor ein „Wechselspiel" zwischen der Absenderintention, der Bild- bzw. Ansichtsseite und dem Kartentext. Der Rezipient entschlüsselt dieses Zusammenspiel in seinem Sinn; erst die Elemente *kommunikativer Kontext, Bildseite und Kartentext* zusammen ergeben Kohärenz. Das charakteristische Merkmal der Polit-Postkarte, das sie von anderen Karten unterscheidet, besteht in der Kommunikation des Politischen, sei es durch das Bild, durch den Text oder durch beides zusammen. Dabei stellt der Autor fünf funktionelle kommunikative Grundtypen von Polit-Postkarten heraus: Selbstpräsentation, Propaganda, Politische (Wahl-)Werbung, Politische Aufklärung und individuelle Intentionen. Mustertypisch sind die Verwendung von Schlagworten, Slogans, plakative Darstellungen von Sachverhalten und Topoi.

Thomas Niehr (*Die „biographische Qualifikationsschrift" als neue Textsorte in der politischen Kommunikation oder: Wie qualifiziert man sich eigentlich für das Amt des Bundespräsidenten?*) untersucht Publikationen der Politiker Möllemann, Schäuble, Lafontaine und Kohl. Auf Grund eines Vergleiches der Schriften in Hinblick auf Kriterien der Textsortenklassifikation, Situation und Rolle des Textemittenten, Adressatenkreis, dominante Textfunktion und typische Texthandlungsmuster kommt der Autor zu dem Ergebnis, dass es sich bei diesen Schriften um eine neue politische Textsorte der ‚biographischen Qualifikationsschrift' handelt. Grund für die Annahme einer neuen Textsorte sieht er a) in der ähnlichen Situation der Politiker, welche alle aus dem politischen Geschehen Ausgeschiedene sind und mit ihrer Publikation die Öffentlichkeit im Allgemeinen sowie eine Teilöffentlichkeit im Besonderen erreichen wollen, b) in den gemeinsamen kommunikativen Grundfunktionen der Texte, die im Legitimieren des eigenen Handelns und Delegitimieren des Handelns innerparteilicher Konkurrenten bestehen sowie c) in den typischen Texthandlungsmustern, dem Muster der Medienkritik und dem Muster des Argumentierens gegen Parteifeinde innerhalb der Partei. Letzteres Muster, welches Argumentationsweisen umfasst, die Kritik an Parteikollegen nicht sachlich differenzierend, sondern persönlich diffamierend vorträgt, ist konstitutiv für die Textsorte ‚biographische Qualifikationsschrift'.

Den Zusammenhang von Diskursen, Medien und Öffentlichkeit im Hinblick auf öffentlich-politische Kommunikation und typische sprachliche Strategien stellen die Beiträge des vierten Teiles heraus. So befassen sich **Una Dirks und Anne K. Schmidt** (*Akzeptanzwerbung in britischen Editorials: Pro und Contra Irakkrieg*) in ihrem Beitrag mit dem Mediendiskurs um den dritten Irakkrieg. Dabei greifen sie das Diskursereignis ‚Kriegsbeginn' heraus, um daran die unterschiedlichen Akzeptanzwerbepraktiken britischer Tageszeitungen hinsichtlich Befürwortung und Ablehnung des Irakkrieges zu demonstrieren. Untersuchungsgegenstand bildet die meinungsbetonte Textsorte ‚Leitartikel' bzw. ‚Editorial'. Im Hinblick auf das Untersuchungsziel des Aufzeigens unterschiedlicher Akzeptanzwerbepraktiken wird an zwei ausgewählten Leitartikeln der britischen Tagespresse eine detaillierte Argumentationsanalyse durchgeführt. Beide Artikel können so bezüglich verwendeter Argumentationen, Argumentationsmuster, Frames und konzeptueller Metaphern miteinander verglichen werden. Die Ergebnisse, die Teilergebnisse eines größeren Forschungsprojektes mit dem Ziel der Erstellung eines „kulturtheoretischen Strukturmodells" über „gattungsspezifische Diskurskulturtypen" anhand internationaler Presse darstellen, zeigen die Unterschiedlichkeit der Akzeptanzwerbepraktiken britischer Qualitätspresse und lassen bei den Autorinnen Kritik an der gesicherten Informationsbeschaffung der Blätter aufkommen.

Andrea Lehr (*Denn sie wissen (nicht), was sie tun: Journalistische Einstellungsbekundungen und die besondere Rolle doppelter Anführungszeichen*) beschäftigt sich in ihrem Beitrag mit journalistischen Einstellungsbekundungen in Pressetexten politischer Diskurse, die sich in allen Pressetextsorten auf unterschiedliche Art und Weise sprachlich manifestieren und sprachreflexiver Art sind oder auf den außersprachlichen Gegenstand selbst bezogen sein können. Unter den zahlreichen Möglichkeiten sprachlicher Einstellungsbekundungen setzt sie in ihrem Beitrag den Schwerpunkt auf die einstellungsbekundende Funktion doppelter Anführungszeichen und deren besondere Rolle in der Presseberichterstattung, was vorwiegend anhand der Debatten um die deutsche *Leitkultur* und die *Gemeindefinanzreform* exemplifiziert wird. Dabei vertritt sie die These, dass Einstellungsbekundungen von Journalisten und Journalistinnen zumeist unbewusst vorgenommen werden und Anlass zur Skepsis für die jeweiligen Rezipienten gegenüber dem Geschriebenen sein sollten.

Anita Fetzer (*‚But I notice and so will the viewers notice.': the mediated status of political interviews*) befasst sich mit dem politischen Interview in den britischen Medien als Medienereignis unter bestimmten Öffentlichkeitsbedingungen, das auf Grund dieser Bedingungen nach bestimmten Mustern abläuft. Das politische Medieninterview fasst sie dabei als eine Kommunikationsform, in der Geltungsansprüche vorgebracht werden und deren Beteiligte im Raum der Öffentlichkeit in einem dreifachen interaktionalen Beziehungsverhältnis zueinander stehen: der Interviewer, der Interviewte und das Publikum als am Interview passiv Teilnehmende. Den Beteiligten kommen bestimmte feste Rollen zu, die sich in der sprachlichen Realisation durch bestimmte *media references* zeigen. Die Autorin schreibt den *media frame references,* welche sie in drei Kategorien – und zwar in die Bezugnahme auf das Medium, auf die Akteure und auf die kontextuellen Bedingungen – unterteilt, konstitutive Funktion für das politische Interview zu. Dabei betont sie sowohl den Inszenierungscharakter als auch die Mehrfachadressiertheit von politischen Interviews in den Medien und im öffentlich-politischen Diskurs.

Die Mehrzahl der in diesem Band veröffentlichten Beiträge sind Ausarbeitungen von Vorträgen, die während der Tagung des Arbeitskreises Linguistische Pragmatik (ALP) „Sprache und Politik aus pragmalinguistischer Perspektive" am 24. Februar 2004 in Mainz gehalten wurden. Die Herausgeber danken den Autorinnen und Autoren der hier vorliegenden Beiträge für ihre Mitarbeit, dem Erich Schmidt Verlag, insbesondere Dr. Carina Lehnen und Sabine Valipour, für das Zustandekommen des Sammelbandes sowie Sascha Michel für die Unterstützung bei der Fertigstellung des Bandes.

Literatur

Burger, Harald (^{3}2005): Mediensprache. Eine Einführung in Sprache und Kommunikationsformen der Massenmedien. Mit einem Beitrag von Martin Luginbühl, Berlin/New York.

Burkhardt, Armin (1996): Politolinguistik. Versuch einer Ortsbestimmung. In: Klein, Josef/Diekmannshenke, Hajo (Hrsg.): Sprachstrategien und Dialogblockaden. Linguistische und politikwissenschaftliche Studien zur politischen Kommunikation, Berlin/New York 1996, S. 75-100.

Busse, Dietrich (1996): Öffentlichkeit als Raum der Diskurse. Entfaltungsbedingungen von Bedeutungswandel im öffentlichen Sprachgebrauch. In: Böke, Karin u. a. (Hrsg.): Öffentlicher Sprachgebrauch. Praktische, theoretische und historische Perspektiven. Georg Stötzel zum 60. Geburtstag gewidmet, Opladen, S. 347-358.

Cherubim, Dieter (1978): Zum Programm einer historischen Sprachpragmatik. In: Sitta, Horst (Hrsg.): Ansätze zu einer pragmatischen Sprachgeschichte. Zürcher Kolloquium 1978, Tübingen.

Dieckmann, Walther (^{2}1975): Sprache in der Politik. Einführung in die Pragmatik und Semantik der politischen Sprache, Heidelberg.

Girnth, Heiko (2006): *Rapid Response*. Eine neue Form des Internet-Wahlkampfes. In: Klein, Josef (Hrsg.): Sprache im Wahlkampf. Frankfurt am Main u. a. (Bonner Beiträge zur Medienwissenschaft). [im Druck]

Grünert, Horst (1984): Deutsche Sprachgeschichte und politische Geschichte in ihrer Verflechtung. In: Besch, Werner u. a. (Hrsg.): Sprachgeschichte. Ein Handbuch zur Geschichte der deutschen Sprache und ihrer Erforschung, Berlin/New York, S. 29-37.

Humboldt, Wilhelm von (1963): Über die Verschiedenheit des menschlichen Sprachbaues [1827-1829]. In: Flitner, Andreas/Giel, Klaus (Hrsg.): Schriften zur Sprachphilosophie. Werke in fünf Bänden, Bd.3, S. 144-367, Darmstadt.

Moilanen, Markku/Tiittula, Liisa (Hrsg.) (1994): Überredung in der Presse. Texte, Strategien, Analysen, Berlin/New York.

Neidhardt, Friedhelm (Hrsg.) (1994): Öffentlichkeit, öffentliche Meinung, soziale Bewegung. Kölner Zeitschrift für Soziologie und Sozialpsychologie. Sonderheft 34 der Kölner Zeitschrift für Soziologie und Sozialpsychologie, Opladen.

Luhmann, Niklas (1981): Veränderungen im System gesellschaftlicher Kommunikation und die Massenmedien. In: Ders.: Soziologische Aufklärung 3. Soziales System, Gesellschaft, Organisation, Opladen, S. 309-320.

Sarcinelli, Ulrich (2005): Politische Kommunikation in Deutschland. Zur Politikvermittlung im demokratischen System, Wiesbaden.

Strauß, Gerhard u. a. (1989): Brisante Wörter von Agitation bis Zeitgeist. Ein Lexikon zum öffentlichen Sprachgebrauch, Berlin/New York.

Wittgenstein, Ludwig (1984): Philosophische Untersuchungen, Frankfurt/ Main.

Josef Klein

Pragmatik und Hermeneutik als Gelingensbedingungen für Politolinguistik

Pragmatik und Hermeneutik – eine merkwürdige Nicht-Beziehung

Gegenstand der Pragmatik ist das Handeln, Gegenstand der Hermeneutik das Verstehen. Handeln ist menschliches Verhalten unter Sinnzuschreibung[1]. Sinnzuschreibung aber ist identisch mit Verstehen. Daher gehören die Begriffe des Handelns und des Verstehens zusammen. Umso erstaunlicher ist es, dass Pragmatik und Hermeneutik bisher in großer Distanz zueinander existieren, genauer: einander geradezu ignorieren. Das gilt vor allem für die Theorieebene – soweit ich sehe übrigens nicht nur in der Linguistik. Auf der Anwendungsebene der Diskurs-, Text- und – zumindest teilweise – auch der Wortschatzanalyse ist das Zusammenwirken des pragmatischen Kategorieninstrumentariums mit hermeneutischen Verfahren und Reflexionen vor allem in der Politolinguistik keine Seltenheit. Das Untersuchungsfeld lässt auch keine andere Wahl: Undeutlichkeiten und Mehrdeutigkeiten im kommunikativen Handeln auf der einen, ideologisch und strategisch geleitetes Verstehen und Missverstehen auf der anderen Seite prägen politische Kommunikation in einem Maße, dass die Politolinguistik ihren Gegenstand verfehlen würde, wenn sie nicht zumindest auf der Analyseebene Ressourcen aus beiden „Disziplinen" in Anspruch nehmen würde.

Dass man in der Politolinguistik mehr als in anderen linguistischen Bereichen neben pragmatischen und semantischen Fragestellungen auch auf hermeneutische Probleme gestoßen wird, liegt auch daran, dass man es hier vielfach mit Einzeltexten zu tun hat, die nicht nur bloß als Korpusteile, Demonstrationsbeispiele oder Belege von Interesse sind, sondern die als politisch-historisch wichtige Texte zu untersuchen sind, etwa Verfassungen, Parteiprogramme, bedeutende Reden etc. Es gibt, wie ich hoffe in diesem Beitrag zeigen zu können, noch weitere Phänomene im Bereich der politischen Kommunikation, deren adäquate linguistische Aufschließung ohne die Verknüpfung von pragmatischer und hermeneutischer Perspektive nicht gelingen kann. Vor diesem Hintergrund wird es höchste Zeit, das Verhältnis von Pragmatik und Hermeneutik auf der Theorieebene zu reflektieren.

---

1 Vgl. zu den verschiedenen diesbezüglichen Traditionen des Handlungsbegriffs Holly/Kühn/Püschel 1984, S. 289ff.

Vor knapp zehn Jahren hat Armin Burkhardt in einer Art Zwischenbilanz Defizite und Desiderata der noch jungen Politolinguistik aufgeführt[2]: Manche damalige Schwäche ist im Laufe der z. T. rasanten Entwicklung der Teildisziplin zumindest bei ihren führenden Vertretern und Vertreterinnen (fast) beseitigt, etwa „mangelnde Distanz“, „Terminologiekonfusion“ und „Geschichtsvergessenheit“. Burkhardt kritisiert u. a., dass „ein theoretischer Rahmen“ fehle. Das gilt bis heute. Die Verknüpfung von Pragmatik und Hermeneutik erscheint mir geeignet, einen solchen Theorierahmen zu leisten.

Dass Pragmatik und Hermeneutik bislang nicht zueinander gefunden haben, hat mehrere einander wechselseitig verstärkende wissenschaftshistorische Gründe:

- Die moderne Linguistik folgt seit den Jahrzehnten des Strukturalismus, dann des Generativismus überwiegend einem „szientifischen“, am Ideal der Naturwissenschaften orientierten Wissenschaftsparadigma, in dem Deutungsprobleme bei der Datenbestimmung entweder ignoriert oder einer (als präwissenschaftliches Stadium abgetanen) Heuristik zugeordnet werden.[3]
- Die linguistische Pragmatik ist ein Kind der Analytischen Philosophie, die in ihrem Mainstream – den späten Wittgenstein ausgenommen – das Konzept der festen, homogenen Bedeutung favorisierte und die Sprache so gut wie nie in ihrer Textförmigkeit zum Gegenstand machte.
- Die Linguistik ist auch in den Teilbereichen Pragmatik und Textlinguistik bislang fast ausschließlich typus- und regelorientiert, d. h. es geht um Bestimmung, Abgrenzung, Analyse, Subklassifikation oder Distribution sprachlicher Handlungstypen und Texttypen sowie um die Regeln ihrer Konstitution. Ansätze wie der von Hans Glinz (1977 und 1978), Textlinguistik komplementär zur Literaturwissenschaft als sprachwissenschaftliche Teildisziplin zu entwickeln, die sich – auch oder primär – Einzeltexten als diskurshistorischen Ereignissen und nicht nur als Belegexemplaren für typus- oder regelbezogene Thesen zuwendet, blieben singulär.
- Die hermeneutische Praxis in der Literaturwissenschaft zielt – soweit sich Literaturwissenschaft überhaupt (noch) der Textinterpretation widmet – auch dann, wenn es ihr dabei nicht darum geht herauszufinden, was der Autor/die Autorin „gemeint hat“, darauf, die „richtige“ bzw. eine möglichst „richtige“ Textdeutung vorzulegen – kein angemessenes Modell für eine kommunikationstheoretisch anspruchsvolle Linguistik.

Mit dem letztgenannten Punkt greifen wir einer unten ausgeführten Position vor, die – vor allem, aber nicht nur mit Blick auf politische Texte – eine Hermeneutik als naiv ablehnt, die beansprucht mit wissenschaftlichen Mitteln zum „einzig

2 Vgl. Burkhardt 1996, S. 82-89.

3 Vgl. Jäger 2003, auch Biere 2004.

richtigen Verständnis" von Texten vorzudringen. Dass das mittlerweile hohen Reliabilitätsansprüchen genügende Instrumentarium der Politolinguistik valide *Analysen* zulässt, steht dazu nicht in Widerspruch. Doch bevor wir uns dem Problem der Hermeneutik im Einzelnen zuwenden, sei Einiges dazu gesagt, dass politische Sprachverwendung angemessen nur unter pragmatischem Blickwinkel zum Gegenstand linguistischer Untersuchung gemacht werden kann.

Pragmatik

In jeder Dimension von Politik – der Systemdimension (polity), der Prozessdimension (politics) und der Themendimension (policy) – spielt Sprache, genauer: spachliches Handeln, eine zentrale Rolle.

> Politik wird durch (mit) Sprache entworfen, vorbereitet, ausgelöst, von Sprache begleitet, beeinflusst, gesteuert, geregelt, durch Sprache beschrieben, erläutert, motiviert, gerechtfertigt, verantwortet, kontrolliert, kritisiert, be- und verurteilt.[4]

In der Systemdimension kommt der Sprache sogar *konstitutive* Bedeutung zu, insofern sich in der geltenden Verfassung das demokratische Staatswesen konstituiert (Verfassung als „Konstitution").

Die formalen sprachlichen Einheiten, in denen sprachlich gehandelt wird, sind Texte, Sätze und Wörter. Dass Texte und Textsorten funktionsbestimmt sind, ist eine Einsicht, die nach der Pragmatischen Wende der Textlinguistik in den 1980er Jahren[5] für den politolinguistischen Umgang mit Texten und Textsorten so maßgeblich geworden ist[6], dass ein näheres Eingehen darauf überflüssig erscheint, zumal das durch Beiträge in diesem Band untermauert wird. Ähnliches gilt für die Satzebene. Es war die Sprechakttheorie, vor allem in der Searleschen Ausprägung, die das pragmatische Potenzial von Sätzen freilegte[7]. Allerdings wurde bei konsequenter Beachtung des Handlungscharakters von Sprache sehr bald deutlich, dass der Satz keine besonders privilegierte Domäne für sprachliches Handeln darstellt. Auch Textpassagen oberhalb der Satzebene und unterhalb der Textebene kommen als Handlungseinheiten, z. B. als Rechtfertigungen, als Angriffe etc. infrage.

Weniger selbstverständlich erscheint die Wortebene als Domäne der Pragmatik. Der Handlungscharakter politischer Sprachverwendung macht es jedoch erforderlich, auch bei einer Wortschatzuntersuchung eine *pragmatische* Perspektive einzunehmen – und nicht dem Irrglauben zu erliegen, hier könne sinnvoll handlungs- und kontextentbundene Semantik betrieben werden. Anders als

---

4 Grünert 1983, S. 43.

5 Vgl. Brinker 1983, 1985.

6 Vgl. Klein 2000b, 2001.

7 Searle 1969.

Texte und Sätze bieten sich Wörter für eine solche Perspektive allerdings nicht ohne weiteres an. Darum will ich auf die lexikologische Ebene näher eingehen.

Wörter enthalten vielfach ein Handlungspotenzial, das bei manchen Wörtern kontextübergreifend zur konventionellen Bedeutung des Wortes gehört, bei anderen in Abhängigkeit vom Kontext aktualisiert wird und das sich aus verschiedenen „Dimensionen der Bedeutung“[8] ergibt: der sachorientierten „kognitiven“, der gefühlausdrückenden „emotiven“, der (damit häufig gleichgesetzten) „evaluativen“ und der willens- und sollensbetonenden „präskriptiven“ Bedeutungsdimension. Im Rahmen politischer Sprachverwendung implizieren präskriptive Bedeutungselemente von Wörtern so gut wie immer normative, über die Befindlichkeiten und Wünsche eines Einzelnen hinausgehende Ansprüche. Darum empfiehlt es sich hier, statt von der „präskriptiven“ von der „deontischen“ Bedeutungsdimension zu sprechen (Deontik = Logik der Normen).

Am Wort *Terrorist* – in politischen Zusammenhängen überwiegend in der Pluralform *Terroristen* benutzt – lässt sich exemplarisch zeigen, wie die verschiedenen Bedeutungsdimensionen in der konventionellen Bedeutung eines Wortes zusammenwirken. Es beinhaltet kognitive Bedeutungselemente, insofern damit über die so bezeichneten Personen ausgesagt wird, dass sie eine herrschende Ordnung oder eine gegnerische Gruppe mit Gewalt bekämpfen, jedoch nicht nach den Regeln des Kriegsrechtes. Es beinhaltet emotionale Bedeutungselemente, insofern es Ängste, und evaluative, insofern es Ablehnung zum Ausdruck bringt. Eine deontische Komponente besitzt *Terrorist* insofern, als mit der Verwendung dieser Bezeichnung der normative Anspruch auf Verabscheuung und/oder Bekämpfung der so bezeichneten Personengruppe erhoben wird. Insbesondere bei Wörtern, die ein hohes emotionales und deontisches Potenzial aufweisen, treten in der kognitiven Dimension gern stereotypisierende Elemente hinzu: Bei *Terroristen* dürften das nach dem 11. September 2001 Vorstellungen von islamistischen und/oder arabischen Attentätern, insbesondere Selbstmordattentätern als Prototypen sein, so wie in den 70er und 80er Jahren mit dem Wort in Deutschland vor allem die „Rote Armee Fraktion“ assoziiert wurde.

Als Beispiel dafür, wie es jeweilige Kontexte sind, die Elemente in den verschiedenen Bedeutungsdimensionen evozieren, kann das Wort *Demokratie* dienen: Abgeleitet von dem historischen, der altgriechischen Herkunft verpflichteten Bedeutungskern „Herrschaft des Volkes“ gibt es unterschiedliche Ausprägungen in der kognitiven Bedeutungsdimension: Im Kontext der vorherrschenden westeuropäisch-nordamerikanischen Demokratie-Tradition sind allgemeine, freie, gleiche und geheime Wahlen in regelmäßigen Abständen, Gewaltenteilung, Menschenrechte, freier Wettbewerb um politische Machtpositionen, Mehrheitsprinzip, Recht der Minderheit auf ungehinderte Meinungsäußerung, insbesondere auch durch Zugang zu Massenmedien unabdingbare Elemente in der kognitiven Dimension der Wortbedeutung. Im Kontext der leninistisch geprägten Demokratie-Auffassung, wie sie u. a. der Staatsdoktrin der Deutschen *Demokratischen*

[8] Hermanns 2002, S. 343.

Republik entsprach, gehört zu den kognitiven Elementen in der Bedeutung von *Demokratie* vor allem die Abhängigkeit dieser Staatsform davon, welche „Klasse“ in einer Gesellschaft herrscht, so dass sich unter den Vorzeichen der „Diktatur des Proletariats“ die „sozialistische Demokratie als Staatsform“ ergibt[9]. In der kognitiven Dimension besteht „Bedeutungskonkurrenz“[10], doch dient das Wort in beiden Systemen dazu, das eigene System zu preisen. *Demokratie* fungiert hier nicht nur als Bezeichnung, sondern auch als ein deontisch geladenes Hochwertwort, das nach Identifikation mit dem System heischt. Anders verhält es sich im Kontext politikwissenschaftlicher Forschung: Dort wird das Wort *Demokratie* überwiegend ohne Aktivierung der emotionalen, der evaluativen und der deontischen Bedeutungsdimension in rein terminologischer Bezeichnungsfunktion benutzt. Unter wiederum anderen Kontextbedingungen begegnet uns eine emphatische Verwendung des Wortes. In „*Demokratie*bewegungen“, die gegen Diktaturen aufbegehren, verbürgt die deontische Komponente des Wortes den normativen Anspruch, der es als Losung und Leitwort geeignet macht. Ich erinnere mich an einen TV-Bericht über die erste freie Wahl in einem früheren Ostblock-Land Anfang der 90er Jahre, als eine Wählerin im Wahllokal um Stellungnahme gebeten wurde und mit einem bloßen „Endlich *Demokratie*!“ antwortete. In solchen als historisch empfundenen Momenten kann sich das Schwergewicht vom deontisch Fordernden auf emotional-evaluative Expression verlagern. Dass man mit dem Herausarbeiten der pragmatischen Potenz dem, was *Demokratie* „heißt“, näher kommt als mit der üblichen Lexikonangabe aus vorpragmatischen Zeiten (*Demokratie* = Herrschaft des Volkes), liegt auf der Hand.

Sprachwissenschaftliche Analyse politischer Sprachverwendung würde gerade das Politische der Sprachverwendung verfehlen, wenn sie auf pragmatische Kategorien verzichten würde, von denen etliche weitgehend unabhängig sind von der formalen Einteilung in Text, Textsequenz, Satz, Wort – hier einige davon, die für die politische Kommunikation in mediengeprägten modernen Massendemokratien westlicher Prägung besonders wichtig sind:

- die grundlegenden Handlungen: Aufwerten eigener Positionen/Personen, Abwerten gegnerischer Positionen/Personen, Werben um Zustimmung
- die Unterschiedlichkeit prätendierter, tatsächlich gestellter und von Rezipienten unterstellter Ernsthaftigkeits- und anderer Geltungsansprüche in politischer Rede, wie sie mit Hilfe der Kategorie des Geltungsmodus[11] beschrieben werden kann
- die Polyfunktionalität des sprachlichen Handelns, wie sie vor allem – aber nicht nur – durch die Kategorie der indem-Relation[12] sichtbar gemacht werden kann

---

9 Kosing 1989, S. 104-106.

10 Klein 1989, S. 21ff.

11 Klein 2000a.

12 Heringer 1974, S. 43ff.

- die strategische Adressatenorientierung, vielfach in Form expliziter oder impliziter Mehrfachadressierung[13]
- der Konflikt zwischen universalen Kommunikationsnormen – Informativität, Wahrhaftigkeit, Wahrheit, Relevanz, Klarheit[14]– und eigeninteressenbezogenen strategischen Normen wie Schadensvermeidung, Gegnerschwächung, Offenhalten von Operationsspielräumen, Demonstration von Durchsetzungskraft u. ä. und insbesondere die Strategien des Kaschierens von Verstößen gegen erstere[15].

Auch das, was vielfach unter der Bezeichnung „semantische Kämpfe" firmiert – das Austragen von Bezeichnungskonkurrenzen und Bedeutungskonkurrenzen, die Verteidigung eigener und die Demontage gegnerischer Begriffe, der Rückzug aus unliebsam gewordenen Begriffen und der Versuch, den Gegner auf für ihn ungünstige Begriffe festzunageln – solche Begriffsstrategien sind schon wegen ihrer persuasiven Ausrichtung mindestens so sehr pragmatischer wie semantischer Natur.

Hermeneutik

Der Beginn der neuzeitlichen Hermeneutik fällt nicht zufällig in die Reformationszeit. Jenseits aller Definitionsfeinheiten bleibt der durchgängige hermeneutische Anspruch, das korrekte Verständnis von Texten zu verbürgen, insbesondere das der professionellen Theologie gegen freikirchliche und sektiererische Auslegungen der Heiligen Schrift. Mit dem Aufstieg der „Dichtung" zu einer Art Neben- oder Ersatzreligion bildungsbürgerlicher Milieus zogen die akademischen Ausleger im Bereich der Philologien mit dem analogen Anspruch nach, die korrekte Auslegung literarischer Texte zu verbürgen. Nicht was Gott uns sagen will (theologische Hermeneutik), nicht was das Gesetz meint (juristische Hermeneutik), sondern was der „Dichter" uns in seinem „Werk" sagen will, per Interpretation zum korrekten Verstehen zu bringen, das wurde lange (und wird mancherorts auch noch heute) als Hauptaufgabe der Literaturwissenschaft betrachtet. Interpretieren bedeutet dabei eine Mischung aus Empathie und der Anwendung eines möglichst profunden kulturhistorischen, philologischen, literaturästhetischen und biografischen Wissens. Es ist nicht zu bezweifeln, dass auf dieser Basis großartige Zeugnisse interpretierenden Umgangs mit Literatur entstanden sind. Aber gerade die besten Interpretationen lösen sich bewusst oder unbewusst vom Paketmodell der literarischen Kommunikation (Dichter verpackt eine ästhetische, ideologische o. a. Botschaft in einen Text und schickt ihn per Veröffentlichung an die Adressaten, die sich wegen der schwierigen Verpackung des

---

13 Kühn 1995.

14 Grice 1975.

15 Klein 1998, S. 383ff.

Interpreten bedienen müssen, damit ihnen die Botschaft ausgepackt wird. Die ausgepackte Botschaft ist die verstandene Botschaft).

Souveräne Interpreten verlassen vielfach die Fixierung auf die Rekonstruktion der Autorenintention. Damit geraten sie allerdings in eine methodische Inkonsistenz, die gefördert wird durch die Ausweitung der Hermeneutik auf die Gegenstände der Geisteswissenschaften insgesamt, wie sie vor allem durch Dilthey, Betti und Gadamer erfolgt. Wenn die Hermeneutik zur Lehre vom „Verstehen wahrnehmbarer Formen, durch die ein in ihnen objektivierter fremder Geist zu uns spricht", wird[16], dann stellt sich die Frage nach der Referenz von „fremder Geist". Handelt es sich um den Geist des Autors, den Geist einer Epoche, einer Ideologie, einer Gattung etc.? Das semantische Spektrum von „Geist" ist breit und vage zugleich. Und es drängt sich die Frage auf, ob man Konstrukten wie „Epoche" überhaupt sinnvoll „Geist" zusprechen kann.

Von mindestens gleicher kommunikationstheoretischer Relevanz wie die Frage nach dem Subjekt hinter dem Verstehensobjekt Text ist die Frage nach dem Verstehen und den Verstehenden. Die stellt sich bei politischen Texten, denen wir uns jetzt wieder zuwenden wollen, in besonders dringlicher Weise. Abgesehen von Verfassungsgerichten – in Deutschland für Bundes- und Landesverfassungen – ist ein Auslegungsprivileg, wie es in ihren Bereichen Theologen und Richter in Anspruch nehmen, für politische Texte nicht zu erkennen. Angemessen verstehen kann man ein und denselben politischen Text häufig auf mehrerlei Weise – nicht nur im Falle von Mehrfachadressierung. Politische Texte enthalten entsprechend ihrer komplexen Handlungsstruktur vielfach ein breites Angebotsspektrum für das Verstehen, aus dem sich je nach Relevanzsetzung der Rezipienten unterschiedliche und gleichzeitig korrekte Verständnisse oder Teilverständnisse ergeben. Verstehen von Texten ist abhängig von der Möglichkeit, sie in Zusammenhänge einordnen zu können. Politische Texte lassen oft zahlreiche Anschlussmöglichkeiten zu. Auch das ist ein Grund für die Mehrfachverstehbarkeit politischer Texte.

Will sich die Politolinguistik der Deutungs- und Verstehensproblematik stellen, dann bedeutet das die Erweiterung ihrer theoretischen und methodischen Basis im Rahmen einer „empirischen Hermeneutik"[17]. Das bedeutet: Es sind tatsächliche Verständnisse und Missverständnisse im politischen Diskurs als Daten zu erheben und zu analysieren. Das notwendige methodische Instrumentarium zu entwickeln, wird keine kleine Aufgabe sein. Aber wenn man hier weiter gekommen sein wird, wird man politische Diskurse ungleich besser untersuchen können; denn dann hat man endlich auch die Rezipientenseite dabei. Mindestens die folgenden Kategorien benötigen eine empirische Hermeneutik der politischen Sprachverwendung:

---

[16] Betti 1967, S. 43.

[17] Hermanns 2003, S. 154ff.

- die Unterscheidung zwischen dem Gesagten und dem Verstandenen; die spektakulär gescheiterte Jenninger-Rede ist dafür ein Beispiel,
- die Unterscheidung zwischen dem Gesagten und dem Gemeinten; auch dafür kann die Jenninger-Rede als Exempel dienen,
- die Unterscheidung zwischen rezipienten-verursachtem Missverständnis und emittenten-verursachter Missverständlichkeit,
- die Unterscheidung zwischen Online-Verstehen beim Hören und Lesen und dem Verständnis danach,
- Ersatz der Dichotomie „korrekt verstehen" – „nicht verstehen" durch ein Kontinuum mit dem Zwischenwert „partiell verstehen". Partielles Verstehen kann dem Gesagten in hohem oder in niedrigem Maß entsprechen; so hat sich in einer Koblenzer Untersuchung Ende der 1990er Jahre das Verständnis ökonomischer Begriffe wie *Globalisierung, Standort* und *Lohnnebenkosten* bei jungen Erwachsenen als ausgesprochen gering herausgestellt – trotz hoher Gebrauchsfrequenz in den Medien. Die meisten Probanden kannten nur einen geringen Teil der Bedeutungselemente der Begriffe[18],
- Möglichkeit mehrerer plausibler Verständnisse eines Textes (Mehrfachverstehbarkeit),
- Abhängigkeit des Verstehens nicht nur vom Situationsrahmen und vom Vorwissen, sondern auch von den Relevanzen der Rezipienten,
- als besondere Ausprägung der letzteren die strategische Deutung von Texten: vor allem der politische Gegner als böswilliger Rezipient

Zum Abschluss ein Hinweis in unserer eigenen Sache: Welchen Status haben in diesem Zusammenhang politolinguistische Interpretationen politischer Texte oder ganzer Diskurse?

Sie sind dadurch privilegiert, dass die Interpretation nicht online erfolgt, dass man den Text beliebig oft unter jedem denkbaren Aspekt dem Deuten unterwerfen kann, dass man in einen wissenschaftsgenerierten Werkzeugkasten und in ein Kategorienarsenal greift, die den Online-Rezipienten nicht zur Verfügung stehen – und dass man als Wissenschaftlerin und Wissenschaftler von politisch-institutionellen Deutungszwängen frei ist. Sind die Online-Rezipienten allerdings selbst Politiker mit politolinguistisch nicht einholbarem deutungsrelevantem Situations- und Hintergrundwissen, so mag deren Verständnis dem durch politolinguistische Interpretation erreichten überlegen sein. Doch handelt es sich um andere Sprachspiele auf anderen Spielfeldern, und darum sind sie letztlich schwer vergleichbar.

---

[18] Klein/Meißner 1999.

Literatur

Betti, Emilio (dt. 1967): Allgemeine Auslegungslehre als Methodik der Geisteswissenschaften, Tübingen.

Biere, Bernd Ulrich: Linguistische Hermeneutik und hermeneutische Linguistik. Vortrag beim Germanistentag. In: Akten des deutschen Germanistentages München 2004 (Manuskript). [erscheint demnächst]

Brinker, Klaus (1983): Textfunktionen. Ansätze zu ihrer Beschreibung. In: Zeitschrift für Germanistische Linguistik 11, S. 127-148.

Brinker, Klaus (^{6}2005): Linguistische Textanalyse. Eine Einführung in Grundbegriffe und Methoden, Berlin.

Burkhardt, Armin (1996): Politolinguistik. Versuch einer Ortsbestimmung. In: Klein, Josef/Diekmannshenke, Hajo (Hrsg.): Sprachstrategien und Dialogblockaden. Linguistische und politikwissenschaftliche Studien zur polititischen Kommunikation, Berlin/New York, S. 75-100.

Glinz, Hans (^{2}1977): Textanalyse und Verstehenstheorie I, Wiesbaden.

Glinz, Hans (1978): Textanalyse und Verstehenstheorie II, Wiesbaden.

Grünert, Horst (1983): Politische Geschichte und Sprachgeschichte. In: Sprache und Literatur in Wissenschaft und Unterricht 52, S. 43-58.

Heringer, Hans Jürgen (1974): Praktische Semantik, Stuttgart.

Hermanns, Fritz (1987): Begriffe partiellen Verstehens. Zugleich der Versuch einer Antwort auf die Frage nach der Relevanz einer linguistischen Hermeneutik für die interkulturelle Germanistik. In: Wierlacher, Alois (Hrsg.): Perspektiven und Verfahren interkultureller Germanistik, München, S. 611-627.

Hermanns, Fritz (2002): Dimensionen der Bedeutung. Ein Überblick. In: Cruse, D. Alan/Hundsnurscher, Franz/Job, Michael/Lutzeier, Peter Rolf (Hrsg.): Lexikologie. Ein internationales Handbuch zur Natur und Struktur von Wörtern und Wortschätzen. 1. Halbband, Berlin/New York, S.343-350.

Hermanns, Fritz (2003): Linguistische Hermeneutik. Überlegungen zur überfälligen Einrichtung eines in der Linguistik bislang fehlenden Teilfaches. In: Linke, Angelika/Ortner, Hanspeter/Portmann-Tselikas, Paul R. (Hrsg.): Sprache und mehr. Ansichten einer Linguistik der sprachlichen Praxis, Tübingen, S. 125-163.

Holly, Werner/Kühn, Peter/Püschel, Ulrich (1984): Für einen „sinnvollen" Handlungsbegriff in der linguistischen Pragmatik. In: Zeitschrift für Germanistische Linguistik 12, S. 275-312.

Jäger, Ludwig (2003): Erkenntnisobjekt Sprache. Probleme der linguistischen Gegenstandskonstitution. In: Linke, Angelika/Ortner, Hanspeter/Portmann-Tselikas, Paul R.(Hrsg.): Sprache und mehr. Ansichten einer Linguistik der sprachlichen Praxis, Tübingen, S. 67-98.

Klein, Josef (1998): Politische Kommunikation als Sprachstrategie. In: Jarren, Otfried/ Sarcinelli, Ulrich/Saxer, Ulrich (Hrsg.): Politische Kommunikation in der demokratischen Gesellschaft. Ein Handbuch mit Lexikonteil, Opladen/Wiesbaden, S. 376-395.

Klein, Josef (2000a): Intertextualität, Geltungsmodus, Texthandlungsmuster. Drei vernachlässigte Kategorien der Textsortenforschung – exemplifiziert an politischen und medialen Textsorten. In: Adamzik, Kirsten (Hrsg.): Textsorten. Reflexionen und Analysen, Tübingen, S. 31-44.

Klein, Josef (2000b): Textsorten im Bereich politischer Institutionen. In: Brinker, Klaus/Antos, Gerd/Heinemann, Wolfgang/Sager, Sven F. (Hrsg.): Text- und Gesprächslinguistik. Ein internationales Handbuch zeitgenössischer Forschung. 1. Halbband, Berlin/New York, S. 732-755.

Klein, Josef (2001): Gespräche in politischen Institutionen. In: Brinker, Klaus/Antos, Gerd/Heinemann, Wolfgang/Sager, Sven F. (Hrsg): Text- und Gesprächslinguistik. Ein internationales Handbuch zeitgenössischer Forschung. 2. Halbband, Berlin/New York, S. 1589-1606.

Klein, Josef/Meißner, Iris (1999): Wirtschaft im Kopf. Begriffskompetenz und Einstellungen junger Erwachsener bei Wirtschaftsthemen im Medienkontext, Frankfurt am Main u. a.

Kosing, Alfred (^{4}1989): Wörterbuch der marxistisch-leninistischen Philosophie, Berlin.

Kühn, Peter (1995): Mehrfachadressierung. Untersuchungen zur adressatenspezifischen Polyvalenz sprachlichen Handelns, Tübingen.

Searle, John R. (1969): Speech Acts, Cambridge.

Constanze Spieß

Zwischen Hochwert und Stigma – Zum strategischen Potenzial lexikalischer Mittel im Bioethikdiskurs

1. Vorbemerkungen

Der öffentlich-politische Diskurs um humane embryonale Stammzellforschung, der seinen Anfang mit der Isolierung erster menschlicher Stammzellen durch J.A. Thomson[1] im November 1998 nahm und einen vorläufigen Höhepunkt im Sommer 2001 – bedingt durch den Antrag des Forschers Oliver Brüstle, Stammzellen zu Forschungszwecken nach Deutschland zu importieren – erreichte, ist ein gutes Beispiel für einen Diskurs, in dem Einstellungen über den zu verhandelnden Gegenstand sprachlich zum Ausdruck gebracht werden. Inhaltlich zeichnet sich dieser Diskurs gerade durch die Konflikthaftigkeit der Thematik aus. Auf breiter gesellschaftlicher Ebene wurde eine heftige Debatte geführt. Es galt, die eigenen Interessen zu vertreten bzw. durchzusetzen, den jeweiligen Gegner sowie die Öffentlichkeit von der eigenen Meinung zu überzeugen und Einfluss zu nehmen. In diesem Kontext entstanden eine ganze Reihe von Texten in den großen Tages- und Wochenzeitungen, die sich im Anschluss an Foucault unter dem Begriff *Diskurs* als eine Ansammlung von Texten zu einem Thema bzw. Wissenskomplex, die in einem intertextuellen Bezugs- und Funktionszusammenhang stehen, fassen lassen[2] und in denen sich Bewertungen und Einstellungsbekundungen auf allen sprachwissenschaftlich zu analysierenden Ebenen festschreiben.[3]

2. Politisch-öffentlicher Sprachgebrauch im Bioethikdiskurs

Texte des hier zu analysierenden Ausschnittes aus dem Bioethikdiskurs zeichnen sich durch die gleichzeitige Zugehörigkeit zum philosophischen Teildiskurs als auch zum öffentlichen Diskurs aus.[4] Es handelt sich um massenmedial vermittelte Texte, deren Adressaten ein disperses und heterogenes Publikum darstellen. Aus diesem Grund kommt ihnen eine besondere Stellung im Diskurs zu. Einer-

---

1 Vgl. Thomson et. al. 1998, S. 1145-1147.

2 Vgl. Foucault 1981; vgl. Busse 1987; vgl. Klein/Fix 1997.

3 Vgl. dazu Polenz ^{2}1988; Ripfel 1987; vgl. Girnth 1993; vgl. Sager 1982.

4 Zum großen Teil findet der philosophische Fachdiskurs im Jahre 2001 in der überregionalen Tagespresse statt. Vgl. dazu Graumann 2003, S. 223.

seits werden die Diskussionen auf einer sachlichen Ebene geführt, auf der Argumente ausgetauscht werden, um mit dem jeweils besseren Argument zu überzeugen; andererseits zielen die Texte auf die Erreichung möglichst vieler unterschiedlicher Adressaten, so dass auf sie auch typische Merkmale politischen Sprachgebrauchs zutreffen: *Mehrfachadressierung, Konsens-* und *Dissensorientiertheit, Öffentlichkeit, Gruppenbezogenheit, Inszeniertheit, Massenmedialität* und *Interdisziplinarität.*[5] Den Textemittenten geht es hier nicht nur um das Überzeugen einer von einer gegenteiligen Position überzeugten Partei, sondern auch um Eigenwerbung, um Akzeptanzschaffung, um Aufmerksamkeit und um Einflussnahme. Sprache wird als strategisches Mittel zur Stärkung der eigenen Position und zur Werbung um Zustimmung seitens der Öffentlichkeit, zur Polarisierung und auch zur Provokation genutzt. Einerseits manifestiert sich dies in der häufigen Verwendung bewertender Hochwert- oder Symbolwörter. Die Sprechergruppen berufen sich auf allgemein anerkannte Werte und Güter wie *Menschenwürde, Solidarität, Hoffnung, Therapie, Gesundheit* oder *Heilen*, um die eigene Auffassung zu begründen und zu plausibilisieren. Andererseits werden die Auffassungen und Handlungen der gegnerischen Position durch die Verwendung von Stigmawörtern wie etwa *Verweigerung, Tötung, schweres Leid*[6] nominiert und in die jeweilige Sprechhandlung und den Argumentationszusammenhang eingebettet.

Inwiefern in den Texten des Bioethikdiskurses argumentationsstrategische Bewertungen und Einstellungsbekundungen anhand lexikalischer Mittel vorgenommen und sprachlich markiert werden, soll hier anhand eines kleinen Diskursausschnittes vorgestellt werden. Im Zentrum der Untersuchung steht der Text ‚Rechte für Embryonen?' des Rechtsphilosophen Reinhard Merkel – erschienen am 25.01.2001 in der Wochenzeitung „Die Zeit" –, der eine ganze Reihe von Stellungnahmen und Kommentaren hervorrief und selbst bereits eine Reaktion auf einen Beitrag von Robert Spaemann in der genannten Wochenzeitung darstellt. An ihm lassen sich diskurstypische argumentative Strategien nachzeichnen, zudem ist er ein gutes Beispiel für die intertextuelle Dimension der Texte des Diskurses sowie für die diskursstrukturierende Funktion zentraler Schlüsselwörter.[7]

Merkel argumentiert in diesem Text für den Verbrauch von Embryonen zu moralisch hochrangigen Zwecken. Ausgangspunkt seiner Argumentationsführung ist der Aufweis der Selbstwidersprüchlichkeit der Abtreibungsregelung in Deutschland, aus der Merkel folgert, dass „unsere Rechtsordnung [...] kein [...]

---

5 Vgl. Girnth 2002, S. 33ff.; vgl. ders. 1996, S. 70f.

6 Die Ausdrücke sind alle Merkel 2001a entnommen.

7 Merkel 2001a. Darüber hinaus werden diejenigen Texte, die im Umfeld dieses Textes entstanden und im Hinblick auf die hier vorgenommene Analyse relevant sind, Beachtung finden; vgl. Birnbacher 2002; Höffe 2001a; Höffe 2001b; Hoerster 2001; Merkel 2001b; Spaemann 2001; Vossenkuhl 2001; vgl. dazu auch das ZEIT*dokument* 1/2002; vgl. Geyer 2002; vgl. zur Intertextualitätsdiskussion in der Sprachwissenschaft Klein/Fix 1997.

Lebens- und Würderecht des Embryos [mehr kennt]". Im Weiteren konstatiert Merkel einen Wertungswiderspruch zwischen Abtreibungsregelung und Embryonenverbrauch. Daneben führt er ethische Argumente für die Forschung mit Embryonen an. In diesem Zusammenhang widerlegt er die von ihm reformulierten gängigen Argumente der Embryonenforschungsgegner mittels Beispielargumentationen und dem Aufweis von Widersprüchlichkeiten innerhalb ihrer Argumente. Unterschiedliche Auffassungen innerhalb des Diskurses bezüglich des Status von Embryonen stellen den Sachverhalt dar, an dem sich die Kontroverse entzündet hat und auf den sie sich konzentriert.

Innerhalb dieses Beitrags soll nun die Verwendung und die Funktion der Ausdrücke *Gattungssolidarität* und *Menschenwürde* im Hinblick auf deren Bewertungs- und Argumentationspotenzial im Vordergrund stehen. Dazu bietet sich ein Vorgehen an, das von der Kontextualität der Ausdrücke ausgeht und die einzelnen Ebenen – die Wortebene, die Ebene der einzelnen Sprechhandlung, der komplexen Argumentation, des Textes und schließlich des Diskurses[8] – als in einem wechselseitigen kommunikativen Funktionszusammenhang stehend betrachtet. Die Funktion der einen Ebene kann nicht ohne die Funktion der anderen Ebene vollständig erfasst werden. Dazu wird zunächst kurz erläutert, was im sprachwissenschaftlichen Kontext unter Bewertungen und Einstellungsbekundungen zu verstehen ist und wie diese sprachwissenschaftlich zu erfassen sind (3); in einem zweiten Schritt werden die Hauptargumentationssequenzen des hier behandelten Beispieltextes vorgestellt (4), um dann das argumentationsstrukturierende und bewertende Potenzial der genannten Hochwertwörter im Kontext der Argumentationssequenzen, Redehandlungen und weiterer Lexeme zu verdeutlichen (5).

3. Bewertungen und Einstellungsbekundungen als Argumentationsstrategien öffentlichen Sprachgebrauchs

Einstellungsbekundungen als sprachliche Manifestationen von Einstellungen und bewertenden Stellungnahmen gegenüber Gegenständen oder Sachverhalten können auf verschiedenen sprachlichen Ebenen realisiert sein[9]. Sie bestehen mindestens aus zwei Komponenten, einer sich auf den Wahrheitswert einer Proposition beziehenden validativen und einer den Gegenstand positiv oder negativ bewertenden evaluativen Komponente, die kognitiv oder affektiv realisiert sein

8 Die transtextuelle Ebene des Diskurses – realisiert durch intertextuelle Bezüge – gewinnt insbesondere bei der Aushandlung von und beim Streit um Bedeutungen an Relevanz. Vgl. dazu Fraas 1997, S. 220.

9 Der Linguistik geht es also um sprachlich manifestierte bewertende Stellungnahmen und nicht darum, welche Einstellung zum Sachverhalt das sprechende Individuum tatsächlich hat. Einstellungen können als das Ergebnis von Sachverhalts- bzw. Gegenstandsbewertungen aufgefasst werden. Vgl. Girnth 1993, S. 61.

kann.[10] Im Fall der hier vorgenommenen Analyse der von Merkel verwendeten Ausdrücke *Gattungssolidarität* und *Menschenwürde* spielt die evaluative Komponente eine wichtige Rolle.

Bewertungen werden auf Grund von Bewertungsbasen[11], die im gesellschaftlichen Wissen als kollektive Wissensbestände vorhanden sind[12], vorgenommen und können auf einer Bewertungsskala nach bestimmten Bewertungsaspekten eingeordnet werden. Die Bewertungsskala hängt in ihrer Beschaffenheit von den Bewertungsaspekten ab. Grundlage von Bewertungen sind die in einer Gesellschaft gängigen Normen und Werte, auf deren Basis bestimmte Erwartungen und Vorstellungen bezüglich menschlichen Verhaltens und Handelns bestehen und die als Vergleichsbasis für Wertentscheidungen fungieren.[13] Schwierig wird es in Situationen, in denen entweder Normen und Werte strittig (geworden) sind oder unterschiedliche Perspektiven den Bewertungsgegenstand betreffend bestehen, wie es sich in der Diskussion um die Zulässigkeit der humanen embryonalen Stammzellforschung zeigt. In diesem Diskurs stehen sich verschiedene ethische Positionen als der Bewertung zu Grunde liegende moralische Wertvorstellungen im Hinblick auf den Status des Embryos gegenüber. Das macht sich im Sprachgebrauch bemerkbar und kommt innerhalb von komplexen Argumentationen zum Tragen.[14] Hier wird besonders deutlich, dass jede sprachliche Äußerung Wertungen im Sinne einer immer schon vorausgesetzten weltanschaulichen Perspektive, die jeder Mensch aufgrund seiner Situierung in bestimmte Lebensformen unhinterfragt einnimmt, impliziert.[15] Da der Bioethik-

Bewertung

10 Vgl. Girnth 1993, vgl. Ripfel 1987. In der Literatur wird zumeist eine Einteilung in drei Komponenten vorgenommen – und zwar in eine affektive, kognitive und voluntative Komponente –, die sich in dem hier verfolgten Konzept ebenfalls finden. Vgl. Girnth 1993, S. 64ff.

11 Es gibt vier elementare Bewertungsbasen: die ästhetische, moralische, faktisch-adaptive und sensitiv-expressive Bewertungsbasis. Vgl. Girnth 1993, S. 65.

12 Vgl. Sandig 1991, S. 225-252.

13 Vgl. Berger/Luckmann [20]2004, Kapitel II.

14 Einander hier gegenüberstehende ethische Positionen stellen einerseits die von Merkel u. a. vertretene Position des Utilitarismus und andererseits die von beispielsweise Höffe und Spaemann vertretene Position der Pflichtenethik in der Tradition Kants dar. Neben diesen beiden Positionen gibt es natürlich weitere. Vgl. Höffe 2001b; Spaemann 2001; vgl. darüber hinaus auch Böke 1991. Böke hat den Diskurs um den Paragraphen 218 untersucht und beschrieben, inwiefern durch den Gebrauch unterschiedlicher Ausdrücke in Bezug zum gleichen Referenzobjekt unterschiedliche weltanschauliche Positionen und moralische Wertvorstellungen transportiert und sprachlich markiert werden. Ähnliches kann auch für den Stammzelldiskurs ausgesagt werden. Vgl. auch Gerhards/Neidhardt/Rucht 1998, die den Abtreibungsdiskurs im Hinblick auf gängige Deutungsmuster und öffentliche Meinungsbildung untersucht haben.

15 Vgl. hier Wittgenstein 1984, PU §§ 19, 23, 24; vgl. auch Vološinov 1975, S. 69, 71ff.; vgl. Berger/Luckmann [20]2002, S. 23ff.

diskurs um Stammzellforschung eine Wertediskussion zum Gegenstand hat, muss man davon ausgehen, dass bewertende Stellungnahmen innerhalb der Debatte von zentraler Bedeutung sind und diese sich recht dominant auf den verschiedenen Sprachebenen manifestieren.

Insbesondere scheint für Einstellungsbekundungen von Diskursakteuren die lexikalische Ebene geeignet; so können in Schlüsselwörtern je nach Sprechergruppe unterschiedliche weltanschauliche Programme kondensieren. Die mit dem Gebrauch von Hochwert- oder Stigmawörtern verbundene Handlung der wertenden Stellungnahme ist dem Lexem nicht eigen, vielmehr konstituiert sich die Wertung aus dem situativen Kontext, in dem das Lexem gebraucht wird oder der es bereits geprägt hat; sie kann sich im Diskursverlauf auch ändern, wenn es einer Sprechergruppe gelingt, die Vokabel mit neuen Bedeutungsaspekten und Kontexten in Verbindung zu bringen.[16] Dieses Phänomen der wertenden Stellungnahme bezeichnet Bellmann als Nomination.

> Nomination hingegen ist gegenüber der Referenz auf einer nächsten und höheren Stufe die präzisierende, zumeist auch stellungbeziehende, wertende Form der Ausdrucksverwendung. [...] So stellt sich der begriffliche Wortschatz in seiner Vielfalt als eine Menge von Nominationsausdrücken dar, die auch zur positiven oder zur negativen Wertung geeignet sind – oder auch betont wertungsneutral sein können. Die wertenden dienen – außer daß man mit ihnen Referenzakte vollzieht – der zusätzlichen Einstellungsbekundung in der Politikerrede, im Leitartikel und Leserbrief sowie massenhaft in den Alltagsdialogen. Nomination ist Referenz plus – vor allem Wertungspragmatik.[17]

Vor diesem Hintergrund sind die weiteren Ausführungen zu sehen.

4. Argumentationen als komplexe Handlungsmuster

Insbesondere in konfliktträchtigen Argumentationen gewinnt der Nominationsakt an Relevanz, insofern Argumentationen durch die lexikalische Ebene strukturiert werden. Die Intention des Handlungsmusters ARGUMENTIEREN ist das Klären einer strittigen Frage mittels Unstrittigem. Dabei geht es immer auch um das Überzeugen des Gegners von der in Frage stehenden These durch die glaubhafte und plausible Abstützung bzw. Begründung. Argumentationen innerhalb von Texten des hier untersuchten öffentlich-politischen Bereiches sind komplex, vielfach vernetzt, nicht immer vollständig und zum Teil implizit. Die strittige Kernfrage des im Folgenden sequenzierten Textes ist die Frage nach dem Status des Embryos.[18] Damit hängen unmittelbar die Fragen nach dem Geltungsbereich

---

16 Vgl. Bellmann 1988, S. 6f.; vgl. auch Klein 1989.

17 Bellmann 1996, S. 11, vgl. aber auch S. 11-16; vgl. Girnth 1993, S. 75-104; vgl. Herrgen 2000, S. 133-140 sowie S. 198-252.

18 Bei der Sequenzierung des Textes in die Hauptthesen und -argumente habe ich mich an der Form der Argumentationsanlayse Toulmins (1958) orientiert; es geht

von Menschenwürde, nach dem Lebensrecht von Embryonen sowie nach dem Umgang mit Embryonen zusammen.

Sequenz 1 begründet Sequenz 5 juristisch	**Das Lebensrecht für Embryonen existiert faktisch nicht. (K1)** Die juristische Regelung der Abtreibungspraxis ist in sich selbst widersprüchlich und gewährt trotz anders lautender rechtlicher Normen dem Embryo kein absolutes Lebensschutzrecht mehr. Der Embryo ist nicht Träger von Menschenwürde. Eine Norm, die keine Wirkung entfaltet, existiert nicht.
Sequenz 2 begründet Sequenz 3 und Sequenz 5 ethisch	**Der Embryo hat kein uneingeschränktes Recht auf Leben und Würdeschutz. (K2)** Nur Wesen mit bestimmten Eigenschaften (Vernunft, Autonomie) haben ein Recht auf Leben und Würdeschutz. Der Embryo besitzt diese Eigenschaften aktuell nicht.
Sequenz 3 begründet Sequenz 4 und Sequenz 5 ethisch	**Der Embryo fällt unter die Gattungssolidarität. (K3)** Die Norm der Gattungssolidarität gebietet im Normalfall den Einbezug aller Mitglieder (auch derjenigen ohne o. g. Eigenschaften) der Spezies in den Schutzbereich. Der Solidareinschluss hat keinen starken Verpflichtungscharakter. Der Einbezug in die Gattungssolidarität ist je nach Interessenlage und im Sonderfall abwägbar.
Sequenz 4 begründet implizit Sequenz 5 ethisch	**Der Embryo ist nicht zur beliebigen Verwendung freigegeben. (K4)** Das Prinzip der Gattungssolidarität soll den Umgang mit Embryonen bestimmen. Gattungssolidarität hat etwas mit speziesbezogener Menschenwürde zu tun. (Menschenwürde ist in der Kollision von gewichtigen Interessen Einschränkungen bedürftig)
Sequenz 5 Kernthese des Gesamttextes, die z. T. implizit ist.	**Der Verbrauch sowie die Herstellung von Embryonen zu Forschungs- und Therapiezwecken sind moralisch erlaubt. (K5)** Die Therapie unheilbarer Krankheiten geborener Menschen ist ein gewichtiges Interesse. Therapien sind moralisch hochrangige Ziele. Der Embryo verfügt nicht über die zum uneingeschränkten Lebensrecht und Würdeschutz notwendigen Eigenschaften. Im Abwägungsprozess sind solche Therapien höher zu bewerten als das Lebensrecht des Embryos. Sein Status ist geringer zu bewerten als die moralisch hochrangigen Ziele der Therapien.

Abb. Argumentationssequenzen mit Thesen bzw. Konklusionen (=K) und Argumenten

hier jedoch nicht um formallogische Argumentationen, sondern um auf Plausibilitäten gründende Alltagsargumentationen, die oft stark verkürzt oder implizit auftreten. Vgl. auch Pielenz 1993; vgl. zur Alltagsargumentation Kienpointner 1992. Unter Argumentation wird in diesem Beitrag ein komplexes Muster verstanden, das aus These/Konklusion und Argumenten besteht.

Der Text stellt eine komplexe Argumentationshandlung mit der Kernthese ‚Embryonen dürfen zu Forschungszwecken und damit verbundenen moralisch hochrangigen Zielen verbraucht werden‘ dar. Er lässt sich in fünf große Argumentationssequenzen gliedern, die sich in eine juristische und vier ethische Begründungssequenzen systematisieren lassen, die wiederum aus hier nicht im Detail aufgeführten, einzelnen Unterargumenten bestehen.

Den Ausgangspunkt bildet in S 1 eine juristische Argumentation, die neben die ethischen Argumentationen von S 2 bis S 5 gestellt wird und S 5 begründet. S 2 begründet S 3 und S 5; S 3 begründet S 4 und S 5. S 4 begründet implizit und einschränkend S 5. S 5 ist eine aus den einzelnen Sequenzen zum Teil implizit zu schließende Argumentation, die sich mit der Abwägung und Bewertung zweier Bezugsobjekte (‚Therapie‘ und ‚Lebensrecht des Embryos‘) auseinandersetzt und die Hauptargumentation des Textes zusammenfasst. Die Thesen (=K) der Argumentationssequenzen S 1-4 sind die Argumente für die Texthauptthese K 5. In zwei Sequenzen (S 3 und S 4) gebraucht Merkel den Ausdruck *Gattungssolidarität*, der auf ein normatives Handlungsprinzip verweist, das Merkel wiederum als Orientierung für den Umgang mit Embryonen in die Argumentation einführt. In vier Sequenzen (S 1 bis S 4) spielt der Ausdruck *Menschenwürde* eine wesentliche Rolle. Die Komplexität von Argumentationen konstituiert sich aus den die Hauptargumentation stützenden und begründenden Argumenten, die ihrerseits wieder durch Argumentationen bzw. einzelne Argumente gestützt werden können und gleichzeitig aber Argumentationen mit einzelnen Argumenten sind. Daraus ergibt sich in argumentativ entfalteten Texten ein sehr komplexes, vernetztes Handlungsmuster, wie bereits hier trotz Abstraktionen und Paraphrasierungen zu erkennen ist.

Im Folgenden soll nun darauf eingegangen werden, inwiefern einzelne Nominationsausdrücke innerhalb der dargestellten Argumentationssequenzen die Argumentation strukturieren, wie andererseits durch die Argumentation die Bedeutung der Ausdrücke spezifiziert wird und wie hier Bewertungen durch den Gebrauch bestimmter Vokabeln in diesem Argumentationskontext sprachlich vollzogen werden.

5. Das argumentationsstrukturierende und bewertende Potenzial von Hochwert- und Stigmawörtern

Der Gebrauch bewertender Ausdrücke dient häufig der Effektivität des komplexen Handlungsmusters ARGUMENTIEREN. Hochwert- und Stigmawörter können innerhalb von Argumentationen verschiedene Funktionen haben. Sie werden gebraucht, um kontroverse Standpunkte zu verschleiern oder hervorzuheben, um sich des Wortes der Gegenpartei zu bemächtigen oder das der Gegenpartei abzuwerten, um der eigenen Vorstellung auf der Basis eines allgemein anerkannten Konzeptes Akzeptanz zu verschaffen oder Konzepte der Fremdgruppe mittels negativ evaluierter Vokabeln als nicht akzeptabel zu etikettieren.

Mit Hochwertwörtern kann zum einen implizit argumentiert werden, insofern sie selbst eine Handlungsanweisung enthalten, nämlich die Verwirklichung des in ihnen enthaltenen Werts[19] oder insofern sie Indikatoren für bestimmte Argumentationsmuster[20] sind; zum anderen wird durch ihren Gebrauch eine wertende Stellungnahme vollzogen. Durch ihre semantische Vagheit bei gleichzeitiger positiver Evaluation werden sie von allen Sprechergruppen genutzt. Von der jeweiligen Sprechergruppe werden dabei Spezifizierungen hinsichtlich der inhaltlich-darstellenden Bedeutung vorgenommen, um die allgemein akzeptierte Hochwertvokabel für das eigene Konzept brauchbar zu machen. Sie erhalten dann je nach Kontext und Sprechergruppe deren ideologie- bzw. weltanschauungsgebundene Bedeutung. *Gattungssolidarität* und *Menschenwürde* sind Lexeme[21], mit deren Gebrauch zugleich wertend Stellung bezogen wird und die zudem ein breites Bedeutungsspektrum aufweisen. Im Folgenden sind diejenigen Textpassagen abgedruckt, in denen beide Ausdrücke in dem hier relevanten Zusammenhang Verwendung finden.

> $_1$Aber man kann das Argument (Speziesargument) stärker machen, wenn man den logischen Fehler vermeidet und wieder eine Norm benennt, die genau jenen Einbezug aller (und nur der) Speziesmitglieder in den Schutzbereich der ‚Familienmoral' gebietet. $_2$Eine solche Norm gibt es. $_3$Nennen wir sie knapp und plastisch das Prinzip der **Gattungssolidarität.** [...] $_4$Ein Wesen zu töten, das einen in seinen Attributen begründeten Rechts- und Würdeanspruch hat, ist ein schweres Unrecht. $_5$Einem Wesen, das nicht nur diese Eigenschaften nicht hat, sondern sie – wie der frühe Embryo – noch niemals hatte und darüber hinaus überhaupt noch nichts erleben kann, die **Gattungssolidarität** und damit den Lebensschutz zu verweigern, mag im Normalfall unerfreulich oder tadelnswert sein; ein nur annähernd vergleichbares Unrecht wie das erstere ist es nicht. [...] $_6$Die **Gattungssolidarität** mag im Normalfall einen Grund für den Einbezug des Embryos in die moralische

19 Hermanns (1989) spricht hier von deontischer Bedeutungsdimension. Vgl. auch Klein in diesem Band, S. 20.

20 Die Indikatorfunktion kann sich genauso auf Stigmawörter erstrecken. Bezieht man deutlich mehr Texte des Bioethikdiskurses in die Analyse ein als im vorliegenden Beitrag, wird deutlich, dass beispielsweise *Menschenwürde* oder *Therapie* solche Indikatorwörter darstellen. Je nach Sprechergruppe werden die Ausdrücke innerhalb bestimmter Argumentationsmuster verwendet oder der Ausdruck selbst impliziert ein bestimmtes Argumentationsmuster. *Therapie* steht oft innerhalb des Musters vom Nutzen der Forschung oder lässt auf diese Argumentation schließen.

21 Anzumerken ist in diesem Zusammenhang, dass der Ausdruck *Gattungssolidarität* innerhalb des Bioethikdiskurses um Stammzellforschung nur im philosophischen Teildiskurs Verwendung findet und diskutiert wird. Das Kompositum *Gattungssolidarität* stellt zwar eine nicht sehr frequente Vokabel dar, dennoch handelt es sich auf Grund des in diversen Teildiskursen häufig gebrauchten und umstrittenen Wortmaterials *Solidarität* um ein zentrales Lexem, zumal die Strittigkeit der Vokabel *Gattungssolidarität* innerhalb des Stammzelldiskurses explizit thematisiert und diskutiert wird. Vgl. Höffe 2002, S. 78; vgl. Merkel 2001b.

> Sphäre des Lebens- und Würdeschutzes abgeben. $_{7}$In jedem halbwegs gewichtigen Sonderfall ist dieser Schutzreflex gegen kollidierende Interessen abwägbar – ganz anders als ein echtes Recht auf Leben! [...] $_{8}$Gibt es den Embryo nicht zur beliebigen Verwendung frei, macht ihn zur Sache? – $_{10}$Nein. $_{11}$Was bleibt, ist ein moralisches Prinzip, das unseren Umgang mit Embryonen bestimmen sollte: das, was ich oben **Gattungssolidarität** genannt habe. $_{12}$Es wäre für unterschiedliche Zusammenhänge in zahlreiche Maximen auszubuchstabieren. $_{13}$Auch dies hat etwas mit **Menschenwürde** zu tun, freilich nicht im Sinne des fundamentalen subjektiven Grundrechts der Person, das Art. 1 des Grundgesetzes statuiert. [...] $_{14}$Diese speziesbezogene **Menschenwürde** ist, anders als das kategorisch geltende subjektive Grundrecht, in der Kollision mit gewichtigen individuellen Interessen vielerlei Einschränkungen fähig und bedürftig. $_{15}$Sie schützt nicht den fundamentalen Status des Individuums, sondern ein normatives Bild der Menschheit von sich selbst – mit allen Unschärfen dieses Bildes im Wechsel von Zeiten und Kulturen. [...] $_{16}$Was steht auf der anderen Seite der Abwägung? $_{17}$Wieder beispielhaft: Ersatz zerstörter Hirnzellen bei Parkinson- und Alzheimer-Kranken, Therapie der multiplen Sklerose, Heilung von Querschnittslähmung [...]. $_{18}$Weil sie [die Embryonen, Ergänzung C.S.] das [Rechtspersonen mit Grundrechten auf Leben und Menschenwürde, Ergänzung C.S.] in ihrem frühesten Stadium aus prinzipiellen Gründen nicht sein können, erscheint mir das Resultat einer Abwägung ihres Verbrauchs mit den moralisch hochrangigen Zielen, die dabei verfolgt werden, evident: $_{19}$Die Embryonenforschung zu solchen Zielen ist moralisch zulässig.[22] [Merkel, *Die Zeit* 5/2001; Hervorh. C.S.]

Was bedeuten *Gattungssolidarität* und *Menschenwürde*, welche Funktionen kommen ihnen innerhalb der Argumentation zu und im Kontext welcher Redehandlungen und anderer Hochwertwörter stehen sie? Der folgende Blick zunächst auf die den Ausdruck *Gattungssolidarität* konstituierenden Komponenten soll Aufschluss über die Bedeutungsstruktur geben, wenn die Komponenten noch nicht in Verbindung auftreten. Im Anschluss daran wird die Bedeutung des Kompositums in dem von Merkel gebrauchten Kontext herausgestellt, um schließlich auf *Menschenwürde* einzugehen.

Der Ausdruck *Solidarität* stammt aus dem Französischen, ist abgeleitet aus dem Lateinischen von *solidus* >dicht<, >gediegen<, >fest<, >ganz<, und wurde in juristischem Kontext von Schuld als besonderer Form der Haftung[23] verwendet, bevor sich seine Bedeutung Ende des 18. Jahrhunderts auf nichtjuristische und vor allem auf politische Kontexte ausweitete. Von da an wird der Ausdruck vielschichtig gebraucht. Betrachtet man diverse Begriffsdefinitionen und Bedeutungsbeschreibungen, so lassen sich folgende allgemeine Merkmale festhalten:

---

[22] Vgl. dazu auch Merkel 2001b. Dort erläutert Merkel das Prinzip der Gattungssolidarität ebenfalls.

[23] Die historischen Wurzeln gründen im Römischen Recht. >Obligatio in solidum< meint die Haftung eines jeden Mitglieds einer Gemeinschaft für die Gesamtheit der bestehenden Schulden. Wildt 1995, Sp. 1004-1015.

1. >Haftung, wechselseitige Verpflichtung, Füreinander-Einstehen-Müssen in Gefahr und bei Notlagen<;
2. >Füreinander-Einstehen-Müssen innerhalb von Gruppen, deren Mitglieder teils freiwillig oder unfreiwillig miteinander verbunden sind und deren Mitglieder emotionale Bindungen zueinander entwickeln<;
3. >gruppenbezogene Kooperation und wechselseitige Anerkennung der Mitglieder einer Gruppe als gemeinsam Handelnde oder gemeinsam Betroffene<;
4. >Vorstellung von der Verpflichtung, Menschen, deren Lage man nicht teilt, dennoch bei der Verwirklichung derselben Chancen, Rechte und Ziele zu unterstützen, die man selbst genießt bzw. als wertvoll erachtet<;[24]
5. >unbedingtes Zusammenhalten mit jmdm. aufgrund gleicher Anschauungen und Ziele<;
6. >(bes. in der Arbeiterbewegung) auf das Zusammengehörigkeitsgefühl u. das Eintreten für andere gründende Unterstützung<[25]

Die Bedeutungsbreite von *Solidarität*, die sich linguistisch als Lesarten-Konkurrenz beschreiben lässt, erstreckt sich in einem gewissen Spannungsfeld von >nicht-freiwilliger sozialer Verpflichtung< und >freiwilligem Mitgefühl< und kann auf alle möglichen Gruppen bezogen werden.[26] *Solidarität* stellt einen anerkannten und geschätzten Grundwert dar, insofern wird gern auf *Solidarität* rekurriert[27]. Da der Bedeutungsumfang aber recht weit gefasst ist, muss die je konkrete Bedeutung von *Solidarität* in den einzelnen Kontexten näher definiert bzw. auf bestimmte Merkmale festgelegt werden. Dabei kann *Solidarität* deskriptiv, normativ oder appellativ verwendet werden.[28]

Beim Ausdruck *Gattung* handelt es sich ebenfalls um ein verschiedene Bedeutungsdimensionen umfassendes Lexem, das von unterschiedlichen Disziplinen gebraucht wird, unterschiedliche Traditionen aufweist[29] und dessen Extension hin und wieder innerhalb des Diskurses um Stammzellforschung im

---

[24] Vgl. Wildt 1995.

[25] Duden, Bd. 8, 1999, S. 3595.

[26] Deutsches Fremdwörterbuch. Bd. 4, 1978, S. 258-259.

[27] Vgl. hier Spieß 2006.

[28] Vgl. Wildt 1995, Sp. 1007; zur Geschichte und Reflexion auf die Bedeutung des Solidaritätsbegriffs vgl. darüber hinaus beispielsweise Bayertz 1998 und Schmelter 1992; vgl. Spieß 2006, Kap. 2.

[29] Vgl. Baumgartner u. a. 1974, S. 24-30. So besteht eine philosophische, eine biologische und eine naturwissenschaftliche Tradition. Durch seine polyseme Struktur findet der Ausdruck Anwendung in der Biologie, der Literaturwissenschaft, der Musikwissenschaft und der Philosophie. Angemerkt sei hier, dass L. Feuerbach zwar den Ausdruck *Solidarität* nicht gebrauchte, aber sein Grundbegriff der *Gattung* inhaltlich mit *Solidarität* verwandt ist. Vgl. Wildt 1995, S. 1006.

Hinblick auf die Gattungsgrenzen thematisiert wird[30]. Der Blick in die Lexika gibt für den hier relevanten Bereich folgende recht allgemeine Auskunft[31]:

1. [zu mittelhochdeutsch gaten »zusammenfügen«] *allg.*: >Gesamtheit von Einzeldingen, -wesen, die in wesentlichen Eigenschaften übereinstimmen.<;
2. *Biologie:* (Genus), >systematische Kategorie, in der verwandtschaftlich einander sehr nahe stehende Arten zusammengefasst werden, die dann dieselbe Gattungsbezeichnung tragen (z. B. bei Löwe und Leopard: *Panthera*).<

In dem hier verfolgten Zusammenhang wird *Gattung* mit dem Ausdruck *Solidarität* zu einem Determinativ-Kompositum verbunden. *Gattung* spezifiziert *Solidarität*, es handelt sich also um >Solidarität gegenüber der Gattung<. Die positive Evaluation von *Solidarität* geht auf *Gattung* über, so dass das Kompositum insgesamt positiv konnotiert wird.

Durch die Bedeutungsausdehnung, die *Solidarität* bis heute erfahren hat, kommt es gleichzeitig zu Bedeutungsabschwächungen einzelner Merkmale, insbesondere dem Merkmal >starker Verpflichtungscharakter<, was für die Bedeutungsfixierung von *Gattungssolidarität* bei Merkel insofern eine Rolle spielt, als er gerade die Bedeutung des Ausdrucks auf das Merkmal >schwacher Verpflichtungscharakter< konzentriert und *Gattungssolidarität* näherhin mit den Merkmalen >abwägbar bei kollidierenden Interessen< und >Schutz, Lebensschutz< inhaltlich füllt (Satz 5 und 6). *Gattungssolidarität* bedeutet bei Merkel dann also ein >nicht stark verpflichtender Schutz gegenüber der Gattung als Gesamtheit<.[32]

In der Argumentationssequenz 4 bringt Merkel die beiden Hochwertwörter *Menschenwürde* und *Gattungssolidarität* in Verbindung. Durch die positive Evaluation beider Ausdrücke kommt es hier zur Verstärkung der Positivbewer-

---

30 Vgl. Hauskeller 2004, S. 152f.; vgl. Markl 2001. Insbesondere entzündet sich der Streit im Hinblick auf die Zuschreibung von Personenrechten und Menschenwürde.

31 Vgl. Duden 1999, Bd. 3, S. 1384; vgl. Brockhaus, Bd. 8, S. 188f. Vgl. auch Baumgartner u. a. 1974. Die Gattungsgrenzen sind in allen Bedeutungsdimensionen umstritten und werden bedingt durch den Erkenntnisfortschritt der Forschung diskutiert.

32 Vgl. die Sätze 1, 3 und 5 im weiter oben abgedruckten Textausschnitt. In Merkel 2001b geht er nochmals auf *Solidarität* gegenüber Embryonen ein: „Vielmehr gründet der Schutz eines lebendigen Potenzials, das zu unserer Spezies gehört und sich zur geborenen Person entwickeln kann, im ethischen Prinzip der Solidarität. Solidaritätspflichten sind aber – hier wie sonst – gegen andere hochrangige Pflichten abwägbar; Verletzungsverbote zum Schutz des Lebens sind dies nicht. Erst so wird, denke ich, der Blick frei auf die im Spiel dieser Debatte wirklich verhandelten normativen Konflikte. Wir schützen den Embryo als ein Gut, aber nicht als Rechtsperson; als hohes Gut, gewiss, aber nicht als Träger subjektiver Grundrechte. Riskieren wir eine pointierte Formel: Embryonenschutz ist Potenzialitätsschutz, Potenzialitätsschutz ist Solidaritätspflicht, Solidaritätspflichten sind abwägbar. Was in der gegenwärtigen Debatte zur Abwägung steht, ist bekannt."

tung durch positive Kontextualisierung. Auch in der Bedeutungsstruktur werden beide Vokabeln innerhalb des Textes aufeinander abgestimmt.

Der Duden verzeichnet unter *Menschenwürde* >Würde, die dem Menschen zukommt< und unter *Würde* >Achtung gebietender Wert, der einem Menschen innewohnt und die ihm deswegen zukommende Bedeutung< sowie >Bewusstsein des eigenen Wertes<[33]. Der Brockhaus bestimmt *Menschenwürde* als den >unverlierbaren, geistig-sittlichen Wert eines jeden Menschen um seiner selbst willen< sowie >den sozialen Wert- und Achtungsanspruch des Menschen<.[34] In der Bedeutungsbestimmung bleiben sowohl der Duden als auch der Brockhaus sehr allgemein, so dass es sich auch hier nahe legt, die Bedeutung aus dem Gebrauch im Diskurs zu erschließen. Ein Blick auf die in den hier gesichteten Texten vorkommenden – immer noch recht allgemeinen – divergenten Lesarten des Ausdrucks *Menschenwürde* weist zugleich auf dessen Strittigkeit, die in grundsätzlichen philosophischen Fragen gründet.[35]

1. >absolutes Recht auf Schutz, Unabwägbarkeit gegenüber anderen Gütern; bezogen auf das geborene Individuum, Instrumentalisierungsverbot, Nichtabstufbarkeit der Würde- und Schutzrechte, starke Schutzpflicht<;
2. >absolutes Recht auf Schutz, Unabwägbarkeit des Würdeschutzes gegenüber anderen Gütern, bezogen auf alle der Gattung angehörenden Wesen, Nichtabstufbarkeit der Würde- und Schutzrechte, absolute Schutzpflicht<;
3. >bezogen auf Nichtsubjekte der Gattung Mensch, Instrumentalisierungsverbot, Abstufbarkeit der Würde- und Schutzrechte, Abwägbarkeit des Würdeschutzes gegenüber anderen Gütern, schwache Schutzpflicht<;
4. >bezogen auf die Gattung als Ganze, Schutzpflicht gegenüber der Gattung, Reinerhaltungspflicht, Abwägbarkeit der Würde- und Schutzrechte, Abstufbarkeit<

Im Diskurs werden die unterschiedlichen Bedeutungen vor allem als denotative Lesarten-Konkurrenzen wahrnehmbar, da um die richtige Auslegung des Begriffes heftig gestritten wird.[36] Betrachtet man die unterschiedlichen Bedeutungsvarianten von *Menschenwürde* und ihre jeweilige Funktion in der Argumentation, so liegt hier ähnlich wie bei *Solidarität* ein breites Bedeutungsspektrum vor,

---

[33] Duden, Bd. 6, S. 2566 sowie Bd. 10, S. 4566.

[34] Brockhaus, hier Bd. 14, S. 501-502.

[35] Verschiedene ethische Grundpositionen treffen auch hier aufeinander. Die Strittigkeit von *Menschenwürde* wird durch die explizite sprachthematische Verhandlung im Hinblick auf Bedeutungsmerkmale und Gebrauch deutlich. Vgl. dazu Texte des Bioethikdiskurses, die im Umfeld des Merkel-Textes entstanden und aus denen die unterschiedlichen Bedeutungen von *Menschenwürde* erschlossen wurden. Birnbacher 2002; Höffe 2001a; Höffe 2001b; Hoerster 2001; Merkel 2001b; Spaemann 2001; Vossenkuhl 2001, vgl. ZEIT*dokument* 1/2002; vgl. darüber hinaus auch Kettner 2004 sowie Schwartländer 1998.

[36] Vgl. beispielsweise Hoerster 2001; vgl. Kettner 2004. Dieser Sammelband vereinigt unterschiedliche Interpretationen und Begründungsansätze der Menschenwürde im Hinblick auf den biomedizinischen Fortschritt.

das im jeweiligen Argumentationskontext einer Spezifizierung bedarf, insbesondere hinsichtlich des Geltungsbereiches von Menschenwürde. Auf Grund der Vagheit einiger semantischer Merkmale von *Menschenwürde* kann demnach die jeweilige genaue Bedeutung nur im Hinblick weiterer kontextueller semantischer Spezifizierungen und Fixierungen festgestellt werden.[37]

Menschenwürde wird als Hochwertwort in der Funktion einer Legitimationsvokabel von sehr vielen am Stammzelldiskurs beteiligten Sprechergruppen gebraucht und stellt einen von allen gesellschaftlichen Gruppen geteilten hohen Wert dar.[38] Die Strittigkeit der Bedeutung von *Menschenwürde* ist gerade im Zusammenhang mit der Verwendung des Ausdrucks *Gattungssolidarität* von Relevanz. Denn Merkel stellt zwischen *Gattungssolidarität* und *Menschenwürde* einen Konnex her (S 3 und S 4), der beide Ausdrücke in ihrer Bedeutung aneinander bindet und festlegt. Merkel verwendet den Ausdruck *Menschenwürde* in der dritten und vierten Bedeutung. *Menschenwürde* wird im Text auf die semantischen Merkmale >schwacher Verpflichtungsgrad<, >Abwägbarkeit< und >bezogen auf Nichtsubjekte< fixiert bzw. spezifiziert, so dass hier eine Überschneidung in der Merkmalsstruktur der beiden Ausdrücke festzustellen ist. Die Schutzpflicht (= Solidarität) des zur Gattung Mensch gehörenden Embryos muss ihm gegenüber bei kollidierenden Interessen abgewogen werden, was Merkel mit den beim Embryo noch nicht vorhandenen Eigenschaften und der daraus folgenden Nichtsubjekthaftigkeit begründet.

Den weiteren positiven Nominationskontext bildet die Wortgruppe *moralisch hochrangige Ziele*[39], mit der beide Ausdrücke verbunden werden. Die Wortgruppe *moralisch hochrangige Ziele* wird in die positiv evaluierten Ausdrücke und Wortgruppen *Erneuern von Zellen*, *Ersatz von Zellen*, *Heilung und Therapie von Krankheiten* sowie *die Herstellung von Organen* ausdifferenziert. Im Kon-

---

37 Vgl. Klein 1989; vgl. Busse 2002; vgl. dazu auch Dieckmann ^{2}1975, S. 70 ff., der dieses Phänomen der kontextuellen Bedeutungsfixierung als „ideologische Polysemie“ bezeichnet oder vgl. Strauß/Zifonun 1986, S. 68 f., die diese wortstrategische Operation „meinungsgruppenbedingte Bedeutungsvarianz“ nennen. Gegner der Stammzellforschung gebrauchen *Menschenwürde* häufig in der zweiten Bedeutung. Mit der Bestimmung des Geltungsbereiches von Menschenwürde liegt zugleich die nächste strittige Vokabel im Diskurs vor – nämlich *Lebensbeginn* – auf deren unterschiedliche Verwendung hier aber nicht eingegangen wird.

38 Vgl. hier beispielsweise die beiden Bundestagsdebatten vom 31.5.2001 und vom 30.1.2002 im deutschen Bundestag, in denen über die Problematik um die moderne Biomedizin debattiert wurde. Sehr häufig beziehen sich die unterschiedlichen Rednerinnen und Redner auf die *christliche* Begründung der Menschenwürde, um damit ganz unterschiedliche politische Bestrebungen zu legitimieren. Vgl. die stenographischen Berichte der 173. und 214. Sitzung der 14. Wahlperiode 14/173 und 14/214 online im Internet: URL: http://www.dip-bundestag.de/parfors.htm.

39 Hier erfolgt die positive Bewertung über Attribuierungen, die im Gegensatz zu verbalen Prädikationen nur sekundär als Sprecherurteile auf Grund ihrer Struktur erkannt werden. Vgl. Schmidt 1992, S. 165.

trast zu den positiven Folgen der Forschung steht der negativ bewertete Zustand des *schweren Leids heutiger Betroffener*. In der Argumentation Merkels stehen *Gattungssolidarität* und *Menschenwürde* im Dienst dieser *moralisch hochrangigen Ziele*. Die Kontextualisierung wird auf der Ebene der Evaluation als auch der Denotation vorgenommen. Die denotative Bedeutungsfixierung findet durch die Konzentration auf bestimmte oben bereits genannte Merkmale bei beiden Ausdrücken statt, die evaluative Bedeutungsfixierung wird durch positive Kontextualisierung erreicht. Dadurch fungieren die Ausdrücke als sich gegenseitig verstärkend. Um die Funktion beider Ausdrücke in Hinblick auf Bewertungs- und Argumentationsstrategien innerhalb der Gesamtargumentation nachzuvollziehen, empfiehlt sich auch ein Blick auf die oben paraphrasierten Argumentationssequenzen und auf den Textausschnitt. Zudem soll auf die dabei vorgenommenen Redehandlungen und auf weitere verwendete Nominationsausdrücke kurz eingegangen werden.

Die Ausdrücke *Gattungssolidarität* und *Menschenwürde* kommen in S 3 und S 4 zusammen vor. S 3 und S 4 begründen S 5, welche die modifizierte Kernthese des Textes ‚Embryonen dürfen zu Forschungszwecken und damit verbundenen moralisch hochrangigen Ziele verbraucht werden' enthält. Unter *moralisch hochrangigen Zielen* sind Therapiemöglichkeiten von zurzeit nicht heilbaren Krankheiten zu verstehen (Satz 18, 19). Der *Verbrauch* von Embryonen wird gerade durch die Verneinung von *beliebiger Verwendung* (S 4; Sätze 9 und 10) denotativ präzisiert und ebenso mit *moralisch hochrangigen Zielen* (S 5; Satz 18) als auch mit *Menschenwürde* (S 4; Sätze 13 und 18) in Verbindung gebracht. Dadurch wird *Verbrauch* positiv evaluiert. Negative Folgen der Forschung werden durch die Unterlassungshandlung des VERSCHWEIGENS nicht in Betracht gezogen. Gleichzeitig kann man implizit schließen, wer nicht für den Verbrauch sei, handele nicht nach moralisch hochrangigen Zielen, was als Sprechhandlung des VORWERFENS einer Unterlassungshandlung der Fremdgruppe aufgefasst werden kann und die Situation DRAMATISIERT, insofern der Positionsgegner deutlich negativ bewertet wird. Insgesamt wird das Verhalten der Fremdgruppe zu dem der Eigengruppe in Kontrast gesetzt. Das Handlungsmuster des KONTRASTIERENS, das sich in den Dichotomien HEUTIGER ZUSTAND versus ZUKÜNFTIGER ZUSTAND oder EIGENPOSITION versus FREMDPOSITION sowie HANDELN DER EIGENGRUPPE versus HANDELN DER FREMDGRUPPE zeigt, bildet ein Strukturmoment des gesamten Textes. Durch die Redehandlung des ABGRENZENS gegenüber der Position der Fremdgruppe, die zudem (z. T. implizit) ABGEWERTET wird durch die Verwendung negativer Nominationsausdrücke, die Handlungen der Fremdgruppe oder von der Fremdgruppe verantwortete Sachverhalte beschreiben wie beispielsweise *schweres Unrecht, Verweigerung, rechtswidrige Tötung, verfassungsrechtlich illegitime strafbewehrte Verbote* und *moralische Verwerflichkeit*, wird die Position der Eigengruppe[40] im Diskurs gestärkt und in ihrem Sinne

[40] So nominiert Merkel 2001a etwa in der Argumentationssequenz 1 Abtreibung als *massenhafte Möglichkeit rechtswidriger Tötung*, während er die Forschung mit

aufgewertet.[41] Zum anderen geschieht die ABGRENZUNG durch das implizite VORWERFEN von Unterlassungshandlungen[42], durch das implizite Schließen auf Unterlassungshandlungen in S 5 oder das Aufzeigen von Widersprüchlichkeiten in beispielsweise S 1. ABGRENZEN, VORWERFEN und ABWERTEN stützen die Handlungsziele der Legitimation der eigenen Position und der Negativbewertung bzw. Stigmatisierung der Fremdposition. Die Ausdrücke *Gattungssolidarität* und *Menschenwürde* dienen damit der Begründung der von Merkel vorgetragenen Kernthese, und zugleich der Entkräftung des potenziellen Gegenargumentes ‚mit der Befürwortung der Forschung würde der Embryo zur beliebigen Verwendung freigegeben und zur Sache gemacht' (Satz 8). Die Funktion von *Gattungssolidarität* und *Menschenwürde* im Hinblick auf das Argumentationsziel Merkels besteht letztlich in der Akzeptanzschaffung verbrauchender Embryonenforschung durch die Geringerbewertung des Referenzobjektes ‚Embryo' im Vergleich zum Referenzobjekt ‚Therapiemöglichkeiten' bei gleichzeitiger Berufung auf in der Gesellschaft allgemein anerkannte hohe Werte.

6. Abschließende Bemerkungen

Es hat sich gezeigt, dass Hochwertwörter eine nicht geringe Rolle innerhalb komplexer Argumentationen spielen. Sie können nur angemessen untersucht werden, wenn ihre Einbettung in den Gesamtkontext der Argumentation und in die den Argumentationsvorgang konstituierenden Redehandlungen Beachtung findet. Erst durch diese Einbindung in den Kontext kann die Bedeutung von

---

Embryonen mit dem relativ neutralen Ausdruck *Verbrauch* bezeichnet (diese Forschung wird wiederum von Forschungsgegnern mit *Tötung* nominiert). „Der Staat [...] wird anschließend auch zur flächendeckenden Organisation von Einrichtungen verpflichtet, in denen die massenhafte Möglichkeit genau solcher rechtswidrigen Tötungen gesichert werden soll."

41 Im Text handelt es sich zum Teil um eine recht abstrakte Fremdgruppe, nämlich um den Gesetzgeber. Die hier erwähnten negativ evaluierten Ausdrücke und Stigmawörter sind Bestandteile des Argumentationsganges von Sequenz 1, der juristischen Argumentation. Die Bewertung wird durch Attribuierungen verstärkt oder erfolgt erst durch diese. Vgl. hierzu auch Schmidt 1992.

42 Der Schlusssatz des hier analysierten Textes von Merkel stellt solch eine Vorwurfshandlung dar, die durch zitierende Einstellungswiedergabe (vgl. Girnth 1993, S. 95f.) realisiert wird: „Der australische Medizinethiker Julian Savulescu schrieb im Jahr 2000: ‚Während wir uns an die Brust klopfen und stolz auf unsere Verteidigung der Menschenwürde und der Rechte von Zellen jedweder Art sind, sterben Zehntausende an Leukämie oder terminalem Nierenversagen, die vielleicht zu retten gewesen wären.' Bedenken das alle, die jetzt so entschieden reden, weil sie gut reden haben?"

Hochwertwörtern und die daraus resultierende Funktion im Hinblick auf Argumentations- und Bewertungsstrategien, vollständig erfasst werden.

Die evaluative und denotative Kontextualisierung und die damit einhergehende Bedeutungsfixierung von *Gattungssolidarität* und *Menschenwürde* finden in einem größeren Gesamtkontext von Argumentations-, Rede- und Bewertungsstrategien statt, die den Intentionen des Emittenten, nämlich Akzeptanz zu schaffen, zu überzeugen und die eigene Position zu legitimieren einerseits und zu polarisieren und sich abzugrenzen andererseits, dienen sollen.[43] *Solidarität* und *Menschenwürde* stellen, wie sich gezeigt hat, typische Vertreter von Hochwertvokabeln, insbesondere von Nominationsausdrücken dar, die eine positive Bewertung vollziehen und dadurch argumentationsstützend wirken, aber erst im Kontext ihre konkrete Bedeutung erhalten. Die Bezugnahme auf allgemein anerkannte hohe Werte durch Hochwertwörter und deren jeweilige verwendungskontextuell bedingte semantische Spezifizierung zur Profilierung der Eigenposition stellt eine typische Strategie des Sprachgebrauchs in öffentlich-politischen Diskursen dar.

Literatur

Baumgartner, Alois u. a. (1974): Art. ‚Gattung'. In: Ritter, Joachim/Gründer, Karlfried (Hrsg.): Historisches Wörterbuch der Philosophie, Bd. 3, Darmstadt, S. 24-30.

Bayertz, Kurt (Hrsg.) (1998): Solidarität – Begriff und Problem, Frankfurt am Main.

Bellmann, Günter (1988): Motivation und Kommunikation. In: Munske, Horst Haider/Polenz, Peter von/Reichmann, Oskar/Hildebrandt, Reiner (Hrsg.): Deutscher Wortschatz. Lexikologische Studien. Ludwig Erich Schmitt zum 80. Geburtstag von seinen Marburger Schülern, Berlin/New York, S. 3-23.

Bellmann, Günter (1996): Der Beitritt als Wende. Referenz und Nomination. In: Hildebrandt, Reiner/Bremer, Klaus (Hrsg.): Stand und Aufgaben der deutschen Dialektlexikographie. II. Brüder-Grimm-Symposion zur Historischen Wortforschung. Beiträge zu der Marburger Tagung vom Oktober 1992, Berlin/New York, S. 1-16.

Berger, Thomas/Luckmann, Peter (^{20}2004): Die gesellschaftliche Konstruktion der Wirklichkeit. Eine Theorie der Wissenssoziologie. Mit einer Einleitung zur deutschen Ausgabe von Helmuth Plessner. Übersetzt von Monika Plessner, Frankfurt am Main.

Birnbacher, Dieter (2002): Menschenwürde – abwägbar oder unabwägbar? Vortrag, gehalten am 17. März 2002 auf dem Europäischen Forum für Bioethik.

Böke, Karin (1991): Vom ‚werdenden Leben' zum ‚ungeborenen Kind'. Redestrategien in der Diskussion um die Reform des §218. In: Liedtke, Frank u. a. (Hrsg.): Begriffe besetzen, Opladen 1991, S. 205-219.

---

[43] In der Nominationsforschung werden die mit Nominationsakten intendierten Ziele als Einstellungsmodifizierung, Einstellungspolarisierung und Einstellungsaffirmation beschrieben. Vgl. Girnth 1993, S. 95f.

Brockhaus. Die Enzyklopädie in 24 Bänden. Studienausgabe. 20. überarbeitete und aktualisierte Auflage, Leipzig/Mannheim 2001.

Busse, Dietrich (1987): Historische Semantik. Analyse eines Programms, Stuttgart.

Busse, Dietrich (2002): Zur Semantik öffentlicher Kommunikation – Typologische Aspekte. In: Pohl, Ingrid (Hrsg.): Semantische Aspekte öffentlicher Kommunikation, Frankfurt am Main, 23-42.

Deutsches Fremdwörterbuch. Begonnen von Hans Schulz, fortgeführt von Otto Basler, weitergeführt im Institut für Deutsche Sprache. Bd. 4, Berlin/New York 1978, S. 258f.

Dieckmann, Walter (^{2}1975): Sprache in der Politik. Einführung in die Pragmatik und Semantik der politischen Sprache, Heidelberg.

Duden. Das große Wörterbuch der deutschen Sprache in zehn Bänden, Mannheim/ Leipzig/Wien/Zürich 1999.

Foucault, Michel (1981): Archäologie des Wissens, Frankfurt am Main.

Fraas, Claudia (1997): Bedeutungskonstitution im Diskurs – Intertextualität über variierende Wiederaufnahme diskursiv zentraler Konzepte. Eine exemplarische Analyse. In: Klein, Josef/Fix, Ulla (1997) (Hrsg.): Textbeziehungen. Linguistische und literaturwissenschaftliche Beiträge zur Intertextualität, Tübingen, S. 221-234.

Gerhards, Jürgen/Neidhardt, Friedhelm/Rucht, Dieter (1998): Zwischen Palaver und Diskurs. Strukturen öffentlicher Meinungsbildung am Beispiel der deutschen Diskussion zur Abtreibung, Opladen.

Geyer, Christian (Hrsg.) (2001): Biopolitik. Die Positionen, Frankfurt am Main.

Girnth, Heiko (1993): Einstellung und Einstellungsbekundung in der politischen Rede. Eine sprachwissenschaftliche Untersuchung der Rede Philipp Jenningers vom 10. November 1988, Frankfurt am Main/Berlin/Bern u. a.

Girnth, Heiko (1996): Texte im politischen Diskurs. Ein Vorschlag zur diskursorientierten Beschreibung von Textsorten. In: Muttersprache, H. 1, S. 66-80.

Girnth, Heiko (2002): Sprache und Sprachverwendung in der Politik. Eine Einführung in die linguistische Analyse öffentlich-politischer Kommunikation, Tübingen.

Graumann, Sigrid (2003): Die Rolle der Medien in der öffentlichen Debatte zur Biomedizin. In: Schicktanz, Silke/Tannert, Christof/Wiedemann, Peter (Hrsg.): Kulturelle Aspekte der Biomedizin. Bioethik, Religionen und Alltagsperspektiven, Frankfurt am Main/New York, S. 212-243.

Hauskeller, Christine (2004): Stammzellforschung und Menschenwürde. Plädoyer für einen Blickwechsel. In: Kettner, S. 145-171.

Hermanns, Fritz (1989): Deontische Tautologien. Ein linguistischer Beitrag zur Interpretation des Godesberger Programms (1959) der Sozialdemokratischen Partei Deutschlands. In: Klein, S. 69-149.

Herrgen, Joachim (2000): Die Sprache der Mainzer Republik (1792/93). Historisch-semantische Untersuchungen zur politischen Kommunikation, Tübingen.

Hoerster, Norbert (2001): Nur wer die Sehnsucht kennt. Wann immer das Leben beginnen mag, das Lebensrecht beginnt erst mit der Fähigkeit, Wünsche zu haben. In: Frankfurter Allgemeine Zeitung vom 24.02.2001, S. 46.

Höffe, Otfried (2001a): Wessen Menschenwürde? In: Die Zeit Nr. 6.

Höffe, Otfried (2001b): Menschenwürde und Embryonenforschung. Vortrag an der Katholischen Akademie in Berlin, gehalten am 27.09.2001 in Berlin im Rahmen des Akademieabends: „*Mensch von Anfang an*?“ Zum Status von Embryonen.

Höffe, Otfried (2002): Medizin ohne Ethik? Frankfurt am Main.

Kettner, Matthias (Hrsg.) (2004): Biomedizin und Menschenwürde, Frankfurt/Main.

Kienpointner, Manfred (1992): Alltagslogik. Struktur und Funktion von Argumentationsmustern, Stuttgart-Bad Cannstatt.

Klein, Josef (Hrsg.) (1989): Politische Semantik. Bedeutungsanalytische und sprachkritische Beiträge zur politischen Sprachverwendung, Opladen.

Klein, Josef/Fix, Ulla (1997): Textbeziehungen. Linguistische und literaturwissenschaftliche Beiträge zur Intertextualität, Tübingen.

Markl, Hubert (2001): Freiheit, Verantwortung, Menschenwürde. Warum Lebenswissenschaften mehr sind als Biologie. In: Die Welt vom 22.06.2001.

Merkel, Reinhard (2001a): Rechte für Embryonen? In: Die Zeit Nr. 5. [auch in: Geyer 2001, S. 51-64 sowie in: Zeit*dokumente* 1/2002, S. 75-79.]

Merkel, Reinhard (2001b): Die Abtreibungsfalle. In: Die Zeit Nr. 25.

Pielenz, Michael (1993): Argumentation und Metapher, Tübingen.

Polenz, Peter von (^{2}1988): Deutsche Satzsemantik. Grundbegriffe des Zwischen-den-Zeilen-Lesens, Berlin/New York.

Ripfel, Martha (1987): Was heißt Bewerten? In: Deutsche Sprache 15, S. 151-177.

Sager, Sven F. (1982): Sind Bewertungen Handlungen? In: Zeitschrift für germanistische Linguistik, H. 10, S. 38-57.

Sandig, Barbara (1991): Formeln des Bewertens. In: Palm, Christina (Hrsg.): „Europhras 90“. Akten der internationalen Tagung zur germanistischen Phraseologieforschung, Aske/ Schweden 12-15. Juni 1990, Uppsala, S. 225-252.

Schmelter, Jürgen (1991): Solidarität. Die Entwicklungsgeschichte eines sozialethischen Schlüsselbegriffs, München.

Schmidt, Jürgen Erich (1992): Die deutsche Substantivgruppe und die Attribuierungskomplikation, Tübingen.

Schwartländer, Johannes (1998): Art. ‚Menschenwürde‘. In: Korff, Wilhelm/Beck, Lutwin/Mikat, Paul (Hrsg.): Lexikon der Bioethik. Herausgegeben im Auftrag der Görres-Gesellschaft, Bd. 2, Gütersloh, S.683-688.

Spaemann, Robert (2001): Gezeugt, nicht gemacht. In: Die Zeit Nr. 4.

Spieß, Constanze (2006): »Solidarität« Zwischen Freiwilligkeit und Institutionalisierung. Eine pragmalinguistische Analyse eines Hochwertwortes in den aktuellen Grundsatzprogrammen der CDU, CSU, SPD, Bündnis 90/ Die Grünen, FDP und der PDS. [Erscheint in: Muttersprache, H. 2 oder 3]

Strauß, Gerhard/Zifonun, Gisela (1986): Formen der Ideologiegebundenheit. Versuch einer Typologie der gesellschaftspolitischen Lexik. In: Strauß, Gerhard (Hrsg.): Der politische Wortschatz. Zur Kommunikations- und Textsortenspezifik, Tübingen, S. 67-147.

Thomson, James A. et. al. (1998): Embryonic Stem Cell Lines Derived From Human Blastocysts. In: Science 282, 1145-1147.

Toulmin, Stephen (1958): The uses of argument, Cambridge.

Vološinov, Vladimir (1975): Marxismus und Sprachphilosophie. Grundlegende Probleme der soziologischen Methode in der Sprachwissenschaft. Herausgegeben und eingeleitet von Samuel M. Weber, Frankfurt/M. u. a.

Vossenkuhl, Wilhelm (2001): Der ethische Status von Embryonen. Einige notwendige Differenzierungen. In: Neue Zürcher Zeitung vom 17.09.01.

Wildt, Andreas (1995): Art. ‚Solidarität'. In: Ritter, Joachim/Gründer, Karlfried (Hrsg.): Historisches Wörterbuch der Philosophie, Bd. 9, Darmstadt, Sp. 1004-1015.

Wittgenstein, Ludwig (1984): Philosophische Untersuchungen, Frankfurt am Main.

ZEIT*dokument* 1/2002 ‚Stammzellen – Embryonen als Ersatzteillager?'

Melani Schröter

Bezüge auf die Adressierten als Handelnde in der öffentlichen politischen Rede

1. Vorbemerkungen

Dieser Beitrag befasst sich mit Adressatenorientierung in der öffentlichen politischen Rede.[1] Der Begriff ‚Adressatenorientierung' bezieht sich bei Petter-Zimmer auf ein „verbales Adressierungsverfahren, [...] bei dem der Sprecher den Adressaten anspricht, ohne Kontaktsignale zu verwenden."[2] Es geht also um Verfahren der impliziten Ausrichtung von Redebeiträgen nach dem angenommenen Interesse, Wissensstand etc. von Adressierten; dies „setzt die Übernahme der Perspektive desjenigen voraus, an den die Rede sich richtet."[3] Im Rahmen des vorliegenden Beitrages fungiert ‚Adressatenorientierung' als Oberbegriff für Spielarten der Adressierungsphänomene verschiedener Direktheitsgrade in der politischen Rede. Adressatenorientierung umfasst explizite, direkte Adressierungsformen sowie die angedeuteten impliziten Adressierungsverfahren.

2. Textkorpus

2.1 Zusammenstellung des Textkorpus

Das der Untersuchung zugrundeliegende Textmaterial besteht aus öffentlichen Reden von Bundeskanzlern, die im innenpolitischen Kontext gehalten wurden. Die Auswahl der Reden wurde von der Prämisse geleitet, möglichst verschiedene Redeanlässe und Adressatenkreise einzubeziehen. Damit soll sichergestellt werden, dass die Ergebnisse nicht nur den Formulierungspräferenzen Einzelner[4]

---

1 Der Beitrag beruht auf einem Teil meiner inzwischen fertiggestellten Dissertation; vgl. Schröter 2006.

2 Petter-Zimmer 1990, S. 195.

3 Ebd.

4 Berücksichtigt wurde hierbei, dass die Redner die Reden nicht vollständig selbst formulieren. Dennoch sind PolitikerInnen unvermindert verantwortlich und werden auch verantwortlich gemacht für das, was sie sagen. Die Äußerungen von PolitikerInnen werden ihnen selbst, und nicht etwa den RedenschreiberInnen zugeschrieben. Außerdem erfüllen RedenschreiberInnen ihre Aufgabe nur dann angemessen, wenn sie im Einklang mit den Handlungszielen der RednerInnen formulieren. Tun

geschuldet sind. Reden zweier Redner verschiedener Parteien hätten dabei stets den Vergleichsgedanken provoziert. Es geht hier jedoch vielmehr darum, herauszufinden, welche Adressierungsphänomene typisch sind für die öffentliche politische Rede. Daher finden sich im Textkorpus Reden aller bisherigen Bundeskanzler der Bundesrepublik Deutschland, wobei das gleiche Amt der Redner mit vergleichbaren Kommunikationsaufgaben und -domänen die Konstante bei der Zusammenstellung des Korpus bildete. Der Untersuchung liegen 114 Reden aus den Jahren 1951 bis 2001 zu Grunde – das sind 2 pro Jahr pro Redner, in Jahren des Regierungswechsels also entsprechend 4 Reden.

2.2 Binnendifferenzierung des Texkorpus: Redesphären

Mit Blick auf das Korpus besteht trotz der Beschränkung auf den innenpolitischen Kontext und das Amt des Bundeskanzlers Differenzierungsbedarf. Das Textkorpus umfasst so verschiedene Textsorten wie die Neujahrsansprache, Regierungserklärungen, Reden anlässlich von Messeeröffnungen, anlässlich des 100-jährigen Jubiläums der Thyssen Stahl AG oder zum 50-jährigen Bestehen des Bauernverbandes, eine Wahlkundgebung auf dem Marktplatz in Goslar, Reden vor Gewerkschaften und sozialen Vereinen, Reden an Feier- und Gedenktagen, Reden vor Unternehmerverbänden, der Bundeswehr, dem Historikertag und dem Schaustellerbund etc.

Durch ein Bündel von Merkmalen lassen sich drei Redesphären voneinander abgrenzen, denen die verschiedenen Reden zugeordnet werden können. Zur ersten Redesphäre gehören Reden wie Parteitagsreden, Stellungnahmen in Parlamentsdebatten und Regierungserklärungen[5]. Solche Reden werden von hohem öffentlichem Interesse begleitet und haben große Chancen, in den Massenmedien erwähnt, ausschnittweise zitiert bzw. eingeblendet oder gar voll übertragen zu werden. Politische Eigenwerbung ist in dieser Sphäre besonders üblich und statthaft. Hier findet sich vor allem auch ein hohes Maß an politischer Eigenwerbung durch Konkurrenzwerbung, etwa durch die Abwertung der Oppositionsparteien bzw. konkurrierender politischer Konzepte und Vorstellungen. Die BürgerInnen werden als sekundär adressierte Öffentlichkeit angesprochen. Als übergeordnetes Handlungsziel kann nach der vielzitierten Formulierung von Lübbe das „Erzeugen von Zustimmungsbereitschaft“[6] gelten.

Die Redesphäre 2 umfasst Reden vor Interessenverbänden und Belegschaften, bei öffentlichen Einrichtungen sowie anlässlich von Eröffnungen und Einweihungen. Hier werden neben – immer mitzudenkenden – möglichen sekundär Adressierten vorwiegend kleinere Kreise primär Adressierter direkt angesprochen. Das öffentliche Interesse an diesen Reden ist in der Regel geringer als

sie dies, sind die Formulierungen für eine Analyse praktisch genauso interessant, als hätten die RednerInnen ihre Reden selbst geschrieben.

5 Vgl. zu diesen Textsorten auch Klein 2000.

6 Lübbe 1988, S. 66.

in der ersten Redesphäre und ebenso die Wahrscheinlichkeit medialer Zuwendung. Die volle Übertragung einer solchen Rede wäre ungewöhnlich. Wenn sich einzelne Äußerungen auf Aktuelles beziehen, kann es jedoch zu medialer Übertragung von Ausschnitten oder zur Reformulierung einzelner Redeteile in der Medienberichterstattung kommen. Auch hier sind politische Eigenwerbung und der Versuch, Zustimmungsbereitschaft zu erzeugen, üblich. In der Regel stellt der Redner vor allem die Arbeit der Bundesregierung mit Blick auf die Interessen der primär Adressierten positiv dar und verzichtet dabei weitgehend auf Konkurrenzwerbung.

> Neben den eindeutig dissens- oder konsensorientierten Rede-TS [= Textsorten, M.S.] gibt es Formen, die eine klare Zuordnung nicht erlauben. Das ist vor allem die Eröffnungsrede (bei Messen und Kongressen), wie sie vor allem von Regierungsmitgliedern gehalten werden [sic] [...]. Die parteipolitische Unabhängigkeit der Einlader und des Anlasses gebieten einerseits einen konsensuellen Ton, andererseits werden durchaus politische Aussagen erwartet. (Klein 2000, S. 752)

Nicht nur das öffentliche Interesse an diesen Reden ist weniger groß als das an den Reden der Redesphäre 1, sondern auch das wissenschaftliche Interesse.[7] Diese Reden sind jedoch ein nicht unwesentlicher Teil[8] der Redetätigkeit eines Bundeskanzlers und geben einigen Aufschluss über die alltäglicheren Kommunikationsaufgaben, die mit diesem Amt verbunden sind. So bemerkt auch Kammerer zur Redetätigkeit Helmut Kohls:

> Die Anlässe und Adressaten sind mannigfaltig. Die folgenden Beispiele stammen aus dem Oktober 1993: Auf die Rede vor dem französischen Senat in Paris folgt tags darauf der Vortrag vor Dozenten und Studenten der Privat-Universität Witten-Herdecke, gefolgt wiederum von der Festansprache auf dem Bundesjägertag in Mainz am nächsten Tag. Mancher Wissenschaftler mag über den letztgenannten Termin schmunzeln. Er verdeutlicht aber, daß sich das Aufgabenfeld der öffentlichen Rede eines Regierungschefs unserer Zeit über das ursprüngliche *genus deliberativum* hinaus auch auf andere rhetorische Bereiche erstreckt. (Kammerer 1995, S. 21, Hervorh. im Original)

Redesphäre 3 besteht im Wesentlichen aus Fest- und Gedenkreden, also aus der klassischen epideiktischen Rede. Es handelt sich im Prinzip um eine eher bun-

---

7 M.W. gibt es bisher keine Untersuchung, die sich dezidiert mit diesen nicht primär institutionsbezogenen und wenig öffentlichkeitswirksamen Reden beschäftigt. Um solche Texte geht es allerdings zum Teil bei Holly (1990) und Patzelt (1995), die sich mit den alltäglichen Kommunikationsaufgaben von PolitikerInnen beschäftigen.

8 In quantitativer Hinsicht ist es zudem der größte Teil. Hinzu kommt, dass Reden in dieser Redesphäre bzw. zu solchen Redeanlässen auch von den einzelnen MinisterInnen gehalten werden. D. h., dass sich ein wesentlicher Teil der kommunikativen Regierungsarbeit in dieser Redesphäre abspielt.

despräsidiale Redesphäre, aber auch Kanzler halten zuweilen solche integrativen, rückwärtsgewandten Reden. Der Fokus, auch die mediale Aufmerksamkeit liegt in dieser Redesphäre jedoch im Normalfall auf dem Bundespräsidenten. Kammerer bemerkt zum Unterschied zwischen präsidialer Rede und Kanzlerrede Folgendes:

> Das Handeln eines Bundespräsidenten besteht zentral im Reden, er wird nahezu ausschließlich an seinen Worten gemessen – ein Bundeskanzler dagegen fast ausschließlich an seinen politischen Entscheidungen und deren praktischen Auswirkungen für die Menschen [...].[...] In den öffentlichen Reden eines Bundeskanzlers sind es häufig nur einzelne Begriffe, die wahrgenommen und zum Streitfall politischer Debatten werden. (Kammerer 1995, S. 28)

Wenn der Bundeskanzler rückwärtsgewandte, integrative Reden hält, nimmt er gewissermaßen präsidialen Gestus an. Das heißt, dass der Bundeskanzler in dem Moment, in dem er solche Reden hält, selbst ein Stück weit aus seiner Einbindung in die tagespolitische Auseinandersetzung heraustritt und eintritt in eine Redehaltung, die Sternberger für das Amt des Bundespräsidenten so beschreibt:

> Die Ansprache des Bundespräsidenten hat keine weitere Handlung zum Ziel, sie ist selbst die Handlung. Dieser Redner steht allein; er hat keine Konkurrenten und keine Gegner, es findet – in aller Regel – keine Debatte statt. Er will auch nicht werben, [...] allenfalls für den Staat selber. Diese Art Rede ist, was die Rede-Situation betrifft, am ehesten mit der Predigt zu vergleichen [...]. Sie ist eine Art weltlicher Predigt. Sie will die Geister ergreifen, ein moralisch-politisches Gemeingefühl erzeugen. (Sternberger 1991, S. 55)

Politische Eigenwerbung ist in der dritten, integrativ-konsensorientierten Redesphäre prinzipiell nicht statthaft, höchstens sehr indirekt. Die BürgerInnen werden in dieser Sphäre weniger *an*gesprochen, als dass *für sie* bzw. an ihrer Stelle gesprochen wird. Analog zum obersten Handlungsziel der beiden anderen Redesphären ließe sich formulieren, dass es hier um das Erzeugen von Zugehörigkeitsbereitschaft zu der Gemeinschaft von StaatsbürgerInnen geht, als deren „Sprachrohr“[9] der Redner fungiert.

Zusammenfassend sollen die genannten Merkmale der drei Redesphären in der folgenden Übersicht wiedergegeben werden:

[9] Kopperschmidt 1989, S. 222.

MERKMALE	REDESPHÄRE 1	REDESPHÄRE 2	REDESPHÄRE 3
Textsortenbeispiel	z. B. Parteitagsrede, Regierungserklärung, Stellungnahme in Parlamentsdebatte	Rede vor Interessenverband, Belegschaft, Messe-/ Ausstellungseröffnung etc.	Fest- und Gedenkreden (epideiktische Rede)
mediale Zuwendung	sehr hohe Wahrscheinlichkeit massenmedialer Erwähnung oder Übertragung	im Gegensatz zu Sphäre 1 geringeres Maß an medialer Übertragung; maximal Ausschnitte/Reformulierung von Äußerungen	im Gegensatz zu Sphäre 1 geringeres Maß an medialer Übertragung; Sphäre 3 ist eher die des Bundespräsidenten
Öffentlichkeit	sehr hoher Grad an Öffentlichkeit, sekundär adressierte Öffentlichkeit	im Gegensatz zu Sphäre 1 geringerer Grad von Öffentlichkeit	im Gegensatz zu Sphäre 1 geringerer Grad von Öffentlichkeit; s. o.: präsidiale Sphäre
politische Eigenwerbung	hohes Maß an politischer Eigenwerbung; direkte Konkurrenzwerbung ist üblich	im Gegensatz zu Sphäre 1 weniger politische Eigenwerbung; kaum Konkurrenzwerbung	kaum statthaft weil rückwärtsgewandt, integrativ, konsensorientiert; direkte Konkurrenzwerbung ist tabu
Gestus	spricht BürgerInnen teils als primär, meist als sekundär adressierte Öffentlichkeit an	spricht neben/v. a. BürgerInnen als sekundär Adressierte vor allem bestimmte Gruppen als primär Adressierte an	spricht für die oder anstelle der Bürger, Merkmal: kaum Ab- oder Ausgrenzung
übergeordnetes Handlungsziel	Erzeugen von Zustimmungsbereitschaft	Erzeugen von Zustimmungsbereitschaft	Erzeugen von Zugehörigkeitsbereitschaft

3. Das Konzept der Adressatenrollen

Adressatenorientierung wird hier als ein Spezialfall sprachlicher Beziehungsgestaltung verstanden. Beziehungsgestaltung ist das allgemeinere Phänomen und findet bei sprachlicher Tätigkeit immer statt.[10] Der Ausdruck ‚Beziehungsgestaltung' impliziert eine gewisse Dynamik und Prozesshaftigkeit und wurde dementsprechend bisher vor allem mit Blick auf interaktive, mündliche face-to-face-

[10] Vgl. Adamzik 1984, S. 22.

Kommunikation untersucht.[11] Adressatenorientierung ist dagegen das Mittel zur Beziehungsgestaltung in weniger interaktiven Textarten wie der monologischen Rede. Textproduktion wird von Heinemann und Viehweger als „interaktionale, partnerbezogene Tätigkeit" beschrieben, die „immer relativ zu den Kommunikationspartnern erfolgt", die „auf unterschiedliche Weise in die Tätigkeit des Textproduzenten einbezogen werden".[12] Adressatenorientierung in Form der „Kognizierung der Handlungsbeteiligten"[13] ist also ein zentraler Faktor bei der Textproduktion. Das Publikum öffentlicher, erst recht massenmedial vermittelter politischer Äußerungen ist jedoch anonym und heterogen, und auch die Redner selbst können nicht in jedem Falle überblicken, wer alles zum Rezipienten einer Rede werden wird. Petter-Zimmer geht daher davon aus, dass Redner ihre Äußerungen mit Blick auf vorgestellte, intendierte Rezipienten hin entwerfen. Sie versteht die Adressierten somit nicht als empirische Personen, sondern als Konstrukte des Sprechers. Adressierungsphänomene können also unter dieser Prämisse auch dann analysiert werden, wenn es keine Informationen über die empirischen Adressaten gibt.[14] Aufgabe einer Untersuchung zu Adressierungsphänomenen in öffentlichen, u. U. massenmedial vermittelten politischen Äußerungen ist es demnach, Elemente herauszufiltern, die es ermöglichen, Profile intendierter Rezipienten zu rekonstruieren.[15] Eine solche Rekonstruktion intendierter Adressierter wird hier mit dem Konzept der Adressatenrollen angestrebt. Damit sind weder Beteiligungsrollen im Sinne Schwitallas gemeint, noch soziale Rollen wie bei Dreitzel beschrieben.[16] Vielmehr stellt sich die Frage, worauf die Redner sich im Zusammenhang mit den Adressierten, die von ihnen angenommen und konstruiert werden, beziehen. Beziehen sie sich auf Eigenschaften, Tätigkeiten oder Meinungen? Welche wählen sie aus und wie beziehen sie sich darauf? Lassen sich aus den durch die Redner antizipierten Eigenschaften, Tätigkeiten, Meinungen der Adressierten Rückschlüsse auf die strategischen Handlungsziele der Redner ziehen?

Mit diesen Fragen erfolgt hier auch eine Vernachlässigung des eher formalen Kriteriums der Direktheit von Adressierungsverfahren zugunsten eines eher qualitativen Ansatzes. Beziehungsgestaltung bzw. Adressatenorientierung zeigt sich

11 Holly 1979; Sager 1981; Adamzik 1984.

12 Heinemann/Viehweger 1991, S. 89.

13 Heinemann/Viehweger 1991, S. 113.

14 Vgl. Petter-Zimmer 1991, S. 25, 29ff.; vgl. Bardmann 1995, S. 254: „Auch dort, wo politische Profis vorgeben, die Interessen der Menschen zu vertreten und für ihre allfällige Berücksichtigung zu sorgen, ist leicht zu erkennen, daß sie die Interessen einer selbsterschaffenen politischen Person meinen, einer Person [...], die sie zu Beobachtern des politischen Schauspiels machen [...]. [...] es verrät uns nur die politischen Interessen, die Form der politischen Konstruktionsarbeit an einem für sie verwertbaren Menschenbild."

15 Petter-Zimmer 1991, S. 25.

16 Schwitalla 2000, S. 1355-1357; Dreitzel 1987, bes. S. 115.

> in größeren Text- oder Gesprächspassagen [...] durch die absichtlichen oder unabsichtlichen Wahlen von Elementen der verschiedenen Beschreibungs-Ebenen [...] sprachlichen Handelns [...]. (Sandig 1986, S. 244)

Da sich Adressierungsphänomene auf verschiedenen sprachlichen Ebenen finden können und mit 114 Reden eine große Menge real vorkommender Sprachdaten einbezogen werden, begegnet man einer Umsetzungs- und Formenvielfalt, deren Ordnung nach formalen Kriterien eine undankbare und wenig Aufschluss bietende Aufgabe wäre. Qualitative Ansätze erweisen sich bei großen Textmengen und bei der Frage nach einem übergeordneten, formal vielgestaltigen Phänomen wie dem der Adressatenorientierung als fruchtbarer. Aus der Sichtung des Textmaterials einerseits sowie andererseits aus der Zusammenfassung der bei Sager genannten Individualbereiche[17], auf die sich Propositionen der von ihm definierten Kontakte beziehen können, lassen sich vier Adressatenrollen benennen, also vier Relevanzbereiche der Adressierten aus Sicht des Redners: Zum einen bezieht sich der Redner auf die Adressierten als Handelnde. Mit dieser Adressatenrolle beschäftigt sich der vorliegende Beitrag im Folgenden genauer. Zum anderen bezieht sich der Redner auf die Adressierten als Träger von Bewusstseinsinhalten[18]. Dies umfasst die Bezugnahme auf unterstellte Einstellungen, Meinungen, Wissen und Denkprozesse der Adressierten. Dabei wird von Seiten des Redners entweder eine Übereinstimmung zwischen sich und den Adressierten suggeriert, etwa durch Wissensunterstellungen oder Evidenzsuggestionen, oder es wird Nicht-Übereinstimmung antizipiert. Bei antizipierter Nicht-Übereinstimmung kann der Redner zum Beispiel antizipierte Bewusstseinsinhalte der Adressierten einräumen und ihnen etwas aus seiner Sicht entgegenhalten. Weiterhin kann der Redner sich auf die Adressierten als Wahrnehmende beziehen. Dabei hat er die Adressierten einerseits als diejenigen im Blick, die den Text als solchen wahrnehmen und sorgt für Rezeptionshilfen, etwa in Form von Gliederungssignalen. Andererseits kann er die Adressierten aber auch eher als den Textinhalt wahrnehmend sehen und versuchen, diese Wahrnehmung zu lenken, etwa indem er ‚Interpretationshilfen' zu seinen eigenen Äußerungen anbietet, um missliebigen Auslegungen vorzubeugen. Schließlich kann der Redner sich auch auf die Adressierten als Teil von Gemeinschaft beziehen, indem er sich etwa auf eine gemeinsame Geschichte oder einen geteilten demokratischen Grundkonsens beruft oder auf die Interdependenz von Gesamtheit (Staat) und Teil (BürgerInnen) verweist.

4. Die Adressierten als Handelnde

Bezugnahmen auf die Adressierten als Handelnde finden sich in allen Redesphären, sie sind aber typisch für Reden der zweiten Redesphäre, auf die sich die

---

17 Vgl. Sager 1981, S. 268.

18 Vgl. Schröter 2000.

folgenden Beispiele auch beschränken. In der zweiten Redesphäre können – neben immer mitzudenkenden sekundär Adressierten – relativ klar umrissene Kreise primär Adressierter angesprochen werden, deren Tätigkeit (etwa in Form von Verbands- bzw. Vereins- oder Produktionsarbeit) häufig erkennbar und benennbar ist. Der Redner vermittelt bei der Bezugnahme auf erfolgte Handlungen und auch nur mögliche Handlungen der Adressierten gleichzeitig Bewertungen dieser Handlungen und macht somit deutlich, welche Aktivitäten aus seiner Sicht wünschenswert sind und welche nicht. Er nimmt also einerseits aufwertend auf die Handlungen der Adressierten Bezug, indem er die Adressierten etwa lobt oder ihnen dankt für ihre Tätigkeiten, wobei die Adressierung zumeist direkt erfolgt. Andererseits ist er zuweilen bemüht, sich von möglichen Handlungen möglicher Adressierter abzugrenzen, indem er sie mehr oder weniger direkt als nicht erwünscht kennzeichnet. Bei der Abgrenzung des Redners von möglichen Handlungen bleibt der Adressatenbezug häufig implizit.

4.1 Aufwertung

Um die Adressierten als Handelnde aufzuwerten, kann der Redner allgemein Lob und/oder Dank aussprechen. Praktisch keine der Reden, die vor Vereinen, Verbänden, Betrieben und sonstigen Einrichtungen gehalten wird, kommt ohne einen Dank an die primär Adressierten für ihre Tätigkeit aus.

> Ich möchte mich auch persönlich dafür bedanken, daß Sie mich zu diesem Festakt eingeladen haben, und möchte damit, für die Regierung sprechend, den Dank für die ausgezeichnete Arbeit verbinden, die dieser Verband durch eine Reihe von Generationen hier im Revier geleistet hat. (Schmidt vor dem Kommunalverband Ruhrgebiet, Bulletin 53/1980, S. 449) [19]

Eine speziellere Art des Adressatenlobs stellt die zusätzliche Betonung der gesamtgesellschaftlichen Relevanz der Tätigkeit primär Adressierter dar.

> Verehrte Anwesende, ohne Ihren freiwilligen Dienst für die Alten und Kranken wäre es um unsere Gesellschaft schlecht bestellt. [...] Ich danke Ihnen allen für Ihre Arbeit und wünsche Ihnen – in unser aller Interesse – möglichst viel Erfolg. (Brandt auf dem ‚Helfer-Empfang 1973‘, Bulletin 131/1973, S. 1292)

Des Weiteren kann der Redner als eine besondere Art des Lobs den Vorbildcharaker von Aktivitäten der primär Adressierten hervorheben.

[19] Die Reden werden zitiert nach dem Wortlaut der vom Presse- und Informationsamt der Bundesregierung herausgegebenen Bulletins unter Angabe der laufenden Nummer des Jahres und der Seitenzahl des entsprechenden Bulletins. Als kontextualisierender Hinweis wird zusätzlich der Redeanlass in eigenen Worten benannt.

> Es freut mich, daß die Selbstverpflichtungserklärung der Deutschen Verleger zur Verwertung von Altpapier Erfolge zeigt. Dies ist doch ein gutes Beispiel dafür, wie man Freiräume für eigenverantwortliches Handeln beim Umweltschutz nutzen kann. Es geht auch anders als durch Gesetze und Verbote. (Kohl vor dem Bundesverband Deutscher Zeitungsverleger, Bulletin 83/1995, S. 807)

Es kommt auch vor, dass praktisch stellvertretend für Personengruppen oder Organisationen die Leistung Einzelner besonders gelobt wird.

> Es drängt mich, hier auch zu bestätigen, daß Herr Präsident Berg in den zahlreichen Verhandlungen, die wir im Laufe dieser zehn Jahre geführt haben, diese großen Zusammenhänge überall den kleineren Wünschen vorangestellt und sie besonders hervorgehoben hat. (Adenauer vor dem Bundesverband der deutschen Industrie, Bulletin 196/1959, S. 1987)

So es sich um eine bestimmte Einrichtung, einen Betrieb oder Verband handelt, kann der Redner auch historische Exkurse zur Tradition oder zu traditionellen Tätigkeitsfeldern des primären Adressatenkreises einbringen. Die primär Adressierten werden so in einer historischen Traditionslinie aufwertend verortet. Zum Teil wird ihnen dabei auch über historische Leistungen gesamtgesellschaftliche Relevanz zugeschrieben.

> Gewerkschaftliche Tradition verbindet seit eh und je die Vertretung eigener Interessen mit dem Blick für das Ganze. Und die geschichtliche Leistung der Gewerkschaften – mit den ihnen verwandten Strömungen – besteht ja gerade darin, daß sie Millionen von Außenseitern der Gesellschaft zu gleichwertigen Staatsbürgern gemacht haben. (Brandt vor der Industrie-Gewerkschaft Metall, Bulletin 140/1971, S. 1507)

Neben den genannten Spielarten des direkten Lobs der Aktivitäten primär Adressierter besteht auch die Möglichkeit der Aufwertung über den Redeanlass, den die primär Adressierten bieten. Als eine Form der Aufwertung kann dabei der affirmative Bezug auf vorausgegangene Kommunikationsereignisse von Seiten der primär Adressierten betrachtet werden, wenn etwa den vorausgegangenen Äußerungen von VertreterInnen der primär Adressierten zugestimmt bzw. durch den Redner Nachdruck verliehen wird.

> Aber ich gebe ohne weiteres zu [...], daß die Bundesrepublik mehr tun muß, als bisher geschehen ist, auf dem ganzen Gebiete der Wissenschaft und Forschung und auf dem Gebiete, das Herr Präsident Hahn eben in seiner Ansprache berührt hat: [....]. Insbesondere begrüße ich seine Anregung, daran zu denken, [...]. Nun hat auch das Professor Hahn nach meiner Meinung sehr mit Recht gesagt: [...]. (Adenauer vor der Max-Planck-Gesellschaft, Bulletin 109/1954, S. 974f.)

Die Redeanlässe sind zum Teil mit bestimmten inhaltlichen Fragestellungen verbunden oder stehen unter einem Motto, Leitsatz oder Titel. Diese inhaltlichen Hinweise können durch den Redner ausgedeutet werden. Indem er dabei dem

Motto, Leitsatz, Thema etc. zustimmt, wertet er die Veranstaltung und die primär adressierten Veranstalter auf.

> Eine Veranstaltung der Gewerkschaft der Polizei zum Thema „Frieden nach innen" am Verfassungstag in der Paulskirche erscheint mir als ein Zeichen der Vernunft, auch der Gesprächsbereitschaft in einer Zeit verstärkter innerstaatlicher Auseinandersetzungen. Ich weiß, daß Sie dies so gemeint haben und ebenso verstehen. Deshalb halte ich diese Veranstaltung und die Klärungen und Anstöße, die von ihr ausgehen können, für etwas Wichtiges. (Schmidt vor der Gewerkschaft der Polizei, Bulletin 59/1982, S. 513)

Eine gewisse Kuriosität, die sich im ganzen Korpus immerhin sechsmal bei vier verschiedenen Rednern findet, ist der Verweis auf Terminnöte des Redners. Über den Hinweis auf dringende anderweitige Termine kann der Redner primär Adressierte aufwerten, indem er betont, für wie wichtig er trotz aller zeitlichen Bedrängnis die Wahrnehmung des Redetermins bei den primär Adressierten hält.

> Ich freue mich, daß ich trotz einiger Behinderungen in der Lage war, an dieser Ihrer Hauptversammlung teilzunehmen. [...] Wider erwarten sind wir gestern im Finanzkabinett mit unseren Beratungen nicht ganz zu Ende gekommen [...]. Aber ich wollte bei Ihnen nicht von vornherein in einen schlechten Ruf geraten und außerdem folgte ich wirklich dem Zuge meines Herzens. Haben Sie nur Verständnis dafür, wenn ich nachher, nach meinem Grußwort, so rasch wie möglich hier enteile. (Kiesinger vor dem Deutschen Städtetag, Bulletin 68/1967, S. 581)

4.2 Zwischen Aufwertung und Abgrenzung

Ein Phänomen im Bereich zwischen Aufwertung und Abgrenzungen sind Äußerungen der Redner, die praktisch beides auf einen Streich leisten, indem sie die primär Adressierten aufwerten und gleichzeitig mögliche sekundär Adressierte abwerten.

> Mein allererstes Gefühl [...] ist das Gefühl der Dankbarkeit gegenüber all denen, die mitgeholfen haben – und die nicht nur Ratschläge gaben, wie man es nicht machen kann –, die eben einfach die Ärmel hochgekrempelt und zugepackt haben. [...]. [....] während andere darüber nachdachten, ob das ein zu großes Risiko sei, haben Sie bewußt hier in die Zukunft investiert [...]. (Kohl bei den Bayer-Werken in Bitterfeld, Bulletin 52/1994, S. 488)

Aufwertung und Abgrenzung ‚auf einen Streich' findet sich in verschiedenen Kontexten. Das obige Beispiel verweist allerdings auf einen typischen Kontext: Nach der Wiedervereinigung war Kohl sehr häufig in den Neuen Bundesländern unterwegs,

> setzte unermüdlich Spatenstiche, drückte auf Startknöpfe und schnitt Bänder entzwei, und es gab keine Feierstunde zur Eröffnung eines weiteren Zweigwerks, bei der er nicht die Festrede hielt. (Dreher 1998, S. 591f.)

Dabei wurde stets der Unternehmergeist derjenigen westdeutschen Unternehmen gelobt, die Niederlassungen im Osten eröffneten; dieses Lob war häufig mit Seitenhieben gegen unwilligere Kandidaten versehen.

Als ein weiteres Phänomen im Bereich zwischen Aufwertung und Abgrenzung ist das Ausmaß an thematischer Zuwendung zu erwähnen. Dem liegt die Annahme zugrunde, dass ein Mehr an thematischer Zuwendung ein Mehr an Adressatenaufwertung bedeutet. Der Zwischen-Status ist hier also darin zu sehen, dass graduell mehr oder weniger Aufwertung damit einhergeht. Bei Reden der Redesphäre 2 erfolgt größtenteils zumindest eine Themenauswahl, die die Interessen der primär Adressierten berücksichtigt. Allgemein wird dann etwa vor dem Verein zur Behindertenhilfe der Schwerpunkt Sozialpolitik gewählt und vor dem Bundesverband Junger Unternehmer der Schwerpunkt Wirtschaftspolitik. Thematisch besonders den Adressierten zugewandte Reden beschäftigen sich über die allgemeine Schwerpunktwahl hinaus durchgehend mit konkreten Aktivitäten, Projekten oder Ereignissen, die entweder mit den primär Adressierten verbunden oder für diese von Bedeutung sind. In einigen, thematisch weniger zugewandten Reden gibt es am Beginn und am Ende adressatenzugewandte Redeteile. In der Mitte der Rede wird jedoch ein politisches Programm bzw. ein Bericht über die Arbeit der Bundesregierung ‚heruntergeschnurrt'. Andere Reden mit wenig Adressatenzuwendung widmen sich Themen, die der Redner selbst präferiert (besonders erkennbar im Falle Kohls das Thema Wiedervereinigung nach 1990). Vor allem bei zwei Reden zeigt sich auch, dass der Redner mit den primär Adressierten offenbar nicht allzuviel anfangen kann. Bei einer Kundgebung der CDU im Zusammenhang mit dem Frauenkongress der Partei (Bulletin 46/1969) macht Kiesinger seine Themenauswahl (‚Frieden') explizit an den primär adressierten Frauen fest, wobei er im Weiteren weder speziell auf Frauen eingeht, noch auch nur mit einem weiteren Wort das Verhältnis von Frauen zum Frieden ausdeutet. In einer Rede Kohls vor dem Schaustellerbund (Bulletin 21/1998) widmet er sich zwar acht Absätze lang am Beginn der Rede den primär Adressierten, um dann aber dazu überzugehen, achtundvierzig Absätze lang einen völlig adressatenabgewandten Bericht über die geleistete und geplante Arbeit der Bundesregierung auf den verschiedenen Politikfeldern abzuliefern.

4.3 Abgrenzung

Zur Abgrenzung des Redners von möglichen Handlungen primär Adressierter zählen Bremsverfahren. Diese stehen vor allem in Verbindung mit Forderungen von Interessenvertretungen, deren Berechtigung zwar häufig eingestanden wird, die zu bremsen die Redner aber häufig dennoch bemüht sind. Dies geschieht vor allem unter Hinweis auf das Primat des Gemeinwohls gegenüber ‚Einzelinteressen' und unter Betonung der notwendigen Geduld oder des notwendigen ‚Augenmaßes' bei der Durchsetzung von Interessen. Im folgenden Beispiel argumentiert Schmidt sogar, es sei im Eigeninteresse der Adressierten, ihre Forderungen und Erwartungen abzumildern, um nicht enttäuscht zu werden.

> In der Verfolgung Ihrer berechtigten und notwendigen Forderungen, die Sie gleichermaßen hegen und verbreiten, ist daher Realismus geboten – wenn es nicht ein Widersinn ist, von Künstlern Realismus zu verlangen –, damit Sie nicht unseriösen Versprechungen zum Opfer fallen und schließlich resignieren. (Schmidt vor der Fachgruppe Schauspieler und Regisseure der Deutschen Angestellten Gewerkschaft, Bulletin 141/1975, S. 1405f.)

Es kommt auch vor, dass der Redner appelliert, bestimmte Handlungen zu unterlassen bzw. bestimmte Handlungen vorzunehmen, was zum Teil als implizite Beanstandung der bisherigen Unterlassung verstanden werden kann. Daneben können direkte Mahnungen an die primär Adressierten ausgesprochen werden, wie im folgenden Beispiel Kiesinger vor dem Beamtenbund mahnt, eventuelle ‚Bummelstreiks' zu unterlassen.

> Eben weil der Beamte sich mit voller Hingabe seinem Dienst zu widmen hat, hat er nicht die Möglichkeiten des Arbeitskampfes, die andere Berufsgruppen haben und gebrauchen. Er hat kein Streikrecht, und nach meiner Meinung sollte er sich auch überlegen, ob „Dienst nach Vorschrift" oder Bummelstreik nicht zwangsläufig zu einer Abkehr von den hergebrachten Traditionen des Berufsbeamtentums führen. (Kiesinger vor dem Deutschen Beamtenbund, Bulletin 161/1968, S. 1410)

Wie oben gezeigt, kann der Redner die primär Adressierten über affirmative Bezüge auf mit dem Redeanlass verbundene vorausgegangene Kommunikationsereignisse aufwerten. Umgekehrt kommt es vor, dass der Redner sich abgrenzend auf vorangegangene Äußerungen aus den Reihen primär Adressierter bezieht.

> Ich habe mich ja gefragt, wie Sie es hingekriegt haben, just als ich kam, die Schimpfkanonade loszulassen. [...] Auf eines muß ich antworten, nämlich auf die Holzmann-Angelegenheit. Das hatte ich eigentlich nicht im Text. Aber ich wollte Ihnen gerne einmal erklären, in welcher Lage unsereiner auch gelegentlich ist und aus welcher Sicht ich das auch beurteilt habe. Selbstverständlich können Sie unterstellen, dass ich aus der Sicht der dort Beschäftigten geurteilt habe. Das war aber längst nicht alles. (Schröder vor dem Deutschen Baugewerbe, Bulletin 70-4/2000, S. 1)

Zum Schluss ist ein in den Reden sehr häufig und in verschiedenen Spielarten zu findendes Äußerungsmuster zu nennen in Form von Konditionalverknüpfungen, mit deren Hilfe der Redner antizipierte oder (vorgeblich) erfolgte Handlungen bzw. Zustände mit bestimmten Voraussetzungen oder Konsequenzen verbindet. Auf der Formulierungsebene schlägt sich dieses Muster in den aus dem Strafgesetzbuch geläufigen ‚wer ... (A sagt, tut, denkt), der ... (wird, muss auch, bewirkt B)'-Sätzen nieder.[20] Diese Äußerungen werden als Adressatenorientierung insofern betrachtet, als der Redner sich fiktive/mögliche/faktische Adressierte als Träger fiktiver/möglicher/faktischer Handlungen vergegenwärtigt und diese Handlungen durch die Bindung an Voraussetzungen oder Konsequenzen in seinem Sinne bewertet. Der Adressatenbezug ist semantisch äußerst vage und bildet eine Leerstelle, die konkrete Adressierte füllen können, indem sie sich hineinversetzen.

Der scheinbare Wer-Subjektsatz ist satzsemantisch eigentlich ein KENNZEICHNENDER Attributsatz: Jeder, der in ... gewählt wird, soll ..., aber kontextsemantisch wirkt er genau wie eine zur Konditional-Aussage (Wenn man in ... gewählt wird, soll man ...) VERALLGEMEINERTE Kausal-Aussage: Da ich in ... gewählt worden bin, soll ich ...[21]

Drei verschiedene Ausprägungen dieses Musters, mögliche Handlungen aus Rednersicht zu bewerten, finden sich in den Reden. Die erste Version besteht in Verknüpfungen, in denen das Redner-Erwünschte das Redner- oder allgemein Unerwünschte beseitigt. Im folgenden Beispiel hat das Redner-Erwünschte (sagen, was man ‚wirklich' will) die Konsequenz der Entwertung des Redner-Unerwünschten (Kritik an der Rentenpolitik).

> Und jemand, der unsere Rentenpolitik kritisiert, der soll ehrlich sein und klar zum Ausdruck bringen, daß er in Wirklichkeit die Versicherungsbeiträge der aktiven Arbeitnehmer anheben will. (Schmidt vor dem Deutschen Gewerkschaftsbund, Bulletin 54/1978, S. 527)

‚Ehrlich' und ‚wirklich' implizieren hier, dass die Rentenpolitik gar nicht ernsthaft kritisiert werde, sondern mit der Kritik andere politische Ziele verfolgt würden. Mit der erwünschten Handlung im Sinne des Redners (sagen, was man ‚wirklich' will) würde sich die unerwünschte erübrigen (da ja Kritik an der Rentenpolitik ‚eigentlich' nicht gemeint sei). Mit dieser Aussage sollen kritische Äußerungen gegenüber der Rentenpolitik diskreditiert werden; moralisch diskreditiert werden auch insofern, als Unaufrichtigkeit unterstellt wird.

Eine zweite Version besteht in Behauptungen, dass das Redner-Erwünschte (im folgenden Beispiel ‚gleich stark'/‚mit Freunden', d. h. unter Westbindung bzw. in der NATO) das allgemein Erwünschte (Friedensstiftung) zur Folge haben werde.

> Das ist selbstverständlich, die unerläßliche Ergänzung, denn wer friedensstiftend verhandeln will, kann das nur tun, wenn er gleich stark dem Starken gegenübertritt, und das können wir nur tun im Verband mit unseren Freunden. (Kiesinger vor dem Bundeswehr-Verband, Bulletin 82/1969, S. 702)

---

20 Vgl. von Polenz 1988, S. 283 und Kientpointner 1992, S. 328-365.

21 von Polenz 1988, S. 285.

Eine dritte Version dieser Konditionalverknüpfungen besteht in Behauptungen, dass das Redner-Unerwünschte (im Beispiel: keine/zu wenig Ausbildungsplätze bereitstellen) zum allgemein Unerwünschten führe (volkswirtschaftliche Fehlorientierung, gesellschaftliche Brüche).

> Wer sich an der Ausbildung nicht beteiligt, macht deshalb nicht nur betriebswirtschaftliche Fehler. Nein, er orientiert auch die Volkswirtschaft falsch und riskiert gesellschaftliche Brüche mit allen Folgen, die ich genannt habe. (Schröder vor der Industrie Gewerkschaft Metall, Bulletin 79/1998, S. 960)

5. Schlussbemerkungen

Mit der Konzentration auf die bisher wenig von der Forschung beachtete zweite Redesphäre wollte dieser Beitrag die eher alltägliche Redetätigkeit eines Bundeskanzlers näher beleuchten. Der Blick auf die Adressierten zeigt, dass Formen der Adressatenorientierung ein strategisches Potenzial für den Redner bergen, indem mit der Bezugnahme auf (mögliche) Aktivitäten der Adressierten Perspektivierungen und Bewertungen des Redners einhergehen. Mit Bezügen auf die Adressierten als Handelnde gibt der Redner also zu verstehen, welche Handlungen aus seiner Sicht erwünscht bzw. unerwünscht sind. Für alle Erscheinungsformen finden sich noch mehr Beispiele in den Reden, die teilweise weitere Aspekte aufweisen. Die Ergebnisse verdanken sich vor allem der großen Textmenge sowie der damit zusammenhängenden Überlegung, einem qualitativen Ansatz gegenüber Kategorisierungen nach formalen Kriterien den Vorzug zu geben. Insofern möchte der Beitrag auch eine Anregung sein, Reden nicht nur als einzelne Kommunikationsereignisse zu beschreiben oder wenige Reden miteinander zu vergleichen, sondern sie bei geeigneter Fragestellung auch im größeren Korpus zu analysieren.

Literatur

Adamzik; Kirsten (1984): Sprachliches Handeln und sozialer Kontakt. Zur Integration der Kategorie ‚Beziehungsaspekt' in eine sprechakttheoretische Beschreibung des Deutschen, Tübingen.

Bardmann, Theodor M. (1995): Rhetorik als Irritation der Politik: z. B. Niklas Luhmann. In: Kopperschmidt, Josef (Hrsg.): Politik und Rhetorik. Funktionsmodelle politischer Rede, Opladen, S. 239-267.

Dreher, Klaus (1998): Helmut Kohl. Leben mit Macht, Stuttgart.

Dreitzel, Hans Peter (1987) Rollentheorie. In: Ammon, Ulrich/Dittmar, Norbert/ Mattheier Klaus J. (Hrsg.): Soziolinguistik. Ein internationales Handbuch zur Wissenschaft von Sprache und Gesellschaft. Bd. 1, Berlin/New York, S. 115-119.

Haungs, Peter u. a. (Hrsg.) (1991): Sprache und Politik. Dolf Sternberger. Schriften. Bd. 11, Frankfurt am Main/Leipzig.

Heinemann, Wolfgang/Viehweger, Dieter (1991): Textlinguistik. Eine Einführung, Tübingen.

Holly, Werner (1979): Imagearbeit in Gesprächen. Zur linguistischen Beschreibung des Beziehungsaspekts, Tübingen.

Holly, Werner (1990): Politikersprache. Inszenierungen und Rollenkonflikte im informellen Sprachhandeln eines Bundestagsabgeordneten, Berlin/New York.

Kammerer, Patrick (1995): Die veränderten Konstitutionsbedingungen politischer Rhetorik. Die Rolle der Redenschreiber, der Medien und zum vermeintlichen Ende öffentlicher Rede. In: Beeth, Manfred u. a. (Hrsg.): Rhetorik. Ein internationales Jahrbuch. Nr. 14, Tübingen, S. 14-29.

Kienpointner, Manfred (1992): Alltagslogik, Stuttgart u. a.

Klein, Josef (1995): Politische Rhetorik. Eine Theorieskizze in Rhetorik-kritischer Absicht mit Analysen zu Reden von Goebbels, Herzog und Kohl. In: Sprache und Literatur in Wissenschaft und Unterricht Nr. 75-76, S. 62-99.

Klein, Josef (2000): Textsorten im Bereich politischer Institutionen. In: Brinker, Klaus u. a. (Hrsg.): Text- und Gesprächslinguistik. Ein internationales Handbuch zeitgenössischer Forschung, Bd. 1, Berlin/New York, S. 732-755.

Kopperschmidt, Josef (1989): Öffentliche Rede in Deutschland. Überlegungen zur politischen Rhetorik mit Blick auf zwei Gedenkreden im Deutschen Bundestag. In: Muttersprache 99, S. 213-230.

Lübbe, Hermann (^{2}1988): Der Streit um Worte. Sprache und Politik. In: Heringer, Hans Jürgen (Hrsg.): Holzfeuer im hölzernen Ofen. Aufsätze zur politischen Sprachkritik, Tübingen, S. 48-69.

Patzelt, Werner J. (1995): Politiker und ihre Sprache. In: Dörner, Andreas/Vogt, Ludgera (Hrsg.): Sprache des Parlaments und Semiotik der Demokratie, Berlin/New York, S. 17-55.

Petter-Zimmer, Yvonne (1990): Politische Fernsehdiskussionen und ihre Adressaten, Tübingen.

Polenz, Peter von (1988): Deutsche Satzsemantik. Grundbegriffe des Zwischen-den-Zeilen-Lesens, Berlin/New York.

Sager, Sven Frederick (1981): Sprache und Beziehung. Linguistische Untersuchungen zum Zusammenhang von sprachlicher Kommunikation und zwischenmenschlicher Beziehung, Tübingen.

Sandig, Barbara (1986): Stilistik der deutschen Sprache, Berlin/New York.

Schröter, Melani (2000): „Ich kann keinen Grund für Kleinmut und Resignation erkennen." Anspielungen auf Bewusstseinsinhalte, Unstrittigkeit und Verfahren der Ausgrenzung in Reden Helmut Kohls. In: Sprachreport 16, H. 2, S. 13-19.

Schröter, Melani (2006): Adressatenorientierung in der öffentlichen politischen Rede von Bundeskanzlern 1951-2001. Eine qualitativ-pragmatische Korpusanalyse. Frankfurt am Main u. a. (= Leipziger Arbeiten zur Sprach- und Kommunikationsgeschichte, Band 14) (im Druck).

Schwitalla, Johannes (2001): Beteiligungsrollen im Gespräch. In: Brinker, Klaus u. a. (Hrsg.): Text- und Gesprächslinguistik. Ein internationales Handbuch zeitgenössischer Forschung, Bd. 2, Berlin/New York, S. 1355-1361.

Susanne Beckmann

Der Skandal – ein komplexes Handlungsspiel im Bereich öffentlicher Moralisierungskommunikation

Der Skandal ist ein überaus komplexes Handlungsspiel, dessen Strukturen pragmatisch nicht leicht zu bestimmen sind. Es handelt sich dabei um einen Konflikt „im makro-sozialen Rahmen"[1], bei dem verschiedene Konfliktforen eröffnet werden, an dem unterschiedliche Akteure nebeneinander und sukzessiv beteiligt sind und bei dem darüber hinaus auch in medialer Hinsicht komplexe Verhältnisse vorherrschen.

Obwohl inzwischen einiges an Literatur zum Skandal – vor allem zum Ablauf einzelner Skandale – vorliegt[2], fehlt es in der Theorie nach wie vor an tragenden, methodologisch abgesicherten Konzepten – und dies gilt insbesondere für die Analyse der sprachlichen Struktur des komplexen Handlungsspiels.

Die vor allem soziologisch und kommunikationswissenschaftlich ausgerichtete Forschungsliteratur setzt sich hauptsächlich mit einzelnen Phänomenen des Skandals auseinander: Im Fokus des Interesses stehen Fragen nach dem Skandal als gesellschaftlichem Kontrollmechanismus[3] und „als Mechanismus der Herrschaftskontrolle"[4] sowie nach der Art und Spezifik der im Skandal sanktionierten Verstöße; dabei geht es insbesondere um die Frage, ob es sich hier überhaupt um Normverstöße[5] oder lediglich um Etikettierungsprozesse handelt, bei denen die Skandalierer zur Befriedigung parteilicher Interessen einen Skandal inszenieren.[6]

Vor dem Hintergrund zunehmender Skandalierungen beschäftigen sich einige Autoren auch mit „rituellen Praktiken" politischer Skandale und prüfen die „Inszenierungsleistungen der Beteiligten".[7] Ronald Hitzler entwirft eine Typologie von Inszenierungslogiken politischer Skandale[8], Heinz Bude stellt unterschiedliche Typen von Skandalpolitikern vor.[9] Die Zunahme von Skandalen

---

1 Zum Begriff *makro-sozialerRahmen* vgl. Glasl [4]1994, S. 63f.

2 Vgl. z. B. Hondrich 2002, S. 77–133; Matthies 1993.

3 Vgl. z. B. Hitzler 1989, S. 334.

4 Vgl. Hondrich 2002, S. 31.

5 Vgl. hierzu z. B. Neckel 1989, S. 56ff.

6 Nach Hitzler bezeichnet der Begriff *Skandal* „*nicht* die Verletzung einer sozialgültigen Norm, sondern die akzeptierte *Etikettierung* eines Ereignisses oder Sachverhalts als nicht normenkonform." Vgl. Hitzler 1989, S. 334.

7 Vgl. Ebbighausen/Neckel 1989, S. 13.

8 Vgl. Hitzler 1989.

9 Vgl. Bude 1989.

im Rahmen bestimmter Gesellschaftsformen lässt die Frage aufkommen, ob es so etwas wie „Skandalgesellschaften“ oder „Skandalkulturen“ gibt.[10] In neueren Arbeiten wird zunehmend auch die Frage der Medialität von Skandalen thematisiert, wobei sich die Theorien vor allem darin unterscheiden, welchen Stellenwert sie den Medien bei der Entstehung von Skandalen beimessen.[11]

In seiner Monographie „Political Scandal“ nähert sich Thompson dem Begriff des Skandals mit folgender Arbeitsdefinition an:

> As a working definition, we could say that ‚scandal‘ refers to actions or events involving certain kinds of transgressions which become known to others and are sufficiently serious to elicit a public response. To be more precise, I shall suggest that, in its current usage, ‚scandal‘ refers primarily to actions, events or circumstances which have the following characteristics:
> 1 their occurence or existence involves the transgression of certain values, norms or moral codes;
> 2 their occurrence or existence involves an element of secrecy or concealment, but they are known or strongly believed to exist by individuals other than those directly involved (I shall refer to these individuals as ‚non-participants‘);
> 3 some non-participants disapprove of the actions or events and may be offended by the transgression;
> 4 some non-participants express their disapproval by publicly denouncing the actions or events;
> 5 the disclosure and condemnation of the actions or events may damage the reputation of the individuals responsible for them (although this is not always or necessarily the case, as we shall see).[12]

Strukturell basiert diese Definition auf ganz ähnlichen Momenten wie die so genannte Skandaltriade, die die wichtigsten Akteure in einem vereinfachten Handlungsschema zusammenfasst. Die Skandaltriade besteht nach Neckel aus dem Skandalierten, „der einer Verfehlung von öffentlichem Interesse öffentlich bezichtigt wird“, dem Skandalierer, „der diese Verfehlung öffentlich denunziert“, und mehreren Dritten, „denen über das, was zum Skandal geworden ist, berichtet wird.“[13] Auch wenn dieses Modell letztlich nur eine skeletthafte Abbildung des komplexen Handlungsspiels darstellt, so konturiert es doch die beiden wesentlichen Handlungsstränge, die in der Skandalkommunikation miteinander verwoben sind: Die Kommunikation zwischen dem Skandalierer und der Öffentlichkeit und die – wie auch immer geartete – Interaktion zwischen Skandalierer und Skandaliertem.

Ich möchte mich zunächst diesen beiden Handlungssträngen zuwenden und bediene mich dabei eines methodologischen Verfahrens, das sich in der Konfliktforschung bewährt hat: Untersuchungen im Bereich der Konfliktforschung

---

10 Vgl. Hondrich 2002, S. 47ff.; vgl. hierzu auch Spinnen 2001.

11 Vgl. hierzu z. B. Mathes 1989; Thompson 2000, S. 60–89; Spinnen 2001, S. 224ff.

12 Thompson 2000, S. 13f.

13 Neckel 1989, S. 58.

haben gezeigt, dass eine große Zahl von psycho-sozialen Mechanismen in mikrosozialen Konflikten denen der meso- und makro-sozialen Gebilde ähnlich sind.[14] Glasl weist darauf hin, dass sogar internationale Konflikte gewisse Analogien zu Konflikten zwischen Einzelpersonen aufweisen.[15] Der Skandal soll daher in einem ersten Schritt mit anderen einfacher strukturierten Formen von Moralisierungshandlungen verglichen werden, um dann in einem zweiten Schritt den Fokus zu erweitern und die Komplexität des Handlungsspiels in den Blick zu nehmen.

Zur Illustration der verschiedenen Phänomene verwende ich Material aus dem Diskurs zum ‚Jenninger-Skandal'. Der damalige Bundestagspräsident Philipp Jenninger musste wegen seiner am 10. November 1988 gehaltenen Gedenkrede anlässlich der Gedenkveranstaltung des Bundestages zum 50. Jahrestag der antijüdischen Pogrome von 1938 zurücktreten. Das zugrunde gelegte Textkorpus umfasst die themenrelevanten Texte für den diskursrelevanten Zeitraum aus den Tageszeitungen ‚Die Süddeutsche Zeitung' [= SZ], ‚Die Frankfurter Allgemeine Zeitung' [= FAZ], ‚die tageszeitung' [= taz] und den Wochenzeitschriften ‚Die Zeit' und ‚Der Spiegel'. Hier soll es jedoch nicht um die Spezifik des ‚Jenninger-Skandals' gehen,[16] das Material dient lediglich zur Illustration allgemeiner Mechanismen, die beim Skandal wirksam werden.

Zum Vergleich der verschiedenen Konfliktformen stütze ich mich auf das Konzept der *Moralisierungshandlung*, wie es von Bergmann/Luckmann ausgearbeitet worden ist. Bergmann/Luckmann haben in ihrem Buch „Kommunikative Konstruktion von Moral"[17] den Versuch unternommen, eine Soziologie der Moral als eine Soziologie der kommunikativen Erscheinungsweisen im Alltagsleben zu entwerfen. Von „moralischer Kommunikation" sprechen sie dann, „wenn in der Kommunikation einzelne Momente der Achtung oder Mißachtung, also der sozialen Wertschätzung einer Person, mittransportiert werden und dazu ein situativer Bezug auf übersituative Vorstellungen von ‚gut' und ‚böse' bzw. vom ‚guten Leben' stattfindet."[18] Zugrunde liegt die Vorstellung, dass die moralische Ordnung der Gesellschaft „in der sozialen Konstruktion, Verteilung und Durchsetzung eines spezifischen Typs von Wissen" geschaffen wird, ein Wissen über „Werte, mittels derer individuelles und kollektives Verhalten als ‚gut' oder ‚böse' beurteilt und dadurch in seinem Ablauf bestimmt und geleitet wird." Moral ist nach Bergmann/Luckmann „im wesentlichen gelebte Moral, die

---

14 Vgl. Glasl ^{4}1994, S. 61. Die Begriffe *mikro-*, *meso-* und *makro-sozialer Konflikt* bezeichnen bei Glasl verschiedene Konfliktrahmen, je nach Komplexität der jeweiligen Konfliktarena und den damit verbundenen kommunikativen Problemen. Vgl. Glasl ^{4}1994, S. 60ff.

15 Vgl. dazu Glasl ^{4}1994, S. 61.

16 Zum Jenninger-Skandal liegen einige einschlägige Arbeiten vor: Vgl. hierzu z. B. Hoffmann/Schwitalla 1989; von Polenz 1989; Heringer 1990, S. 163-176; Girnth 1993; Krebs 1993.

17 Bergmann/Luckmann, 1999.

18 Bergmann/ Luckmann, 1999a, S. 22.

in den Handlungen und Entscheidungen der Menschen, eben in ihren kommunikativen Akten existiert."[19] Unter einer *Moralisierungshandlung* verstehen die Autoren sozial wertende Stellungnahmen, „die sich auf Handlungen oder Personen beziehen und geeignet sind, das Ansehen, das Image, die Ehre oder den Ruf der benannten oder identifizierbaren Personen zu beeinträchtigen oder zu steigern."[20] Der Skandal als eine komplexe Konfliktform ist in diesem Sinne nur eine unter verschiedenen Formen des Moralisierungshandelns. Seine Spezifik ergibt sich einerseits aus der Verwandtschaft zu bestimmten einfachen Formen (z. B. Vorwurfskommunikation, Entrüstungshandlung, Klatsch etc.), andererseits aus den speziellen Eigenschaften, die den Skandal als Konfliktform von anderen Formen des Moralisierens abhebt: Hier spielt die Öffentlichkeit als Konfliktarena eine wichtige Rolle, darüber hinaus sind die spezifischen Formen von Mehrfachadressierungen und vor allem die Komplexität der Handlungsstrukturen von Bedeutung.

Der Skandal weist zum einen eine Verwandtschaft zu *Vorwurf-Rechtfertigungs-Kommunikationen* auf. Auch die Skandalierung kann als eine Interaktion betrachtet werden, bei der es um einen kommunikativ sanktionierten Normverstoß geht. Die Handlungsoptionen, auf die der Skandalierte dabei zu seiner Verteidigung zurückgreifen kann, lassen sich – wie Wolfgang Niehüser in einem Aufsatz zur „Skandalbewältigung" gezeigt hat – in enger Analogie zur Vorwurfsinteraktion beschreiben.[21] Trotz der zerdehnten Kommunikationssituation und der asymmetrischen Sprecherkonstellation lassen sich die meisten Verteidigungszüge auf das einfache Strukturschema einer Vorwurf-Rechtfertigungs-Sequenz beziehen.[22]

Allerdings gewinnt ein Vorwurfsspiel durch die Öffentlichkeit eine ganz andere Durchsetzungskraft. Der Skandal ist deshalb ein so wirkungsvolles Instrument der Moralisierung, weil der Skandalierte die reaktiven Züge vor einer kritischen Öffentlichkeit vollziehen muss. Neben der aufgezeigten Analogie weist der Skandal aber auch charakteristische Abweichungen von der Vorwurf-Rechtfertigungskommunikation auf: Berücksichtigt man die Adressierungsrichtung massenmedialer Kommunikation, so ist nicht der Skandalierte der direkte Adressat der Medienbeiträge, sondern die Gruppe der Medienrezipienten, im Fall der hier ausgewählten Printmedien ein anonymes, disperses Publikum. So gesehen haben wir es hier mit NEGATIVEN BEWERTUNGSHANDLUNGEN zu tun, die das Handeln eines Dritten – des Skandalierten – zum Gegenstand haben. Aus dieser Perspektive hat die im Skandal aktualisierte Form der Moralisierungskommunikation gewisse Strukturähnlichkeiten mit dem *Klatsch*.

Auf die enge Verwandtschaft von Skandal und Klatsch wird in der Forschungsliteratur zum Skandal des Öfteren hingewiesen. Max Gluckman hebt in

---

19 Vgl. Bergmann/Luckmann 1999a, S. 18.

20 Vgl. Bergmann/Luckmann 1999a, S. 23.

21 Vgl. Niehüser 1994, S. 86ff.

22 Vgl. hierzu Fritz/Hundsnurscher 1975, S. 86ff.

seinem Beitrag „Klatsch und Skandal" hervor, dass der Klatsch wie der Skandal der Aufrechterhaltung der sozialen Einheit und der moralischen Werte einer Gruppe diene.[23] Klatsch und Skandal bezeichnen komplexe sprachliche Handlungsspiele, bei denen in Form von negativen Bewertungshandlungen soziale Urteile über Dritte vorgenommen werden, die das Ansehen und die Reputation dieser Person gefährden. Der Anlass ist häufig ein Normverstoß oder ein anderes von einer bestimmten Gruppe als deviant eingestuftes Verhalten. Beim Klatsch steht also ähnlich wie beim Skandal „die Integrität dessen, über den geklatscht wird, auf dem Spiel: Sein Verhalten wird beurteilt, seine Motive und Absichten werden geprüft, seine Privatangelegenheiten werden ans Licht der Öffentlichkeit gezerrt".[24]

Ähnlich wie beim Klatsch entfaltet der Skandal eine gewisse Dynamik mit entsprechenden Dramatisierungsformen[25], bei der sich das Konfliktgeschehen verselbständigt und der Beschuldigte einen immer größeren Kontrollverlust erleidet. Klatsch wie Skandal werden daher manchmal auch mit archaischen Gerichtsformen verglichen.[26]

Für den Klatsch ist konstitutiv, dass derjenige, über den geklatscht wird, also das Klatschobjekt, nicht anwesend ist. Er kann zwar durch Andeutungen und Anspielungen im Gespräch oder durch die Vermeidung von Kontakten etwas davon erfahren, solche Reaktionen sind aber selbst nicht mehr Bestandteil des Klatsches.[27] Nach Bergmann ist es gerade typisch für den Klatsch, dass die Negativbewertungen unter Umgehung von „face threatening acts" vollzogen werden.[28]

Beim Skandal stellt sich dies etwas anders dar: Der Skandal als ein öffentlich ausgetragener Konflikt geschieht unter Einbeziehung des Skandalierten: Der Skandal ist eine Form der Moralisierungskommunikation, bei der verschiedene Sprecher im öffentlichen Raum negative Bewertungshandlungen über eine als deviant eingestufte Handlung oder einen skandalierbaren Zustand vollziehen, die vom Skandalierten als dem Akteur bzw. dem Verantwortlichen im Sinne einer Vorwurfskommunikation rezipiert und beantwortet wird. Dabei sind Vorwurf und Reaktion Bestandteile des öffentlichen Diskurses. Der Skandalierte rezipiert die Diskursbeiträge über die verschiedenen Medien – bei Politikern und anderen Persönlichkeiten des öffentlichen Lebens häufig auch in verdichteter Form eines Pressespiegels – und kann seinerseits mit Medienbeiträgen reagieren. Die Diskurspartizipierenden, in der Regel handelt es sich um Medienakteure, nehmen diese Reaktionen mit in den Diskurs auf, wobei die Einbindung sehr unterschiedliche Formen annehmen kann. Häufig werden sie in Form von Redeberichten und Reformulierungen zum Thema gemacht, die ihrerseits wieder bewertet werden:

---

23 Vgl. Gluckman 1989.

24 Vgl. Bergmann/Luckmann 1999a, S. 23.

25 Vgl. hierzu auch Spinnen 2001, S. 224.

26 Vgl. Bergmann/Luckmann 1999a, S. 23.

27 Vgl. Bergmann 1987, S. 196f.

28 Vgl. Bergmann 1987, S. 208.

(1) Jenninger hat sich ganz auf sich selbst verlassen. Er nahm sich vor, wie er später – noch immer fassungs- und verständnislos – der *ARD* erklärte, eine Antwort auf die Fragen von jungen Leuten zu geben, wie es denn damals eigentlich „zu diesen Ereignissen“ kommen konnte. Er habe nicht bedacht, „daß Mißverständnisse auftreten können, wenn man die Dinge beim Namen nennt“. [Die Zeit Nr. 47, 18.11.1988, S. 2]

(2) „Nicht alles darf man beim Namen nennen in Deutschland“, klagte der Bundestagspräsident nach seinem Rücktritt. Pardon: Man darf sehr wohl. Man muß es nur am richtigen Ort, zur richtigen Zeit, im richtigen Tonfall sagen. [Die Zeit Nr. 47, 18.11.1988, S. 1]

Der Skandal als eine Form der öffentlichen Moralisierungskommunikation enthält also einerseits Elemente der Vorwurfskommunikation, anderseits aber auch strukturelle Merkmale der Klatsch-Interaktion. Charakteristisch für den Skandal als Handlungsspiel ist, dass diese Elemente systematisch miteinander verwoben sind. Die Stoßrichtung der Moralisierungshandlungen gehen beim Skandal in zwei Richtungen:

- in Richtung des Skandalierten, von dem eine adäquate Reaktion auf die Vorwurfskommunikation erwartet wird,
- in Richtung auf die Diskursteilnehmer, die rezipierende Adressaten des öffentlichen Moralisierungshandelns sind und beobachten, wie die Medienakteure und die anderen Diskurspartizipierenden als ‚Normwächter‘ agieren.

Für diese Adressatengruppe ist das Konfliktgeschehen nicht nur als Spektakel der Machtregulation interessant, es ist auch von Relevanz, weil der ‚öffentliche‘ Umgang mit Normen Auswirkungen auf die geltende Moral und somit auch Rückwirkungen auf das eigene Handeln hat.

Die skandaltypischen Äußerungen sind im Sinne Kühns *polyvalent mehrfachadressiert*, d. h. ein und derselben Äußerung können adressatenspezifisch verschiedene Handlungsmuster zugeordnet werden.[29] Wie Abb. (3) zeigt, haben sie jedoch hinsichtlich ihrer Handlungsqualität nicht den gleichen Status: Die an die Medienrezipienten gerichteten NEGATIVBEWERTUNGEN als die eigentlichen Medienhandlungen werden vom Skandalierten als VORWURF rezipiert und seinerseits durch bestimmte Medienreaktionen beantwortet. Natürlich kann und muss der Skandalierte wegen der Asymmetrie des Konfliktgeschehens selektiv vorgehen.

[29] Vgl. zum Terminus *polyvalente Mehrfachadressierung* Kühn 1995, S. 51.

(3)

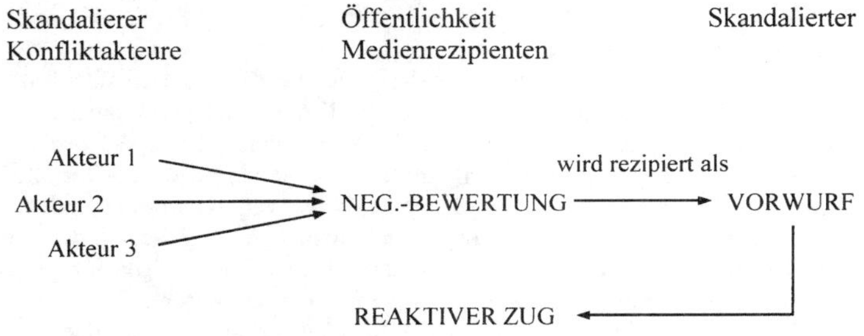

Die angesprochene Form der Mehrfachadressierung, die ein strukturelles Merkmal von Skandalen darstellt, beruht auf der engen illokutionären Verwandtschaft von VORWÜRFEN und NEGATIVBEWERTUNGEN, die beide eine Normkomponente aufweisen.[30] Einige relativ beliebig ausgewählte Beispiele für solche Negativbewertungen sind unter (4) – (6) angeführt:

(4) Aber was sollte schon in einer Stunde des Gedenkens an die dunkle Nacht der Deutschen das Gefasel vom „Faszinosum“ der frühen Hitler-Jahre („selbst aus der distanzierten Rückschau und in Kenntnis des Folgenden“)? Was die endlosen, unkommentierten Zitate aus dem Wörterbuch des Unmenschen? Und was die peinliche Wiedergabe von Hitlers schwülstiger Rassen-Pornographie? [Die Zeit Nr. 47, 18.11.1988, S. 1]

(5) Immer wieder wird es auch wohlwollenden Zuhörern beklommen zumute, wenn sie aus Jenningers Mund Worte aus dem Wörterbuch des Unmenschen hören, ohne daß immer klar genug wird, daß er nur zitiert. [FAZ, 11.11.1988, S. 3]

(6) Der Bundespräsident hatte durchgehend faschistisches Vokabular und Nazi-Ausdrücke benutzt, ohne sich erkennbar davon zu distanzieren. In seinem Manuskript waren Begriffe wie „arisches“ Eigentum oder „Rassenschande“ in An- und Abführungsstriche gesetzt. In der gesprochenen Rede aber klang es so, als habe sich der Bundestagspräsident die Sprache der Nazi-Verbrecher zu eigen gemacht. Jenninger zitierte auch, was Abgeordnete als eine Ungeheuerlichkeit bezeichneten, ausführlich aus Berichten von Nazi-Verbrechern über ihre Schandtaten. [SZ, 11.11.1988, S. 1]

Dass in einem Skandal mitunter auch „explizit-verbale Adressierungsformen“ vorkommen, in denen der Skandalierte direkt angesprochen wird, wie dies in dem offenen Brief in Beispiel (7) der Fall ist, lässt die für den Skandal typischen Adressierungsrichtungen noch transparenter werden. Als offener Brief an den Skandalierten ist natürlich auch dieser Text im Sinne Kühns *polyvalent mehrfachadressiert*:

---

[30] Zur Verwandtschaft von NEGATIVBEWERTUNGEN und VORWÜRFEN vgl. Zillig 1982, S. 93f.

(7) Sehr geehrter Herr Präsident,
ich möchte Sie nicht darüber im unklaren lassen, daß die Gedanken und die Gefühle der Scham und die Trauer, die die Mitglieder meiner Fraktion – und nicht nur diese – anläßlich des 50. Jahrestages der Pogromnacht bewegen, in wesentlichen Teilen Ihrer heutigen Rede keinen Ausdruck gefunden haben, sondern durch diese Teile Ihrer Ausführungen in bedrückender Weise verletzt worden sind. Dabei geht es nicht um Ihre innere Einstellung zu dem damaligen Geschehen, die wir nicht in Zweifel ziehen. Es geht auch nicht darum, ob Ihre Darlegungen im einzelnen der historischen Prüfung standhalten. Es geht vielmehr darum, daß Sie in weiten Passagen Sprachbilder und Begriffe der NS-Gewaltherrschaft und damit gerade der für die Pogrome Verantwortlichen in einer Form verwendet und politische Ereignisse aus den Jahren 1933 bis 1938 in einer Art aufgezählt und dargestellt haben, die einen bestürzenden Mangel an Sensibilität und eine völlige Verkennung dessen erkennen lassen, was der besondere Anlaß von demjenigen an gedanklicher und sprachlicher Einfühlung und Sorgfalt erfordert, der in einer solchen Stunde für das gesamte Parlament spricht. Auch erscheint in hohem Maße zweifelhaft, ob Sie eigentlich die Wirkung Ihrer Ausführungen auf diejenigen bedacht haben, an deren Leiden wir in diesen Tagen erinnern. Die Mitglieder meiner Fraktion sind mit mir von diesen Teilen Ihrer Rede tief betroffen. Diese Betroffenheit ist auch in den anderen Fraktionen zu erkennen und reicht weit über das Parlament hinaus. Dem Vertrauen, das Ihnen mit Ihrer Wahl zum Präsidenten des Deutschen Bundestages als Sprecher und Repräsentant zuteil geworden ist, sind Sie heute nicht gerecht geworden.
In großer Betroffenheit und Sorge
Ihr Hans-Jochen Vogel [Hans-Jochen Vogel: Offener Brief der SPD-Fraktion an Philipp Jenninger vom 10.11.1988][31]

Die Handlungskomponenten, die im Zusammenhang der Vorwurfskommunikation eine Rolle spielen, werden in einem Skandal nicht linear realisiert: Die durch diverse Akteure vollzogenen Konflikthandlungen lassen sich aber den einzelnen Elementen des Sequenzmusters zuordnen. Zugrunde gelegt wird dabei ein pragmatischer Kohärenzbegriff, wie Gerd Fritz ihn in seiner Monographie „Kohärenz" begründet hat.[32] Fritz zeigt am Beispiel des Erzählens, dass sich Grundmuster von Dialogizität auch in monologischen Formen nachweisen lassen.[33] Muckenhaupt verwendet in einem ähnlichen Zusammenhang den Terminus *Grundstruktur*[34] und markiert damit die Vorstellung, dass auch „primär monologische Kommunikationsformen" ein „dialogisches Pendant" haben: „Die Beiträge von Autoren eröffnen faktische und virtuelle Reaktionsmöglichkeiten für die Adressaten, die durch kommunikative Regeln bestimmt sind."[35]

---

31 Zitiert nach Laschet/Malangré 1989, S. 33.

32 Fritz 1982.

33 Vgl. Fritz 1982, S. 269ff.

34 Vgl. Muckenhaupt 1999, S. 38ff.

35 Muckenhaupt 1999, S. 39.

Bei einem Skandal haben wir – wie bereits angesprochen – nicht einen linearen Ablauf, dem bestimmte dialogische Prinzipien zugrunde liegen, sondern eine Konfiguration von verschiedensten nebeneinander und hintereinander realisierten negativen Bewertungshandlungen, die auf bestimmte Positionen des Sequenzmusters bezogen werden können. Die Schwierigkeit für den Skandalierten besteht gerade darin, dieser ‚polyphonen' Vorwurfssituation gerecht zu werden.

Das Phasenschema in Abb. (8), das die funktionalen Bausteine eines Skandals aufführt, stellt eine Erweiterung und Modifikation eines Entwurfs dar, den Wolfgang Niehüser im Rahmen eines Aufsatzes zur „Skandalbewältigung" vorgestellt hat.[36] Gegenüber dem Modell von Niehüser wird hier vor allem die Phase der Skandalierung weiter ausdifferenziert und das, was er als gesonderte Phase der ‚Empörung' fasst, als ‚Entrüstungskomponente' in die Phase der Skandalierung integriert:

(8)

1. Die Tat (oder ein skandalierbarer Sachverhalt)
2. Die Skandalierung
    a. Vorwurfskomponente
        i. Er hat x getan bzw. x ist der Fall (Bekanntmachung/Vorwurfsexplikation)
        ii. Er hätte x nicht tun sollen bzw. x hätte nicht eintreten sollen (Normexplikation)
        iii. Er ist verantwortlich für x (Verantwortlichmachen)
    b. Entrüstungskomponente
    c. Aufforderungskomponente
4. Die Reaktion
5. Die Beendigung

Die einzelnen Phasen, die als funktionale Phasen[37] zu verstehen sind, müssen nicht getrennt voneinander ablaufen, häufig sind sie ineinander verschachtelt. Es ist auch nicht unbedingt erforderlich, dass jede Phase auf der Textebene realisiert wird.

Konfliktursache – hier als ‚Tat oder skandalierbarer Sachverhalt' bezeichnet – ist im Falle des politischen Skandals meistens eine Verletzung sozial verbindlicher Wertsysteme. Gerade der Aspekt des Normverstoßes bzw. des unterstellten

---

[36] Niehüser unterscheidet folgende Phasen:
1. Die Tat
2. Die Inkubationszeit
3. Die Skandalierung
4. Die Empörung
5. Die Verteidigung
6. Die Beendigung. Vgl. Niehüser 1994, S. 83.

[37] Zum Terminus *funktionale Phase* vgl. Franke 1985, S. 80ff.

Normverstoßes wird in der Literatur immer wieder herausgehoben.[38] Konsens besteht darüber, dass nicht alle Personen gleichermaßen in einen Skandal verwickelt werden können. Statushöhere Personen werden, das ergibt sich schon allein aus ihrer Position in der Öffentlichkeit, bevorzugt skandaliert.[39] Sie sind nach Schmitz die „potentielle[n] Skandalierten" oder „Skandalierungsanfälligen".[40]

Die eigentliche Skandalierung beginnt mit der Bekanntmachung, die im Sinne der Mehrfachadressierung zugleich als Vorwurfsexplikation gelesen werden kann. Sie kann sich direkt an das skandalierte Ereignis anschließen, es kann aber auch einige Zeit vergehen. Niehüser spricht in diesem Zusammenhang von „Inkubationszeit".[41]

Bei inszenierten Skandalen spielt die Vorwurfspräsentation eine besondere Rolle, denn wo der Normverstoß nicht auf der Hand liegt, muss der Skandalierer das Ereignis so präsentieren, dass das Medienpublikum und die Medienakteure von der Skandalierbarkeit überzeugt werden. Vor allem die Medienakteure spielen hier eine wichtige Rolle, sie sind es, die die Phase der Skandalierung in wesentlichen Zügen gestalten.

Die Realisierung dessen, was hier als Vorwurfskomponente bezeichnet wird, hängt – wie bereits oben thematisiert wurde – mit der engen Verwandtschaft von NEGATIVBEWERTEN und VORWERFEN zusammen. Durch diese Verwandtschaft kann ein und dieselbe Äußerung je nach Adressat als VORWURF oder NEGATIVBEWERTUNG gelesen werden.

Eine wesentliche Voraussetzung für eine erfolgreiche Skandalierung ist nach der Meinung der meisten Autoren die Erzeugung von Empörung. Nach Niehüser ist die Empörung auf Seiten der Rezipienten die Komponente, die einen Skandal überhaupt erst öffentlich wirksam werden lässt.[42] Natürlich wird in den Printmedien emotionales Erleben nicht einfach als Emotion thematisiert, als eine spezifische Form von Bewertungen[43] – Fiehler spricht in diesem Zusammenhang von *bewertender Stellungnahme*[44] – ist es funktional in das Konfliktgeschehen integriert.

Hondrichs Einschätzung, dass die Entrüstung der Enthüllung fast schlafwandlerisch folge, gilt allerdings nur bedingt.[45] Beobachtet man Skandale

---

38 Vgl. z. B. Neckel 1989, S. 62ff.; Markovits/Silverstein 1989, S. 153ff.; Schmitz 1981, S. 21-54.

39 Vgl. Schmitz 1981, S. 100 und Neckel 1989, S. 65.

40 Vgl. Schmitz 1981, S. 98.

41 Vgl. Niehüser 1994, S. 83.

42 Vgl. Niehüser 1994, S. 85; Vgl. hierzu auch Hondrich 2002, S. 59.

43 Emotionen liegen nach gängiger Forschungsmeinung grundsätzlich Bewertungen zugrunde. Vgl. hierzu Zillig 1982, S. 108; Marten-Cleef 1991, S. 89; Rolf 1997, S. 224f.

44 Vgl. Fiehler 1990, S. 48ff.

45 Vgl. Hondrich 2002, S. 15f.

genauer, so stellt man fest, dass die Medienakteure hier eine ganz entscheidende Rolle spielen. Dabei wird Empörung nicht nur durch verschiedene Darstellungstechniken auf der Sachverhaltsebene erreicht (durch Techniken der Übertreibung, Dramatisierung, durch verschärfende Redeberichte etc.), die Medienakteure schaffen auch das für den Skandal typische Entrüstungsklima, indem sie Entrüstung als solche inszenieren. Entrüstungen können auf sehr verschiedene Weise interaktionsrelevant werden: Die Struktur ergibt sich durch das komplizierte Mischungsverhältnis von eigenem Erleben und Emotionszuschreibung, von echtem Emotionsausdruck und inszenierter Emotionsdarstellung und durch die Folgen des medienspezifischen Anforderungsprofils der emotionalen Neutralität, das die Beiträger zwingt, Emotionsausdruck und -thematisierung weitestgehend zu unterdrücken, zu verschieben oder zu projizieren.[46]

Einige Beispiele für solche Emotionsmanifestationen aus dem ‚Jenninger-Skandal' sind in (9) dargestellt.

Bei den terminologischen Differenzierungen im Bereich der Emotionen stütze ich mich im Wesentlichen auf Fiehlers Arbeit „Kommunikation und Emotion".[47]

---

46 Vgl. zum Gebot der ‚emotionalen Neutralität' Fiehler 1990, S. 110.

47 Fiehler 1990. Fiehler wendet die Begrifflichkeit allerdings vornehmlich auf Gespräche an.

(9)

Der Medienakteur A schafft ein Entrüstungsklima entsprechend geltender Emotions- und Manifestationsregeln	indem	(a) A eigene Entrüstungshandlungen vollzieht (Emotionsmanifestation von A)	indem	A sagt: „*Gar nicht zu fassen, wie ein Politiker so total danebengreifen kann.*“ [Die Zeit Nr. 47, 18.11.1988, S.3]
	indem	(b) A B zitiert, der seine Emotionen benennt (Erlebensbenennung von B im Redebericht)	indem	A sagt, dass B sagt: „*Wir sind geschockt.*“ [Generalsekretär des Jüdischen Weltkongresses, Die Zeit Nr. 47, 18.11.1988, S.2]
	indem	(c) A B zitiert, der seine körperlich-physiologischen Emotionsmanifestationen benennt (Erlebensbenennung von B im Redebericht)	indem	A sagt, dass B sagt: „*Mir ist an dieser Stelle schlecht geworden*“ *sagt hinterher der FDP-Abgeordnete Richter.* [FAZ, 11.11.1988, S. 3]
	indem	(d) A nonvokale nonverbale Emotionsmanifestationen von B benennt (Projektive Erlebensthematisierung)	indem	A die Gestik von B beschreibt: „*Otto Graf Lambsdorff zeigte mit dem Daumen nach unten.*“ [Die Zeit Nr. 47, 18.11.1988, S.2]
	indem	(e) A ein Bild von B zeigt, auf dem B entrüstet ist (Nonvokale nonverbale Emotionsmanifestationen von B in einer bildlichen Darstellung)	indem	A ein Bild abdruckt:  [FAZ, 11.11.1988, S. 3; dpa.AP]
	indem	(f) A B Emotionen zuschreibt (Projektive Erlebensthematisierung)	indem	A sagt, dass B entrüstet ist: „*Die Bundestagsrede Philipp Jenningers löste weltweit Entsetzen aus.*“ [Der Spiegel Nr. 46, 14.11.1988, S. 25]

Beispiele für verschiedene Formen von Emotionsmanifestationen im ‚Jenninger-Skandal‘

Der Medienakteur schafft also ein dem Situationstyp entsprechendes Entrüstungsklima, indem er z. B. eigene Entrüstungshandlungen vollzieht (vgl. dazu 9a), hier ganz deutlich zu erkennen an der „moralisierenden Klammer“ – *gar nicht zu fassen* (vgl. 10), *Und eine Schande, daß* (vgl. 11) –, die die Entrüstungshandlung einleitet.[48]

(10) **Gar nicht zu fassen**, wie ein Politiker so total danebengreifen kann. Es ist, als ob ein Pastor am Karfreitag versehentlich die Predigt zum Erntedankfest hält; oder so, als würde in einem Haus, in dem um ermordete Familienmitglieder getrauert wird, ein Exkurs über den geschichtlichen Prozeß gehalten, anstatt Verzweiflung und Trauer der Anwesenden zu teilen. [Die Zeit Nr. 47, 18.11.1988, S. 3][49]

(11) **Unglaublich und doch nicht anders zu erwarten**, daß keiner der Abgeordneten nach vorne gegangen ist und Jenninger eine symbolische Ohrfeige verabreicht hat oder zumindest laut und energisch protestiert wurde. **Und eine Schande, daß** ein Repräsentant der Jüdischen Gemeinde nicht nur nicht sprechen durfte, sondern es für ihn aus „Versöhnungsdruck“ (Interview in Tagesthemen 11.11.) anscheinend unmöglich war, durch Verlassen des Raumes zu protestieren, und er so gezwungen war, die Rede Jenningers bis zum Ende anzuhören. [taz, 15.11.1988, S. 16]

Solche Entrüstungshandlungen der Medienakteure finden sich in den hier untersuchten Tages- und Wochenzeitschriften relativ selten, weil sie nicht den für den Medientyp geltenden Normen der emotionalen Neutralität entsprechen.[50]

Weitaus häufiger finden sich in den untersuchten Pressemedien zitierte *Erlebensbenennungen*[51] (vgl. 9b und c), d. h. der Medienakteur zitiert einen Sprecher, der seine Erlebensprozesse benennt. Dabei können – wie (14) zeigt – auch körperlich-physiologische Aspekte zur Erlebensbenennung herangezogen werden:

(12) „**Wir sind geschockt.**“ [Worte der Woche: Generalsekretär des Jüdischen Weltkongresses – Die Zeit Nr. 47, 18.11.1988, S. 2]

(13) „**Es hat Stellen gegeben, da hätte man in den Boden versinken wollen**“, urteilte SPD-Fraktionschef Vogel. [Der Spiegel Nr. 46, 14. 11. 1988, S. 25]

(14) Die Jahre von 1933 bis 1938 seien „selbst aus der distanzierten Rückschau und in Kenntnis des Folgenden noch heute ein Faszinosum, insofern als es in der Geschichte kaum eine Parallele des politischen Triumphzugs Hitlers während jener ersten Jahre gibt.“ „**Mir ist an dieser Stelle schlecht geworden**“, sagt hinterher der FDP-Abgeordnete Richter. [FAZ, 11.11. 1988, S. 3]

48 Zur Struktur von Entrüstungshandlungen vgl. Christmann/Günthner 1999, S. 251.

49 Die Hervorhebungen in diesem und den folgenden Beispielen sind nicht im Original.

50 Vgl. Fiehler 1990, S. 110.

51 Vgl. zum Begriff *Erlebensbenennung* Fiehler 1990, S. 115ff.

(9d) zeigt ein Beispiel für eine *projektive Erlebensthematisierung*[52], bei der eine Reihe nonverbaler Handlungen im Sinne eines bestimmten Erlebens gedeutet werden:

(15) **Aus der Verlegenheit, welche die Rede auslöste**, hatten sich alle, oder fast alle, retten wollen, nicht zuletzt die Parteifreunde Jenningers. Theo Waigel verweigerte Kommentare – kühl und unheilschwanger. Helmut Kohl verschwand im Hinterzimmer zum Krisenmanagement. **Otto Graf Lambsdorff zeigte mit dem Daumen nach unten**. Schon in der ersten Stunde danach ging es nur noch darum, wie der Rücktritt erreicht werden kann, wenn Jenninger nicht selbst Konsequenzen zieht. [Die Zeit Nr. 47, 18.11.1988, S. 2]

Emotionsmanifestationen können natürlich auch durch Bilder ausgedrückt werden. In (9e) wird die Entrüstung der Politiker im Plenarsaal gezeigt. Wir haben es hier im Sinne Fiehlers mit bildlich ‚zitierten' nonvokalen nonverbalen Emotionsmanifestationen zu tun.

Der weitaus häufigste Typ ist der der *projektiven Erlebensthematisierung* (vgl. 9f), bei der vermutetes, gegenwärtiges oder vergangenes Erleben einer anderen Person oder – wie hier – einer anderen Personengruppe thematisiert wird:[53]

(16) **Entsetzt** zeigten sich die Sozialdemokraten. [Der Spiegel Nr. 46, 14.11.1988, S. 25]

(17) Und nun, nach Jenningers Rede, ging ein **Schrei der Empörung durch alle Parteien**. [taz, 21.11.1988, S. 8]

(18) Viele Abgeordnete **empfanden** auch folgende in Frageform gekleideten Sätze **als Ungeheuerlichkeit**: „Und was die Juden anging: Hatten sie sich nicht in der Vergangenheit doch eine Rolle angemaßt – so hieß es damals –, die ihnen nicht zukam?" [SZ, 11.11.1988, S. 1]

Schon an diesen Beispielen wird deutlich, dass es in einem Skandal nicht nur darum geht, dass einzelne Medienakteure Negativbewertungen äußern oder Entrüstungshandlungen vollziehen. Das für den Skandal spezifische Entrüstungsklima wird im Wesentlichen dadurch erzeugt, dass die Empörung verschiedenster Beteiligter und Betroffener vorgeführt und inszeniert wird. Dieser Aspekt ist äußerst bedeutsam, denn er richtet das Augenmerk auf eine zentrale Gelenkstelle des Skandals, nämlich den Umschlag von einzelnen unabhängigen Handlungen zu einem komplexen Sprachspiel. Von einem Skandal kann erst gesprochen werden, wenn eine gewisse Synchronisierung des Konflikthandelns stattfindet und diese auch wechselseitig wahrnehmbar wird.

---

52 Zum Begriff der *projektiven Erlebensthematisierung* vgl. Fiehler 1990, S. 132.

53 Vgl. ebd.

Bei dem Prozess der wechselseitigen Wahrnehmung spielen die Medienakteure eine entscheidende Rolle: Sie vermitteln in Form von Redeberichten Bewertungshandlungen anderer Sprecher, sie gestalten und inszenieren das für den Skandal notwendige Entrüstungsklima und sie schaffen über mediale Präsentationen Formen von Diskursverdichtungen, die die Skandalierung als ein Handlungsspiel auf einer makro-sozialen Ebene auf der Textebene abbilden. Im Diskurs um die Jenninger-Rede finden sich solche Formen der Diskursverdichtung in verschiedenen Realisierungsformen: So wird beispielsweise in der Wochenzeitschrift „Die Zeit" der Beitrag, der sich mit dem Jenninger-„Eklat" beschäftigt und den Titel „*Der Alleingang ins Abseits*" trägt, umrahmt von der Rubrik „*Worte der Woche*" mit zweiundzwanzig in der Regel negativ bewertenden Stellungnahmen zur Jenninger-Rede.[54] In der Süddeutschen Zeitung kommt es zu einer Massierung von negativen Stellungnahmen in der Rubrik „*Blick in die Presse*".[55] In der Tageszeitung „taz" und der Wochenzeitschrift „Der Spiegel" wird ein ähnlicher Effekt durch die Aneinanderreihung von verschiedenen Stellungnahmen im Fließtext erreicht.[56] Der Leser als Adressat ist also nicht nur mit den Bewertungshandlungen eines spezifischen Beiträgers konfrontiert, sondern gewinnt selbst einen Diskursüberblick, der allerdings durch die Medienakteure gestaltet und inszeniert wird. Die Formen der Diskursverdichtung ermöglichen das Entstehen eines Handlungsfeldes, bei dem eine gemeinsame Orientierung auf bestimmte Handlungsziele (z. B. den Rücktritt des Skandalierten) erfolgen kann.

Für den Verlauf des Skandals entscheidender aber ist, dass sich durch die wechselseitige Wahrnehmung das Aktionsfeld verändert: Auf der Basis größerer Handlungssicherheit und gemeinsamer Orientierung entwickelt der Skandal die ihm eigene Dynamik. Die dargestellten Formen der Verdichtung und Dramatisierung entfachen das Konfliktgeschehen und lassen das entstehen, was Elias Canetti in einem anderen Zusammenhang als ‚Hetzmasse' beschrieben hat.[57] Für den Skandalierten bedeutet dies, dass er sich jetzt nicht nur mit einer nicht mehr zu kontrollierenden Vorwurfsflut konfrontiert sieht, sondern auch als Person demontiert wird. Die moralische Bewertung zielt häufig auf die Person als Ganze – dies gilt vor allem für Moralisierungshandlungen in Normzusammenhängen:

> Die Beurteilung der Handlung oder des Objekts ist nur die Durchgangsstation zur Beurteilung des Akteurs in seiner Gesamtheit. Diese [...] Komponente manifestiert sich empirisch darin, daß moralische Urteile immer auf das Ansehen, das Image, die Ehre oder den Ruf des Moralisierungsobjekts ausgerichtet sind und sich nicht auf die begrenzte Beurteilung einer Leistung beschränken.[58]

---

[54] Vgl. Die Zeit Nr. 47, 18.11.1988, S. 2.

[55] Vgl. SZ, 12./13.11.1988, S. 4.

[56] Vgl. Der Spiegel Nr. 46, 14.11.1988, S. 25 und taz, 12.11.1988, S. 25.

[57] Vgl. Canetti [15]1980.

[58] Bergmann/Luckmann 1999a, S. 26.

Bei Tabuskandalen zeigt sich dies in extremer Form, es kommt zu Degradierungszeremonien, die den Einzelnen als Person völlig demontieren.

Resümee

Das komplexe Handlungsspiel von Skandalen sollte zunächst durch den Vergleich mit einfach strukturierteren Moralisierungshandlungen in seinen Handlungsstrukturen transparenter gemacht werden. Dabei wurde gezeigt, dass der Skandal einerseits auf Grundstrukturen der Vorwurf-Rechtfertigungskommunikation beruht, anderseits aber auch Ähnlichkeiten mit der Klatschkommunikation aufweist. Durch spezifische Formen der Mehrfachadressierung werden die entsprechenden Strukturelemente systematisch miteinander verknüpft: Die für den Skandal charakteristischen Negativbewertungen werden auch im Sinne einer Vorwurfskommunikation rezipiert.

Seine Wirksamkeit als öffentliches Druckmittel erhält der Skandal durch die Handlungsbeteiligung vieler Akteure, deren Konflikthandeln durch die Medienakteure im Diskurs vorgeführt und inszeniert wird. Erst durch die Darstellung zahlreicher Negativbewertungen und Emotionsmanifestationen in den medienspezifischen Verdichtungsformen wird der Skandal für die medienrezipierende Öffentlichkeit als Skandal wahrnehmbar und erhält die Stoßkraft, die ihn zu einem so wirkungsvollen Kontrollmechanismus des politischen Handelns werden lässt.

Literatur

Bergmann, Jörg R. (1987): Klatsch. Zur Sozialform der diskreten Indiskretion, Berlin/New York.

Bergmann, Jörg/Luckmann, Thomas (Hrsg.) (1999): Kommunikative Konstruktion von Moral. Bd. 1: Struktur und Dynamik der Formen moralischer Kommunikation, Wiesbaden.

Bergmann, Jörg/Luckmann, Thomas (1999a): Moral und Kommunikation. In: Dies. (Hrsg.): Kommunikative Konstruktion von Moral. Bd. 1: Struktur und Dynamik der Formen moralischer Kommunikation, Wiesbaden, S. 13–36.

Bude, Heinz (1989): Typen von Skandalpolitikern. In: Ebbighausen, Rolf/ Neckel, Sighard (Hrsg.): Anatomie des politischen Skandals, Frankfurt a. M., S. 396–414.

Canetti, Elias ([15]1980): Masse und Macht, Franfurt a. M.

Christmann, Gabriela B./Günthner, Susanne (1999): Entrüstung: Moral mit Affekt. In: Bergmann, Jörg/Luckmann, Thomas: Kommunikative Konstruktion von Moral. Bd. 1: Struktur und Dynamik der Formen moralischer Kommunikation, Wiesbaden, S. 242–274.

Ebbighausen, Rolf/Neckel, Sighard (1989): Einleitung. In: Dies. (Hrsg.): Anatomie des politischen Skandals, Frankfurt a. M., S. 7–14.

Fiehler, Reinhard (1990): Kommunikation und Emotion. Theoretische und empirische Untersuchungen zur Rolle von Emotionen in der verbalen Interaktion, Berlin/New York.

Franke, Wilhelm (1985): Entwicklung eines dialoggrammatischen Konzepts zur Beschreibung des Dialogtyps Verkaufs-/Einkaufsgespräch. In: Hundsnurscher, Franz/Franke, Wilhelm (Hrsg): Das Verkaufs-/Einkaufs-Gespräch. Eine linguistische Analyse, Stuttgart, S. 76–108.

Fritz, Gerd/Hundsnurscher, Franz (1975): Sprechaktsequenzen. Überlegungen zur Vorwurf/Rechtfertigungs-Interaktion. In: Der Deutschunterricht 27, Heft 2, S. 81–103.

Fritz, Gerd (1982): Kohärenz. Grundfragen der linguistischen Kommunikationsanalyse, Tübingen.

Girnth, Heiko (1993): Einstellung und Einstellungsbekundung in der politischen Rede. Eine sprachwissenschaftliche Untersuchung der Rede Philipp Jenningers vom 10. November 1988, Frankfurt am Main/Berlin/Bern u. a.

Glasl, Friedrich (^{4}1994): Konfliktmanagement. Ein Handbuch zur Diagnose und Behandlung von Konflikten für Organisationen und ihre Berater, Bern/Stuttgart.

Gluckman, Max (1989): Klatsch und Skandal. In: Ebbighausen, Rolf/Neckel, Sighard (Hrsg.): Anatomie des politischen Skandals, Frankfurt a. M., S. 17–35.

Heringer, Hans Jürgen (1990): „Ich gebe Ihnen mein Ehrenwort". Politik – Sprache – Moral, München.

Hitzler, Ronald (1989): Skandal ist Ansichtssache. Zur Inszenierungslogik ritueller Spektakel in der Politik. In: Ebbighausen, Rolf/Neckel, Sighard (Hrsg.): Anatomie des politischen Skandals, Frankfurt a. M., S. 334–354.

Hoffmann, Ludger/Schwitalla, Johannes (1989): Äußerungskritik oder: Warum Philipp Jenninger zurücktreten mußte. In: Sprachreport 1, S. 5-9.

Hondrich, Karl-Otto (2002): Enthüllung und Entrüstung. Eine Phänomenologie des politischen Skandals, Frankfurt am Main.

Krebs, Birgit-Nicole (1993): Sprachhandlung und Sprachwirkung. Untersuchungen zur Rhetorik, Sprachkritik und zum Fall Jenninger, Berlin.

Kühn, Peter (1995): Mehrfachadressierung. Untersuchungen zur adressatenspezifischen Polyvalenz sprachlichen Handelns, Tübingen.

Markovits, Andrei S./Silverstein, Mark (1989): Macht und Verfahren. Die Geburt des politischen Skandals aus der Widersprüchlichkeit liberaler Demokratien. In: Ebbighausen, Rolf/Neckel, Sighard (Hrsg.): Anatomie des politischen Skandals, Frankfurt am Main, S. 151–170.

Marten-Cleef, Susanne (1991): Gefühle ausdrücken. Die expressiven Sprechakte, Göppingen.

Mathes, Rainer (1989): Medienwirkungen und Konfliktdynamik in der Auseinandersetzung um die Entlassung von General Kiessling: eine Fallstudie und ein Drei-Ebenen-Modell. In: Kaase, Max/Schulz, Winfried (Hrsg.): Massenkommunikation: Theorien, Methoden, Befunde, Opladen, S. 441-458.

Matthies, Volker (1993): Die Kieler Affäre – Zur thematischen Inszenierung eines politischen Skandals im Fernsehen. In: Grewenig, Adi (Hrsg.): Inszenierte Information. Politik und strategische Kommunikation in den Medien, Opladen, S. 143–163.

Muckenhaupt, Manfred (1999): Die Grundlagen der kommunikationsanalytischen Medienwissenschaft. In: Leonhard, Joachim-Felix/Ludwig, Hans-Werner/ Schwarze, Dietrich u. a. (Hrsg.): Medienwissenschaft. Ein Handbuch zur Entwicklung der Medien und Kommunikationsformen. 1. Teilband, Berlin/New York, S. 28–57.

Neckel, Sighard (1989): Das Stellhölzchen der Macht. Zur Soziologie des politischen Skandals. In: Ebbighausen, Rolf/Neckel, Sighard (Hrsg.): Anatomie des politischen Skandals, Frankfurt am Main, S. 55–80.

Niehüser, Wolfgang (1994): Skandalbewältigung. Kommunikation in kritischen Situationen. In: König, Peter-Paul/Wiegers, Helmut (Hrsg.): Satz – Text – Diskurs. Akten des 27. Linguistischen Kolloquiums, Münster 1992, Tübingen, S. 81–92.

Polenz, Peter von (1989): Verdünnte Sprachkultur. Das Jenninger-Syndrom in sprachkritischer Sicht. In: Deutsche Sprache 17, S. 289-316.

Rolf, Eckard (1997): Illokutionäre Kräfte. Grundbegriffe der Illokutionslogik, Opladen.

Schmitz, Manfred (1981): Theorie und Praxis des politischen Skandals, Frankfurt am Main/New York.

Spinnen, Burkhard (2001): Skandal! Der Zustand der politischen Kultur in Deutschland. In: Akzente 48, Heft 3, S. 221– 230.

Thompson, John B. (2000): Political Scandal. Power and Visibility in the Media Age, Cambridge.

Vogel, Hans-Jochen (1989): Offener Brief der SPD-Fraktion an Philipp Jenninger vom 10. Nov. 1988. In: Laschet, Armin/Malangré, Heinz (Hrsg.): Philipp Jenninger. Rede und Reaktion, Aachen/Koblenz, S. 33.

Zillig, Werner (1982): Bewerten. Sprechakttypen der bewertenden Rede, Tübingen.

Martin Wengeler

„Wir hatten deshalb keine andere Wahl". Deutsche Kriegsbotschaften des 20. Jahrhunderts als eine wieder aktuell gewordene Textsorte

1. Begründung des Untersuchungsgegenstandes

Für die *US-amerikanische* Geschichte sind öffentliche Kriegslegitimationen, sog. justification speeches, bereits recht intensiv analysiert worden.[1] Da die deutschen Staaten nach dem Zweiten Weltkrieg bis vor kurzem keine Kriege mehr geführt und sich auch nicht aktiv an solchen beteiligt haben, gibt es für die jüngere *deutsche* Geschichte auch keine durchgängige Tradition solcher „Kriegsbotschaften" und wohl dadurch bedingt auch keine vergleichbaren Untersuchungen. Seit ein paar Jahren aber befinden wir uns bezüglich der Beteiligung einer deutschen Armee an kriegerischen Aktionen in einer historischen Umbruchphase. Daher halte ich es für lohnend, die dazugehörige Textsorte einmal genauer historisch vergleichend zu betrachten. Es lohnt sich m. E. sowohl aus disziplinären wie aus gesellschaftlichen Gründen.

Der Sprachgeschichtsschreibung des Deutschen kann damit ein kleines Mosaiksteinchen zur politischen Sprachgeschichte des 20. Jahrhunderts hinzugefügt werden. Dabei sollen lexikalische und argumentative Kontinuitäten und Diskontinuitäten sichtbar werden. Gleichzeitig möchte ich die vorhandenen Textsortenklassifikationen und -beschreibungen um eine Textsorte bereichern, die bisher nicht in den Blick geraten ist.[2] Mit dieser Einordnung ist die Grundthese verknüpft, *dass es sich um eine Textsorte handelt*. Und das bedeutet, dass die betrachteten Reden sich durch ihre Musterhaftigkeit auszeichnen, dass in ihnen also durch die Geschichte hindurch z. B. immer gleich bleibende Argumentationsmuster und Redeteile vorkommen. Die sprachgeschichtliche Entwicklung zeigt sich dabei darin, wie diese Muster mit sich wandelnden lexikalischen und stilistischen Mitteln gefüllt werden.

Die Kontinuitätsthese allerdings, d. h. der Nachweis der über hundert Jahre hinweg gleich bleibenden Bestandteile und Muster, ist der Grund, weshalb die Analyse auch gesellschaftliche Relevanz beansprucht. Denn sie soll eine Grundlage dafür liefern, dass ein Bewusstsein für solche Wiederholungen des immer Gleichen geschaffen werden kann – bei Anlässen, die politisch brisant sind, bei denen es um Krieg und Frieden geht. Die gesellschaftliche Relevanz unseres Faches soll somit an einem Thema gezeigt werden, das auch zukünftig bei

1 Vgl. vor allem: Ivie 1974; Ivie 1980; Goetsch/ Hurm, 1993; Chilton 2003.

2 Vgl. Strauß 1986; Tillmann 1989; Klein 1991; Klein 2000.

weiterhin zu erwartenden Diskussionen um Kriegseinsätze der Bundeswehr wichtig sein dürfte: Die folgende Analyse zeigt, dass und wie die jeweils neu entworfenen Bedrohungsszenarien, die jeweiligen Fremd- und Selbstbilder und die historisch je konkreten sprachlichen Wirklichkeitskonstruktionen aktuelle Realisierungen vielfach schon verwendeter sprachlich-argumentativer Muster darstellen.

2. Zur Untersuchung deutscher Kriegsbotschaften: Textkorpus und Methode

Im Folgenden werde ich zunächst kurz aufführen, welche Reden ich untersucht habe und mit welchen analytischen Kategorien ich arbeite (Kap. 2). Sodann nehme ich in Kap. 3 das Ergebnis meiner Untersuchung vorweg, indem ich acht obligatorische Bestandteile der Textsorte „Kriegsbotschaft“ nenne. Diese werden anschließend etwas näher beleuchtet, wobei auf die – vor allem lexikalischen – Veränderungen in der Realisierung des Musters ein besonderes Augenmerk gerichtet wird. Im abschließenden Fazit werden diese Veränderungen noch einmal thesenhaft zusammengefasst und mit der Kontinuitätsthese in Verbindung gebracht.

Um für die deutschen Debatten des letzten Jahrhunderts ein diachronisch zu vergleichendes Textkorpus untersuchen zu können, ist es nötig, nicht nur Kriegs- und Kriegsbeteiligungs-Rechtfertigungen hinzuzuziehen, sondern für die Zeit der 1950er bis 1990er Jahre auch Rechtfertigungsreden zu jeweils anstehenden Aufrüstungsmaßnahmen sowie zu Kriegen der Bündnispartner, die mehr oder weniger aktiv unterstützt wurden. Ich habe daher neben den Reden zur Deklaration und Legitimation von Kriegen in der ersten Hälfte des 20. Jahrhunderts für die Zeit nach 1945 die Rechtfertigung der geplanten Atombewaffnung der Bundeswehr sowie die Legitimation der sog. Nachrüstung hinzugezogen. Für die Zeit nach der Wiedervereinigung werden die regierungsoffiziellen Rechtfertigungen des Golfkrieges von 1991, des NATO-Einsatzes im Kosovo sowie des sog. „Kampfes gegen den Terrorismus“ in Afghanistan berücksichtigt. Im Einzelnen besteht das Textkorpus aus folgenden Reden:

- Reden Kaiser Wilhelms II. am 2. und 27. Juli 1900 in Bremerhaven und Wilhelmshaven an Soldaten
- Reden Kaiser Wilhelms II. am 31.7., 1.8. und 6.8.1914 [„Balkonreden“]
- Rede Kaiser Franz-Josefs „An meine Völker“ vom 29.7.1914
- Rede Adolf Hitlers am 1.9.1939 vor dem Reichstag und am 3.9.1939 „An das deutsche Volk“
- Rede Konrad Adenauers im Bundestag am 20.3.1958 zur „Aufrüstung der deutschen Bundeswehr mit nuklearen Waffen und Raketenwaffen“
- Rede Helmut Kohls im Bundestag am 21.11.1983 (Nachrüstung)

- Rede Helmut Kohls vor dem Bundestag am 14.1.1991 „Erklärung der Bundesregierung zur Lage in der Golfregion"
- Rede Gerhard Schröders im Bundestag am 26.3.1999 „Regierungserklärung" und im Fernsehen am 24.3.1999 zum Kosovo-Konflikt[3]
- Regierungserklärungen Gerhard Schröders am 11.10.2001 nach den Luftangriffen auf Afghanistan und am 8.11.2001, um den Einsatz von ca. 400 Bundeswehr-Soldaten in Afghanistan zu erklären.

Zur Untersuchungsmethode bzw. den analytischen Kategorien beschränke ich mich auf folgende Bemerkung: Bezüglich der Sprachgeschichtsschreibung des Deutschen wird das Genre der Kriegsbotschaften in einer Analyse monarchischer Appelle von Hartmut Schmidt mit Reden von 1813, 1866 und 1914 mitbehandelt.[4] Schmidt nimmt zum einen eine stilistische Analyse vor, zum anderen sammelt er das benutzte Vokabular und spezifische „Formulierungen", wie er es nennt. Seine Leistung liegt in der Auflistung, eine funktionale Interpretation des Materials wird nur ansatzweise vorgenommen. Den Ansatz einer solchen reinen Sammlung von Vokabeln und „Formulierungen" aus dem 19. Jahrhundert möchte ich methodisch dahingehend erweitern, dass ich die argumentative Funktion zentraler Textelemente der Reden mit einem argumentationstheoretisch verstandenen Topos-Begriff beschreibe – und somit eine sprachpragmatische Sichtweise der rein lexikalischen Betrachtung hinzufüge. Zudem nutze ich einige Kategorien der klassischen Rhetorik und orientiere mich am Vorgehen von Textsortenklassifikationen und -beschreibungen.

3. Acht konstitutive Bestandteile der Textsorte „Kriegsbotschaft" in Deutschland im 20. Jahrhundert

Zu Beginn liste ich acht Grundbestandteile der Textsorte „Kriegs-" bzw. „Aufrüstungsbotschaft" auf. In den einzelnen Reden werden sie unterschiedlich ausführlich realisiert, und aufgrund der unterschiedlichen Länge der Reden kommt auch nicht jedes Element in jeder Rede vor:

1. Die Narratio, in der der Redner erzählt, wie es zu der aktuellen Situation gekommen ist, in der „leider" ein militärischer Einsatz, ein Krieg oder eine Aufrüstungsmaßnahme erforderlich sind.
2. Die Selbstdarstellung bzw. Selbstinszenierung des Redners (resp. der Gruppe, die er repräsentiert) als verantwortungsvoller und friedliebender Mensch, der alles versucht hat, um die militärische Maßnahme zu vermei-

---

3 Beide Kosovo-Reden sind etwas anders aufgebaut, die Bundestagsrede ist etwas länger, in beiden kommen aber in etwa identische inhaltliche Punkte und z. T. gleiche Formulierungen vor.

4 Vgl. Schmidt 1998.

den, der aber nun gezwungen ist, diese anzuordnen, um seiner Aufgabe gerecht zu werden.
3. Die Rechtfertigung/Legitimation der begonnenen oder zu beginnenden Maßnahme durch die Darstellung der Handlungen des Gegners (Notwendigkeits-Topos) und der Gefahren, die drohen, wenn nun nicht militärisch reagiert wird (Dringlichkeits-Topos). Zu beiden gehört die Ausmalung eines Feindbildes.
4. Die Darstellung der Ziele, die nur durch einen Krieg/einen militärischen Einsatz oder eine Aufrüstungsmaßnahme zu erreichen sind. Gerade in der jüngeren Vergangenheit kann dies bis zu Varianten des „Heile Welt"-Topos (Stichwort *neue Weltordnung*, *dauerhafter Frieden*) gehen.
5. Die Berufung auf die Geschichte, die lehrt, dass die unpopuläre Maßnahme nötig sei und/oder dass man Erfolg haben wird (Geschichts-Topos) sowie die Anrufung eines höheren Wesens als Berufung auf die Religion.
6. Die Berufung auf Instanzen wie grundlegende (zu verteidigende) Werte, kodifizierte Normen (Prinzipien-Topos) und/oder Verpflichtungen gegenüber Partnern, Verträgen etc. (Autoritäts-Topos).
7. Der Ausdruck der Siegesgewissheit, in der Regel eingebaut in einen Schlussappell und verbunden mit der Erklärung der Solidarität des Kriegsherrn/des Redners mit seinen Soldaten/seinem Volk, z. T. auch verbunden mit Drohungen an den Gegner.
8. Der Solidaritätsappell nach innen, bei Hitler charakteristischerweise verbunden mit Drohungen an die, die sich verweigern, ansonsten oft verknüpft mit der Darstellung der Ernsthaftigkeit der Lage und der zu erwartenden Opfer.

Diese Grundbestandteile der Textsorte „Kriegs-" bzw. „Aufrüstungsbotschaft" decken sich z. T. mit den in der Literatur herausgearbeiteten typischen „Merkmalen" der US-amerikanischen Präsidentenreden. Die acht Bestandteile, die per definitionem Kontinuitäten über ein Jahrhundert hinweg benennen, werde ich im Folgenden in sechs Unterpunkten genauer beschreiben. Aus acht werden sechs, weil ich aus inhaltlichen und aus darstellungsökonomischen Gründen die beiden ersten Punkte zusammen behandele und weil ich Punkt 6 (Prinzipien- und Autoritäts-Topos) aus ebensolchen Gründen in den ersten und in den dritten Gliederungspunkt einarbeite.

3.1 Die Narratio (Wie es dazu kam) und die Selbstdarstellung des Redners

Ähnlich wie in den amerikanischen justification speeches nimmt die Schilderung des Hergangs der bisherigen Ereignisse in allen Reden seit 1914 quantitativ einen sehr großen Raum ein. Ausführlich wird die Vorgeschichte des anstehenden kriegerischen Konflikts geschildert. Auf der einen Seite werden die Halsstarrigkeit, Böswilligkeit und Uneinsichtigkeit des Gegners herausgestellt und auf der anderen, der eigenen Seite die endlosen Bemühungen, zu friedlichen Lösungen des Konflikts zu gelangen. Der Tenor lautet: „Wir haben alles getan, um den Frieden zu erhalten. Aber jetzt sind alle unsere geduldigen Bemühungen erschöpft und der Gegner zwingt uns nun zu kämpfen."

Die Charakterisierung der Handlungen der eigenen Seite weist dabei für die Zeit nach 1945 eine wesentliche Neuerung auf (vgl. Anhang Tab. 1): Während zuvor „ich" (Hitler, Wilhelm) oder „Meine Regierung" (Kaiser Franz-Josef) das Agens der geduldigen und friedliebenden Bemühungen sowie des nun zu Vollziehenden waren, sind es nach 1945 die UNO (1958), „der Westen", „die Allianz" (1983) sowie „die NATO" und „die Staaten- und Völkergemeinschaft" (1999, 2001), deren „Versuche, den Konflikt mit friedlichen Mitteln zu lösen" (1991), gescheitert sind. Die Selbstinszenierung des Redners als friedliebender, verantwortungsvoller, geduldiger und kompromissbereiter Staatschef hat sich zwar nicht geändert, sie wird aber jetzt charakteristischerweise immer verbunden mit der Erwähnung der größeren „Gemeinschaft", in die die Deutschen nun eingebunden sind.

Zwar kommen bei Kaiser Wilhelm und Hitler auch flüchtige Bezugnahmen auf Partnerschaften mit anderen vor (z. B. die „Treue zu unserem Bundesgenossen" Österreich-Ungarn 1914 oder der Dank an Italien bei Hitler), der entscheidende Unterschied und Fortschritt nach 1945 ist aber, dass die Einbindung Deutschlands und seiner Vertreter in eine „Werte"-Gemeinschaft mit anderen Staaten und Staatenbündnissen nun im Mittelpunkt der Reden steht (vgl. Anhang Tab. 2). Bündnis, Partner, Solidarität und Verantwortung sind dabei sowohl quantitativ wie qualitativ, d. h. in ihrer argumentativen Schlüsselfunktion, zentral, die beiden letzten insbesondere in allen Kriegsbotschaften seit 1991. Somit ergeben sich nach 1945 ganz neue Legitimationsinstanzen für das Führen und Sich-Beteiligen von und an Kriegen, einschließlich dem Kalten Krieg. Man beruft sich auf Übereinstimmungen und Entscheidungen, die in einem Bündnis wie der NATO oder mit Partnern zusammen getroffen worden sind, auf Verpflichtungen im internationalen Rahmen (z. B. des UN-Sicherheitsrates) und auf bestehende Verträge. Das kann als Variante des Autoritäts-Topos angesehen werden.

Gleich geblieben sind aber die Beschreibungen der uneinsichtigen, aggressiven, kompromisslosen Handlungen und Haltungen des Kriegsgegners, für deren Darstellung in der narratio aller Reden seit 1914 ein beträchtlicher quantitativer und rhetorisch-stilistischer Aufwand (mit zahlreichen intensivierenden rhetorischen Satz- und Wortfiguren) betrieben wird. Von „Mitten im Frieden überfällt uns der Feind" (Kaiser Wilhelm) geht dies über Polens „Provokationen" und Englands „Einkreisungspolitik" 1939 sowie dem sowjetischen Streben nach einem „Raketenmonopol" 1983 bis hin zur „Obstruktionspolitik [Belgrads, die ...] alle, aber auch wirklich alle Vermittlungsversuche scheitern lassen" hat. „Wir hatten deshalb keine andere Wahl" – so Schröder zum Kosovo-Einsatz der NATO – ist die jeweilige Schlussfolgerung aus der narratio.

3.2 Der Notwendigkeits- und der Dringlichkeits-Topos

Eng verzahnt mit dieser narratio gehört zu einer eindringlichen Legitimierung von kriegerischen Aktionen die Darstellung von Verbrechen/Übergriffen/Anfeindungen/Menschenrechtsverletzungen, die im Rahmen eines als Notwendigkeits-Topos zu bezeichnenden kontextspezifischen Argumentationsmusters ausgeführt werden: *Weil die anderen den Frieden gestört/angegriffen/ Gewalttaten verübt haben und diese Aktionen nicht zu beenden bereit sind, müssen wir uns nun wehren.* Die Realisierung dieses Topos beinhaltet zwingend die Ausmalung des Feindbildes. Der Gegner wird als *barbarisch, neidisch, tückisch, hasserfüllt, sadistisch* oder gesetzlos dargestellt. Es gibt bei der Feindbilddarstellung eine grundsätzliche Kontinuität, die in der Textsorte begründet ist. Konkret aber werden diese Eigenschaften mit einem sich deutlich verändernden lexikalischen Inventar realisiert. Bei den Kaisern Wilhelm und Franz-Josef ist zu Beginn des Jahrhunderts eine heute recht archaisch anmutende und pathetisch wirkende Wortwahl auffällig, die die beginnende Militäraktion bzw. den Krieg zum einen eher wie ein mittelalterliches Scharmützel, zum anderen als eher zwischenmenschlichen oder familiären Konflikt konzeptualisieren: „Die Brandfackel des Krieges“ haben die chinesischen Boxer „in den tiefsten Frieden hinein geschleudert“. 1914 zwingen „Neider“ das Deutsche Reich zu „gerechter Verteidigung“, der „Nachbar“ gönnt ihm den Frieden nicht, „man will uns demütigen“.

Bei Hitler dagegen ist das Feindbild lexikalisch „modernisiert“. Einerseits ist seine Darstellung des Feindes zwar auch hyperbolisch dramatisiert, ein Teil seiner Lexik entspricht aber bereits dem, womit heutzutage die Notwendigkeit militärischen Eingreifens z. B. im Kosovo oder in Afghanistan begründet wird: Die Polen haben deutsche „Kinder oder Frauen [...] teils misshandelt, teils getötet“, „neue Greueltaten“ begangen, „Grenzzwischenfälle“ provoziert und mit „einem verstärkten Terror [...] auf die Volksdeutschen“ auf Hitlers Vorschläge reagiert. Das mutet modern an, ähnliches ist 1991 in Kuwait und 1998/99 im Kosovo – laut der Lexik der Kriegslegitimationen – geschehen. 1991, 1999 und 2001 wird einerseits das Leid der Opfer und die Grausamkeit der Täter ähnlich drastisch bezeichnet, andererseits ist dies z. T. – außer bei der Afghanistan-Rechtfertigung – vermischt mit einer politisch-rechtlich-bürokratischen Diktion. Der Irak z. B. hat 1991 einen „Rechtsbruch“ begangen und damit „grundlegende Ordnungsprinzipien für das Zusammenleben der Völker eklatant verletzt“.

Solche Begründungen kriegerischen Eingreifens mit den Untaten des zu bekämpfenden Gegners können aber erst dann das Publikum überzeugen, wenn plausibel gemacht wird, dass ohne die eigene kriegerische Aktion diese Untaten weitergehen oder über sie hinaus Gefahren für das eigene Volk, das „Bündnis“, die „Staatengemeinschaft“ etc. drohen: *Wenn wir jetzt nicht handeln, drohen weitere ernsthafte Gefahren, die unbedingt verhindert werden müssen.* So kann man diesen Topos definieren, den ich Dringlichkeits-Topos nenne. Solche Gefahren-Ausmalungen gehören zu den meisten politischen Diskursen dazu. Dass ein solcher Topos für eine so schwer wiegende Entscheidung wie einen Krieg oder eine neue Aufrüstungsmaßnahme wichtig ist, liegt auf der Hand. Interessant aber ist nun zu sehen, dass die Ausmalung der Gefahren gerade in der ersten Jahrhunderthälfte gar nicht so dramatisch ist. Hitler kommt sogar ohne Gefahren-Projektionen aus. Ihm reichen die Untaten seiner Gegner und seine eigenen Kriegsziele zur Begründung seiner Kriege.

Wichtiger wird der Dringlichkeits-Topos erst in kriegskritischeren Zeiten nach dem Zweiten Weltkrieg. Während Adenauer 1958 z. B. die *Weltkatastrophe* und die *Beherrschung der Welt* durch den *Kommunismus* mit seiner Atombewaffnung der Bundeswehr zu verhindern trachtet, will Helmut Kohl 1983 nur verhindern, dass eine *Diktatur* „zu immer neuer Erpressung und zur Anwendung von Gewalt“ *verleitet* wird. In der Zeit nach dem Kalten Krieg werden erklärtermaßen mit den Kriegseinsätzen einerseits recht abstrakte Gefahren – wie z. B. 1991 „unabsehbare Folgen auch in anderen Teilen der Welt“ – bekämpft, andererseits recht konkrete Gefahren benannt wie die, dass der „Irak zu weiteren Übergriffen ermutigt wird“. Die mehr oder weniger dramatische Ausmalung von Gefahren, die beim Unterlassen militärischen Handelns drohen, ist also in der zweiten Hälfte des 20. Jahrhunderts für die Textsorte „Kriegsbotschaft“ wesentlich wichtiger geworden.

3.3 Die Kriegsziele

Neben der Plausibilisierung eines Kriegseinsatzes durch die retrospektive Darstellung der Ursachen für die Entwicklung (3.1), der Böswilligkeit des Gegners und der abzuwehrenden Gefahren (3.2) möchte das Publikum vom Redner allerdings auch wissen, *wofür* gekämpft werden soll. In der Pazifisten-Hymne der 60er und 70erJahre, dem „Universal Soldier“, kämpft dieser „for democracy and he says it's for the peace of all“. Dies trifft zum einen das, was die Analysen der Kriegsbotschaften von US-Präsidenten ergeben haben, es trifft in ihrem zweiten Teil aber auch die deutschen Kriegsbotschaften des gesamten 20. Jahrhunderts. Dabei rückt das Herstellen oder Wiederherstellen des Friedens zunehmend in den Mittelpunkt (s. Anhang Tab. 3). Die Nennung dieses Kriegszieles ist aber auch schon bei Kaiser Wilhelm und bei Hitler ein Bestandteil ihrer Kriegsbotschaften, allerdings nicht in der Form des später jeweils angestrebten umfassenden Weltfriedens, sondern eher im Sinne eines Friedens für das Deutsche Reich als eines Sicherns der eigenen Souveränität und Unangreifbarkeit. Erkennbar wird darin auch eine Bedeutungsveränderung des Hochwertwortes *Frieden* im 20. Jahrhundert: Das semantische Merkmal ‚Ruhe im Land gegenüber feindlichen Übergriffen‘ wird abgelöst von dem Merkmal ‚Zustand, in dem allumfassend Menschenrechte verwirklicht werden können‘, womit *Frieden* auch in dieser Textsorte zu einer umfassenden Hochwertbezeichnung geworden ist. Diese Veränderung geht einher mit einer zentralen Änderung der Kriegsziele von der Verwirklichung nationaler Werte hin zur Verwirklichung für alle Menschen zu schaffender Werte und von der für die wilhelminische Zeit modisch gewordenen

„Sprache der Gewalt“[5] hin zu einer „Sprache der Werte“ in der zweiten Hälfte des 20. Jahrhunderts.

Denn von 1900 bis 1939 ging es auch um die Wiederherstellung von *Macht, Ehre, Würde* und des Status der *Großmacht* des Deutschen Reiches sowie um *Rache, Bestrafung* und *Sühne* und 1900 auch noch christlich-missionarisch-kolonialistisch um den Einzug des Christentums in China. In der Nazi-Diktion ist es ein Kriegsziel, „dass unser Volk lebt, dass Deutschland lebt“. Solche nationalen Wertbegriffe des 19. Jahrhunderts und solche „Sprache der Gewalt“ werden in den Rüstungs- und Kriegslegitimationen der 2. Hälfte des 20. Jahrhunderts ersetzt durch die Berufung auf allseits anerkannte Hochwerte, was in der rhetorischen und politolinguistischen Literatur als Prinzipien-Topos[6] bezeichnet wird, als da sind: *Recht, Gerechtigkeit, Sicherheit, Freiheit*, ein *Gleichgewicht der Kräfte* (1983), die Wahrung der *Menschenrechte*, die *Werte des Grundgesetzes* und auch die *uneingeschränkte Solidarität* mit einem Partnerstaat (2001).

Wie in den US-amerikanischen justification speeches sind all dies auch Kriegsziele, auf deren Grundlage und als deren Folge *Frieden* in einem umfassenden Sinn erst hergestellt oder wiederhergestellt werden kann. Dieses Ziel wird im Sinne eines Heile-Welt-Topos realisiert: *Weil bestimmte kausale Abläufe zu immer positiveren Folgen führen, soll man dafür sorgen, dass diese Abläufe in Gang kommen, so dass ein für alle gutes und richtiges Ergebnis entsteht.* George Bushs Versprechen einer *Neuen Weltordnung* als Ergebnis des 1991er Golfkriegs ist für diese Kriegsrechtfertigung bekannt und prototypisch geworden.

3.4 Der Geschichts-Topos und die Berufung auf Gott

Als fünften und sechsten obligatorischen Bestandteil von deutschen Kriegsbotschaften des 20. Jahrhunderts habe ich den Geschichts-Topos und, als spezifische Ausprägung des Autoritäts-Topos, die Berufung auf Gott genannt. Der Geschichts-Topos, die Begründung von Handlungen mit geschichtlichen Erfahrungen also, wird dabei in charakteristischer Weise bis zu den Nazis in explizit nationalistischer Weise genutzt (vgl. Anhang Tab. 4). Kaiser Wilhelm in seiner Hunnenrede und Adolf Hitler führen die deutsche Kriegsgeschichte an, um ihren Truppen Mut und Siegeszuversicht zu vermitteln. Dabei fällt auch das berühmt-berüchtigte Wort von den Hunnen, die sich unter ihrem König Etzel einen Namen gemacht hätten, dem die deutschen Truppen in China nun nacheifern sollten, auf, dass „niemals wieder ein Chinese es wagt, etwa einen Deutschen auch nur scheel anzusehen.“ Nach 1945 werden dagegen gerade die geschichtlichen Erfahrungen in der Folge des übersteigerten deutschen Nationalismus genutzt, um Aufrüstung oder Kriegseinsatz zu rechtfertigen. Nachrüstung und Golfkrieg legitimiert Helmut Kohl jeweils mit den Erfahrungen der appeasement-Politik gegenüber Hitler.

---

5 Vgl. von Polenz 1978, S. 168.

6 Vgl. Klein 2003.

Die Berufung auf Gott bzw. seine Anrufung als Unterstützer sind dagegen nur für die erste Hälfte des 20. Jahrhunderts relevant (vgl. Anhang Text 1). Der säkulare Fortschritt in Kriegsbotschaften besteht darin, dass man in Deutschland heutzutage – im Unterschied zu den USA, wo am Ende Gott immer noch Amerika, die Soldaten oder die Amerikaner zu segnen hat – ohne die Anrufung Gottes, des *Heilandes*, des *Allmächtigen* bzw. des *Herrgotts* auskommt, wie es für den deutschen und den österreichischen Kaiser ebenso wie für Adolf Hitler noch gang und gäbe war, so Kaiser Wilhelm 1914: „Vorwärts mit Gott, der mit uns sein wird, wie er mit den Vätern war."

3.5 Die Schlussappelle

Solche Anrufungen eines höheren Wesens sind auch Bestandteil der *Schlussappelle* der Kriegsbotschaften in der ersten Hälfte des 20. Jahrhunderts (vgl. Anhang Text 2). Deren weitere Elemente sind die Versicherung der Solidarität des Kriegsherrn mit den kämpfenden Soldaten, der Ausdruck der Siegeszuversicht und in den Kriegsbotschaften nach dem Kalten Krieg zudem der Appell an den Kriegsgegner, doch noch einzulenken und so einen Krieg zu verhindern. Aber auch hier fehlt nicht der Ausdruck der Siegesgewissheit und die Solidaritätsadresse an die Soldaten. In den Schlussappellen wird der zivilere Charakter jüngerer Kriegsreden im Kontrast zu den martialischen, religiös und national überhöhten Appellen von Kaiser Wilhelm und Hitler noch einmal besonders deutlich. Von der zuvor erkennbaren und an die Adressaten gerade in diesem Teil vermittelten Kriegsbegeisterung ist nun nichts mehr zu spüren, der Schwerpunkt liegt nun auf der bedauernden Feststellung, dass ein Kriegseinsatz zum Erreichen höherer Ziele nun leider erforderlich ist, wenn er nicht noch in letzter Minute durch das Einlenken des Aggressors abgewendet wird. Solche ultimativen und pathetischen Aufforderungen zum Einlenken kommen in der ersten Jahrhunderthälfte nicht vor. Dagegen fehlen in der jüngeren Zeit die für Wilhelm und Hitler charakteristischen Drohungen an den Gegner, lediglich moderate Warnungen werden ausgesprochen, dass z. B. (1983) die Raketen stationiert würden oder dass der Kriegseinsatz gegen den Irak erfolgen werde, wenn der jeweilige Gegner nicht nachgibt.

3.6 Die Reihen schließen: Solidaritätsappelle nach innen

Bevor die jeweils gleichzeitig an die eigene Bevölkerung wie an den Kriegsgegner gerichteten Schlussappelle erfolgen, muss der Redner noch die Reihen im Inneren schließen, an das Mitmachen, Zustimmen oder die Solidarität der eigenen Bevölkerung appellieren sowie diese auf den Ernst der Lage und auf die zu erwartenden Opfer einstimmen (vgl. Anhang Tab. 5). Letzteres geschieht vor dem Ersten und Zweiten Weltkrieg, aber auch im Kalten Krieg mit dem Schlüsselwort *Opfer*, das sich auf alle Deutschen bezieht, während in den letzten zwölf

Jahren die Bevölkerung nur noch auf die *Risiken und Gefahren* für die am Kriegseinsatz beteiligten Soldaten sowie auf die Leiden der Bevölkerung in der Region eingestimmt wird. Kriege betreffen hier zu Lande heute nur noch wenige direkt, aber um deren Risiken zu legitimieren, muss ein ebensolcher Aufwand geleistet werden, wie früher gerechtfertigt werden musste, dass alle in einer Gesellschaft *Opfer* bringen müssen.

Damit die *Opfer* und später die *Gefahren* von der Bevölkerung akzeptiert werden, braucht der Redner die Zustimmung, die Solidarität seiner Zuhörer – möglichst aller. Auch hier zeigt sich eine deutliche Zivilisierung und Demokratisierung in den Reden. Während der Monarch „von oben" mit seinem berühmten Satz „Ich kenne keine Partei mehr, Ich kenne nur Deutsche" die deutschen Reihen für geschlossen *deklariert*, versucht Hitler die Reihen damit zu schließen, dass er seine Forderungen an verschiedene Gruppen der Gesellschaft als seine Erwartungen formuliert und dass er dies mit expliziten Drohungen an diejenigen, die sich dem *nationalen Gebot*, ihrer *Pflicht* entziehen, verknüpft. Nach 1945 werden solche totalitären Gemeinschaftsappelle von demokratischen Prinzipien abgelöst. Kohl und Schröder berufen sich auf die Mehrheit des Deutschen Bundestages und der deutschen Bevölkerung und appellieren im gleichen Atemzug an die innenpolitischen Gegner, solche Mehrheitsentscheidungen zu akzeptieren. Gleichzeitig gestehen sie ihnen aber auch ihre Minderheitsmeinung zu.

4. Fazit

„Dass unsere zivile Gesellschaft gegenüber der Notwendigkeit militärischer Optionen und ihrer Ausübung zurückhaltender als jemals in der deutschen Geschichte geworden ist, begreife ich als einen zivilisatorischen Fortschritt, auch wenn es die eigene Argumentation bezüglich bestimmter Notwendigkeiten schwerer macht."

Ob diese Schröder'sche Einschätzung in seiner Rede zum US-Angriff auf Afghanistan zutrifft, kann nach der vorgelegten Analyse zum Teil bezweifelt werden. Die Argumentation ist deshalb nicht schwieriger geworden, weil sowohl in der angloamerikanischen wie in der deutschen Tradition von „justification speeches for war" das Arsenal rednerischer Mittel ganz im Sinne der Aristotelischen Rhetorik für die Redenschreiber schon bereit liegt: In Form nicht nur allgemeiner formaler, sondern auch bereits material gefüllter Topoi sowie in Form der Dispositio der Reden. Und an der Nutzung dieser Mittel hat sich insgesamt seit hundert Jahren nicht viel geändert, weil sie konstitutiv zu dieser Textsorte gehören, deren Musterhaftigkeit hier verdeutlicht werden sollte. Geändert hat sich aber die konkrete sprachliche, vor allem lexikalische und auch die stilistische Füllung dieses Musters. Und in dieser Veränderung kann man wie Schröder einen zivilisatorischen Fortschritt sehen. Denn die von v. Polenz für das 19. Jahrhundert diagnostizierte „Sprache der Gewalt" wird zwar bis zu den Nazis fortgesetzt, in der zweiten Hälfte des 20. Jahrhunderts aber wird sie in dieser Textsorte von einer zivileren, demokratischeren Lexik und Diktion abgelöst.

„Vom Pathos zur Sachlichkeit", „von der *Nation* zu den *Menschenrechten*", „von der Kriegsbegeisterung zum schlechten Gewissen", „vom ‚Frieden an den deutschen Grenzen' zur ‚neuen Weltordnung eines umfassenden Friedens'", mit solchen Schlagworten kann man diese Entwicklung von einer nationalistischen zu einer internationalistischen und zivilen Rhetorik in deutschen Kriegs- und Rüstungslegitimationen erfassen.

Die „veränderte Gestalt" des Immergleichen spiegelt zum einen die zivilisatorische Entwicklung des 20. Jahrhunderts in Deutschland wider, sie trägt aber im Sinne des Charakters der Sprache als Faktor der Geschichte auch zu dieser Zivilisierung **im Umgang** mit Krieg bei. Dass Kriege dadurch **faktisch** nicht ziviler werden, sollte man sich bei solcher Zivilisierung der Kriegsrhetorik bewusst halten, und dass die Muster der Legitimationen sich kaum verändern, sollte die gesunde Skepsis gegenüber den angeführten Rechtfertigungen eher bestärken.

Literatur

Quellen (chronologisch)

Rede Kaiser Wilhelms II. in Bremerhaven am 27. Juli 1900 („Hunnenrede") und Rede Kaiser Wilhelms II. bei der Einschiffung des ersten Expeditionskorps nach China in Wilhelmshaven am 2. Juli 1900. In: Quellen zur deutschen Außenpolitik im Zeitalter des Imperialismus 1890-1911. Hrsg. von Michael Behnen, Darmstadt 1977 (Ausgewählte Quellen zur deutschen Geschichte der Neuzeit 26), S. 244-247.

Rede Kaiser Franz-Josefs „An meine Völker" vom 29.7.1914. Online im Internet URL: http://www.members.chello.at/theodor.lauppert/history/1914/fj.htm [Stand 17.2.04]

Reden Kaiser Wilhelms II. am 31.7.1914, am 1.8.1914 („Erste und Zweite Balkonrede") und Aufruf Wilhelms II. vom 6.8.1914 „An das deutsche Volk". In: Deutsche Quellen zur Geschichte des Ersten Weltkrieges. Hrsg. von Wolfdieter Bihl, Darmstadt 1991 (Ausgewählte Quellen zur deutschen Geschichte der Neuzeit 29), S. 47-49 und S. 55-56.

Adolf Hitler: Rede am 1. September 1939 in Berlin und vor dem Reichstag. – In: Der großdeutsche Freiheitskampf. Reden Adolf Hitlers vom 1. September 1939 bis 10. März 1940. Hrsg. von Philipp Bouhler, München 1941, S. 19-27.

Verhandlungen des Deutschen Bundestages: Stenographische Berichte, 3. Wahlperiode, 18. Sitzung, 20.3.1958, 840-847. [Adenauer-Rede]

Die Nachrüstungsdebatte im Deutschen Bundestag (1984): Protokoll einer historischen Entscheidung, Reinbek bei Hamburg, 11-32. [Kohl-Rede]

Verhandlungen des Deutschen Bundestages: Stenographische Berichte, 12. Wahlperiode, 12. Sitzung, 14.1.1991, 21-24. [Kohl-Rede]

Verhandlungen des Deutschen Bundestages: Stenographische Berichte, 14. Wahlperiode, 31. Sitzung, 26.3.1999, 2571-2575. [Schröder-Rede]

Regierungserklärung zur Debatte: „Terrorismus in Afghanistan", Regierungserklärung Bundeskanzler Gerhard Schröder. Online im Internet URL: http://www.glasnost.de/docs01/011011regschroeder.html [Stand 13.8.2003]

Verhandlungen des Deutschen Bundestages: Stenographische Berichte, 14. Wahlperiode, 198. Sitzung, 8.11.2001, 19283-19287. [Schröder-Rede]

Forschungsliteratur

Chilton, Paul (2003): Deixis and distance: President Clinton's justification of intervention in Kosovo. In: Dedaic, Mirjana N./Nelson, Daniel N. (Hrsg.): At War with Words, Berlin/New York, S. 95-126.

Goetsch, Paul/Hurm, Gerd (Hrsg.) (1993): Die Rhetorik amerikanischer Präsidenten seit F.D. Roosevelt, Tübingen. (ScriptOralia 54)

Ivie, Robert L. (1974): Presidential Motives for War. In: Quarterly Journal of Speech 60, S. 337-345.

Ivie, Robert L. (1980): Images of Savagery in American Justifications for War. In: Communication Monographs 47 (1980), S. 279-294.

Klein, Josef (1991): Politische Textsorten. In: Brinker, Klaus (Hrsg.): Aspekte der Textlinguistik, Hildesheim/Zürich/New York, S. 245-278. (= Germanistische Linguistik, Bd. 106-107)

Klein, Josef (2000): Textsorten im Bereich politischer Institutionen. In: Brinker, Klaus u. a. (Hrsg.): Textlinguistik. Ein internationales Handbuch zur Wissenschaft von Sprache und Gesellschaft, Berlin/New York, S. 732-755. (Handbücher zur Sprach- und Kommunikationswissenschaft 16)

Klein, Josef (2003): Politische Rede. In: Ueding, Gert (Hrsg.): Historisches Wörterbuch der Rhetorik, Band 6, Tübingen, S. 1465-1521.

Polenz, Peter von (1978): Geschichte der deutschen Sprache, Berlin/New York. (Sammlung Göschen 2206)

Schmidt, Hartmut (1998): „An mein Volk". Sprachliche Mittel monarchischer Appelle. In: Cherubim, Dieter/Grosse, Siegfried/Mattheier, Klaus J. (Hrsg.): Sprache und bürgerliche Nation. Beiträge zur deutschen und europäischen Sprachgeschichte des 19. Jahrhunderts, Berlin/New York, S. 167-196.

Strauß, Gerhard (1986): Sprachspiele, kommunikative Verfahren und Texte in der Politik. Versuch einer Textsortenspezifik. In: Strauß, Gerhard: Der politische Wortschatz, Tübingen, S. 2-66. (Forschungsberichte des Instituts für deutsche Sprache 60)

Tillmann, Alexander (1989): Ausgewählte Textsorten politischer Sprache. Eine linguistische Analyse parteilichen Sprechens, Göppingen. (Göppinger Arbeiten zur Germanistik 513)

Anhang

Text 1: With God on Our Side

„[…] der Segen Gottes wird sich an Eure Fahnen heften […]. Wir denken auch an etwas Höheres, an unsere Religion." (1900)

„Vorwärts mit Gott, der mit uns sein wird, wie er mit den Vätern war.“ (1914, Wilhelm)

„Und ich vertraue auf den Allmächtigen, dass er Meinen Waffen den Sieg verleihen werde.“ (1914, Franz-Josef)

„Wenn unser Volk in solchem Sinne seine höchste Pflicht erfüllt, wird uns auch jener Herrgott beistehen, der seine Gnade noch immer dem gegeben hat, der entschlossen war, sich selbst zu helfen.“ (1939)

Text 2: Schlussappelle von Kriegsbotschaften seit 1914

„Den Gegnern aber würden wir zeigen, was es heißt, Deutschland zu reizen [...] So muß denn das Schwert entscheiden. [...] Darum auf! zu den Waffen! [...] Wir werden uns wehren bis zum letzten Hauch von Mann und Roß. Und wir werden diesen Kampf bestehen auch gegen eine Welt von Feinden. [...] Vorwärts mit Gott, der mit uns sein wird, wie er mit den Vätern war.“ (1914)

„Ein Wort habe ich nie kennengelernt, es heißt: Kapitulation. [...] Ein November 1918 wird sich niemals mehr in der deutschen Geschichte wiederholen! [...] wenn unser Wille so stark ist, dass keine Not ihn mehr zu zwingen vermag, dann wird unser Wille und unser deutscher Stahl auch die Not meistern! Deutschland – Sieg Heil!“ „Die britische Regierung aber hat sich in einem getäuscht: Das Deutschland des Jahres 1939 ist nicht mehr das Deutschland von 1914.“ (1939)

„Ich appelliere heute von dieser Stelle erneut an die sowjetische Führung, nicht auf starren Prinzipien zu beharren, sondern ein Ergebnis möglich zu machen. [...] Im Bewusstsein der schweren Verantwortung, die ich in meinem Amt trage, bleibe ich bei meiner Überzeugung: Nur wenn wir jetzt das Gleichgewicht wiederherstellen und damit zugleich unser Bekenntnis zum Bündnis bekräftigen, sichern wir für unser Land den Frieden in Freiheit und damit die Zukunft unseres Vaterlandes.“ (1983)

„Deshalb nehme ich die Gelegenheit wahr, auch von dieser Stelle an ihn [Saddam] zu appellieren: Entschließen Sie sich jetzt zum Rückzug Ihrer Truppen aus Kuwait! Ersparen Sie Ihrem Volk, ersparen Sie der ganzen Region Krieg!“ (1991)

„Auch von dieser Stelle [...] fordere ich deshalb Präsident Milosevic noch einmal auf, die Kämpfe in Kosovo sofort zu beenden und das Friedensabkommen zu unterzeichnen. Dann wird Frieden sein können, meine Damen und Herren.“ (1999)

„Nur auf der Grundlage eines so umfassenden Konzeptes und gemeinsamen Handelns wird die internationale Koalition im Kampf gegen den Terrorismus am Ende erfolgreich sein. Dieser Erfolg ist nicht nur notwendig, sondern - davon bin ich überzeugt - er wird auch erreicht werden.“ (2001)

Tab. 1: Ich *oder* Wir*: Wer handelt?*

1914-1939	1958-2001
„hat sich Meine Regierung [...] auf die Wahrung der wichtigsten Lebensbedingungen der Monarchie beschränkt." (Franz-Josef, 1914)	Ich/die Bundesregierung/der Außenminister habe/hat „persönlich alles darangesetzt, dass sämtliche Kompromißmöglichkeiten [...] ausgelotet werden" (1983), und „nichts unversucht gelassen" (1991, 1999), zu einer „friedlichen Lösung" des Konfliktes beizutragen.
„Ich will nichts anderes jetzt sein als der erste Soldat des Deutschen Reiches." (Hitler)	
Es ist „Mein und Meiner Vorfahren heißes Bemühen" gewesen, „der Welt den Frieden zu erhalten" (Kaiser Wilhelm)	
	Die UNO (1958)
	„Der Westen", „die Allianz", „die USA" (1983)
	„Die NATO" und „die Staaten-" bzw. „die Staaten- und Völkergemeinschaft" (1999, 2001)

Tab. 2: Der Bezug auf andere/auf Verbündete

1900-1939	1958-2001
„Aufgabe, die nur durch geschlossene Truppenkörper aller zivilisierten Staaten gelöst werden kann“ (1900)	„Soll dieses kleine Deutschland [...] sich von diesem großen Bündnis zurückziehen und seinen Einfluß in diesem Bündnis preisgeben?“ (1958)
„dass wir in entschlossener Treue zu unserem Bundesgenossen [Österreich-Ungarn] stehen“ (1914)	„Wir tun dies [stationieren] im Bewusstsein der Solidarität im Bündnis, [...]. [Wer dagegen ist], stellt letztlich das Bündnis und seine Entscheidungs- und Lebensfähigkeit in Frage.“ (1983)
„Ich möchte hier vor allem danken Italien, das uns diese ganze Zeit unterstützt hat.“ (1939)	„[...] geht es auch um die Bündnisfähigkeit Deutschlands. [...] Bündnissolidarität ist aber keine Einbahnstraße.“ (2001)
	„sind Ausdruck einer internationalen Solidarität, wie wir sie bisher in dieser Form nicht gekannt haben.“ (1991)
	„wird von Deutschland aktive Solidarität und verantwortliches Handeln erwartet. [...] haben unsere amerikanischen und britischen Freunde nicht nur unsere uneingeschränkte Solidarität verdient.“ (2001)

Tab. 3: Die Kriegsziele

1914-1939	1983-2001
„Das verlangt exemplarische Bestrafung und Rache. [...] Ihr sollt schweres Unrecht sühnen." (1900)	„Die Menschen in Deutschland [...] wissen sehr genau, was auf dem Spiel steht. Deshalb rufen sie nicht nach Rache und Vergeltung." (2001)
„[...] der Segen Gottes wird [...] es Euch geben, dass das Christentum in jenem Lande seinen Eingang finde." (1900)	„Die deutsche Politik muß meines Erachtens zum Ziel haben: Rettung des Friedens in der Welt, [...] dadurch allgemeine Entspannung, Sicherung unserer Freiheit." (1958)
„Um Sein oder Nichtsein deutscher Macht und deutschen Wesens [geht es]." (1914)	„Unsere Sicherheit, der Schutz unserer Freiheit gebieten nunmehr, dass wir mit der Stationierung neuer amerikanischer Mittelstreckenraketen beginnen. [...] Nur wenn wir jetzt das Gleichgewicht wiederherstellen [...]." (1983)
„[...] eine Antwort, daß ihm Hören und Sehen vergeht! [...] Seit 5.45 Uhr wird jetzt zurückgeschossen! Und von jetzt ab wird Bombe mit Bombe vergolten!" (1939)	„dass sie dort [...] Recht und Gerechtigkeit verteidigen. Recht und Gerechtigkeit sind Voraussetzung und Grundlage allen Friedens." (1991)
„[...] dass unser Volk lebt, dass Deutschland lebt." (1939)	„dass die Mehrheit [...] ihren Einsatz für die Menschlichkeit und den Frieden wohl zu würdigen weiß [...]." (1999)
	„Wir Deutschen stehen [...] an vorderster Front [...] bei der konsequenten Herstellung von Sicherheit und Stabilität, die auf Menschenrechten und Menschenwürde basiert." (2001)

Tab. 4: Geschichts-Lektionen

1914-1939	1983-2001
„Wie vor tausend Jahren die Hunnen unter ihrem König Etzel sich einen Namen gemacht, […], so möge der Name Deutschland in China in einer solchen Weise bekannt werden, dass niemals wieder ein Chinese es wagt, etwa einen Deutschen auch nur scheel anzusehen. […] Ihr werdet mit Übermacht zu kämpfen haben […], das sind wir ja gewöhnt, unsere Kriegsgeschichte beweist es. Ihr habt es gelernt aus der Geschichte des Großen Kurfürsten und aus Eurer Regimentsgeschichte.“ (1900)	„Wir sollten nicht jene bittere Erkenntnis des britischen Premierministers Neville Chamberlain vergessen, der nach der Unterzeichnung des Münchner Abkommens die englische Ohnmacht gegenüber dem nationalsozialistischen Regime im Unterhaus beschrieb. […] Die Geschichte lehrt: Wer schwach ist, ermutigt hegemoniale Ansprüche und fordert Bedrohung geradezu heraus. […] Wir haben die Lektion der Geschichte gelernt.“ (1983)
„[…] dann möchte ich ihn bitten, zu bedenken, dass einst ein preußischer König mit einem lächerlich kleinen Staat einer der größten Koalitionen gegenübertrat und in drei Kämpfen am Ende doch erfolgreich bestand, weil er jenes gläubige starke Herz besaß, das auch wir in dieser Zeit benötigen.“ (1939)	„Zugleich wissen wir aber auch um die fatalen Folgen einer Beschwichtigungspolitik, die sich mit dem Rechtsbruch abfindet und damit zu weiteren Aggressionen ermutigt. […] dass, wie auch unsere eigene Geschichte lehrt, Aggressoren beizeiten entgegengetreten werden muß […].“ (1991)
	„Gerade wir Deutschen, die wir durch Hilfe und Solidarität unserer amerikanischen und europäischen Freunde […] die Folgen zweier Weltkriege überwinden konnten […], haben […] eine Verpflichtung, unserer neuen Verantwortung umfassend gerecht zu werden.“ (2001)

Tab. 5: Gefährdungen und innerer Zusammenhalt

1914-1983	1999-2001
„Enorme Opfer an Gut und Blut würde ein Krieg von uns erfordern." (1914)	„[...] können wir Gefahren für Leib und Leben nicht ausschließen." (1999)
„Das Opfer, das von uns verlangt wird, würde nicht größer sein als das Opfer, das zahlreiche Generationen gebracht haben." (1939)	„Jedem [...] ist bewusst, dass jeder Auslandseinsatz Risiken und Gefahren in sich birgt." (2001)
„Aber dieser Frieden in Freiheit hat seinen Preis. Wir müssen bereit sein, dafür Opfer zu bringen." (1983)	
„Kommt es zum Kampf, so hören die Parteien auf! [...] Ich kenne keine Parteien und auch keine Konfessionen mehr; wir sind heute alle deutsche Brüder und nur noch deutsche Brüder." (1914)	„Aber nach unserer demokratischen Verfassung liegt die Entscheidung bei der Mehrheit des frei gewählten Parlaments." (1983)
„[...] soll sich niemand zu Hause seiner Pflicht entziehen. Wer sich diesen Geboten widersetzt, hat nicht damit zu rechnen, dass die Volksgemeinschaft auf ihn Rücksicht nimmt. [...] Wer sich daher jetzt an dieser Einigkeit und Einheit versündigt, hat nichts anderes zu erwarten, als dass er als Feind der Nation vernichtet wird." (1939)	„Aber wir wissen uns einig und in Übereinstimmung mit der großen Mehrheit der deutschen Bevölkerung und, Gott sei Dank, auch mit der großen Mehrheit des Deutschen Bundestages – über alle Parteigrenzen hinweg." (1999)
	„Übrigens haben wir das, was wir hier an politischen Aktivitäten entwickelt haben, nicht zuletzt auch gemeinsam mit der Opposition erarbeitet." (2001)

Hajo Diekmannshenke

Polit-Postkarten: Propaganda, Wahlwerbung, politische Kommunikation

1. Einleitung

Auf der weiten Forschungskarte der *Politischen Kommunikation* bzw. von *Sprache und Politik* gibt es immer noch ausgedehnte weiße Flecken. „Die politische Sprache vieler Zeitabschnitte liegt im Dunkeln der Geschichte“ konstatiert Armin Burkhardt in seinem Überblicksartikel über *Deutsche Sprachgeschichte und politische Geschichte*[1], um an anderer Stelle gar von „Geschichtsvergessenheit“[2] zu sprechen. Dies sind zu einem bestimmte historische Phasen, meist weiter zurückliegend und zudem durch einen eher ‚ruhigen‘ Verlauf gekennzeichnet, während die Zeiten großer gesellschaftlicher Umbrüche verständlicherweise ein stärkeres Interesse auf sich gezogen haben und dementsprechend genauer untersucht worden sind.[3] Noch wenig erforscht oder mitunter auch gänzlich unerforscht sind zum anderen in diesem Zusammmenhang einzelne, vor allem historische Textsorten.

Das Hauptinteresse sog. politolinguistischer Untersuchungen liegt zudem auf der Produzenten- und Produktseite, d. h. politische Reden und deren Verfasser, Parteiprogramme und Wahlplakate sowie andere Produkte der politischen Akteure waren lange Zeit der dominierende Gegenstand solcher Untersuchungen.[4] Erst in jüngster Zeit sind Rezeption und Aneignung politischer Kommunikation und damit ein wesentliches Element des politischen Diskurses in das Blickfeld linguistischer Analysen gelangt.[5]

Damit verbunden stellen linguistische Untersuchungen zur politischen Alltagskommunikation immer noch ein Desiderat der Forschung dar. Anders als in der Geschichtswissenschaft, die sich schon seit längerer Zeit der sog. Mentalitätsgeschichte, aber auch jener ‚Microgeschichte‘ zugewandt hat, die z. B. das Kriegserlebnis jener ‚kleinen Leute‘ anhand von deren privater Korrespondenz (Feldpostbriefe und -karten) sowie persönlicher Aufzeichnungen (Tagebücher,

---

1 Burkhardt 1998, S. 119.

2 Burkhardt 1996, S. 88.

3 Einen Überblick über die linguistischen Arbeiten zur politischen Kommunikation unter historischen Gesichtspunkten gibt Diekmannshenke (2001).

4 Dies zeigt sich ganz besonders in der Bibliographie von Diekmannshenke/Zorbach (2001).

5 Vgl. Holly/Püschel/Bergmann 2001; vgl. Diekmannshenke 2002b.

Memoiren) rekonstruiert, ist dies in der Linguistik zwar mehrfach gefordert[6], für den Untersuchungsgegenstand *Sprache und Politik* aber bislang noch kaum eingelöst worden.

2. Postkarten als Massenkommunikationsmittel

Postkarten gehören zu den Massenkommunikationsmitteln des ausgehenden 19. und des gesamten 20. Jahrhunderts. Wie auch andere Kommunikationsweisen und Textsorten haben sie in den letzten Jahrzehnten durch die sog. Neuen Medien einen Wandlungsprozess erfahren, gehören aber sowohl in der traditionellen Kartenform als auch in Form der modernen E-Card oder als MMS-Postkarte weiterhin zu den wichtigen Massenkommunikationsmitteln. Allerdings hat dies bis heute nicht dazu geführt, dass sich die Linguistik – anders als z. B. im Falle des Briefs[7] – mit Postkarten in größerem Maße beschäftigt hat. Postkarten finden vor allem illustrierenden Platz in Bänden zu historischen Stadtansichten, zur Brauchtumspflege und zu anderen populären, an ein breites Publikum gerichteten Themen. Zum wissenschaftlich geachteten Objekt ist die Postkarte über den illustrierenden Charakter hinaus in der Geschichts- sowie der Kunstwissenschaft geworden. Während in der Kunstwissenschaft besonders Künstlerpostkarten seit langem untersucht werden, Bildpostkarten allgemein dagegen erst in jüngerer Zeit als Populärkunst erkannt worden sind, sieht die Geschichtswissenschaft in ihnen Dokumente einer Mentalitätsgeschichte, die viel über den Alltag und die Vorstellungswelt breiter Kreise der Bevölkerung verraten. Zugleich beginnt mit der Bildpostkarte der Prozess der massenhaften Visualisierung des Politischen.

Hier steht die Linguistik erst noch am Anfang. Die Zahl der linguistischen Arbeiten zum Thema ist außerordentlich gering. Neben einigen Aufsätzen[8] kann als eine umfangreichere Arbeit zum Thema die unveröffentlichte Magisterarbeit von Schuler aus dem Jahr 1999 genannt werden. Linguistische Arbeiten speziell zur Polit-Postkarte liegen bislang überhaupt noch nicht vor.

Postkarten stellen – wie bereits gesagt – eines der bedeutenden Massenkommunikationsmittel der neueren Zeit dar. Die Postkarte kann ganz allgemein als Kommunikationsweise bestimmt werden, die sich dann in eine Reihe von Textsorten wie z. B. die Ansichtskarte, die Glückwunschkarte, die Geburtstagseinladungskarte usw. ausdifferenziert.

Zudem dokumentieren sie als Ansichts- oder Bildpostkarten die jeweilige Mentalität ihrer Käufer und Versender. Zwar werden viele Bildpostkarten ‚nur‘ gesammelt, also nicht zur Kommunikation genutzt, aber auch diese Sammlungen sind Ausdruck von pragmatisch relevanten Einstellungen und Vorstellungen in ihrem jeweiligen historisch-gesellschaftlichen Kontext. Die ‚gelaufenen‘ Karten

---

6 Vgl. Busse/Hermanns/Teubert 1994.

7 Vgl. Ermert 1979; vgl. Nickisch 1991.

8 Vgl. Szépe 1979; vgl. Alber 1985; vgl. Diekmannshenke 2002a.

allerdings sind sprachliche Dokumente einer schriftbasierten Alltagskommunikation, die deutliche und vielfältige Züge konzeptioneller Mündlichkeit im Sinne von Koch/Oesterreicher (1985, 1994)[9] trägt[10]. Die Besonderheit der Bildpostkarten liegt dabei im Wechselspiel und Spannungsverhältnis zwischen der Bild- oder Ansichtsseite, welche neben dem Bild selbst vielfach Textelemente beinhaltet, der Absenderintention hinsichtlich der Kartenauswahl, die fast immer gezielt in Hinblick auf den Empfänger geschieht[11], und dem eigentlichen Kartentext. Betrachtet man dieses Wechselspiel, dessen kommunikativer Sinn im Rezeptionsvorgang vom Empfänger rekonstruiert werden muss, so kommt dabei der Bildseite eine interpretationsleitende Funktion zu. Aus dem kollektiven Wissen heraus, dass die jeweilige Postkarte für den spezifischen Empfänger vom Absender aufgrund der Bildseite ausgewählt worden ist, wird die Kohärenz des gesamten Kommunikats (Bildseite, Kartentext sowie der spezifische kommunikative Kontext) auf der Deutung der Bildseite aufbauen. Gilt dies allgemein für jede Bildpostkarte, so kommt diesem Wechselspiel bei den sog. Polit-Postkarten eine besondere und spannungsreiche Rolle zu.

3. Eine kurze Geschichte der Postkarte

1869 zuerst in Österreich und dann 1870 auch in Deutschland eingeführt, ist die Correspondenz-Karte, wie sie anfangs heißt, ein Kind der gewandelten Lebensverhältnisse und der damit verbundenen Kommunikationserfordernisse breiter Bevölkerungskreise im Zeitalter der Industrialisierung. Gewachsene Mobilität verbunden mit einem raschen Anwachsen der Städte, die beginnende Auflösung gewachsener, jahrhundertealter Sozial- und Familienstrukturen erhöhen das Bedürfnis nach einer raschen und unkomplizierten Kommunikationsform jenseits des langsameren, textlich umfangreicheren und zudem durch strenge Schreib- und Stilkonventionen stark normierten Briefs. Dieses kommunikative Bedürfnis erfüllt die Postkarte, die sich zudem durch einen deutlich geringeren Einheitspreis unabhängig von der bei der Beförderung zurückgelegten Strecke auszeichnet. Befreit von den Stilzwängen des Briefs erlaubt sie nun auch gerade jenen Bevölkerungsschichten eine schnelle und leicht handhabbare Kommunikation, die am meisten von den neuen Mobilitätsformen betroffen sind, trotzdem aber kontinuierlichen Kontakt mit den an einem anderen Ort zurückgebliebenen Familienangehörigen und Freunden suchen. Der knapp bemessene ‚Raum für Mitteilungen' ist denn auch nur eben solchen knapp bemessenen Mitteilungen vorbehalten.[12]

---

9 Eine Modifikation und Erweiterung erfährt das Modell von Koch/Oesterreicher bei Dürscheid (2003).

10 Vgl. Diekmannshenke 2002a.

11 Vgl. Schuler 1999.

12 Der Wiener Nationalökonom Emanuel Hermann, der die Ausgabe der österreichischen Correspondenz-Karte anregte, schlug zugleich eine Begrenzung des

Mit dem baldigen Aufkommen der ersten Ansichtskarten verändern sich die Kommunikationsmöglichkeiten erneut. Das Bild wird nun zu einem mindestens gleichberechtigten Kommunikationsmedium neben dem Text. Zugleich übernimmt es eigenständige und ergänzende kommunikative Aufgaben, die den Postkartenschreiber weiter entlasten und die Beliebtheit der Postkarte steigern helfen.

Abb. 1: Feldpost-Correspondenzkarte aus dem Deutsch-Französischen Krieg 1870/71

Ihre erste ‚Feuerprobe' besteht die anfangs vor allem von konservativen gebildeten Kreisen skeptisch beurteilte Postkarte im wahrsten Sinne des Wortes während des Deutsch-Französischen Kriegs von 1870/71, bei dem sie sich in Form der Feldpost-Correspondenzkarte als Massenkommunikationsmittel bewährt. Dennoch gilt sie bis zur Jahrhundertwende als zu minderwertig, um als Bildträger ernsthafter gesellschaftlicher Themen wie z. B. der Politik akzeptiert zu werden. Erst im Zusammenspiel von erfolgreichem Werbemittel für verschiedenste Industrieprodukte und beliebtem Sammelobjekt, welches einen ganzen Industriezweig, die Postkartenindustrie, hervorbringt, wird sie ab etwa 1900 auch zum Träger politischer Inhalte:

> So wurden ab 1900 Postkarten der kaiserlichen Familie, des Adels sowie von Personen aus dem Bereich der Politik und des Militärs in Umlauf gebracht, die eine breite öffentliche Nachfrage befriedigten, wie sie heute noch durch die Bildberichterstattung der so genannten Yellow-Press oder durch das Fernsehen gestillt wird.[13]

Textes auf 20 Worte einschließlich Anschrift und Unterschrift vor, was allerdings abgelehnt wurde. Vgl. Walter 1995, S. 11f.

13 Hagenow 1998, S. 255; May 1998, S. 55f.

Politainment[14] erweist sich in dieser Perspektive also keineswegs als Begleit- oder Folgeerscheinung moderner audiovisueller Medien und insbesondere der Fernsehberichterstattung.

4. Die Polit-Postkarte: eine Gegenstandsbestimmung

Will man von Polit-Postkarten sprechen, so stellt sich die Frage nach den Kriterien für eine solche Gegenstandsbestimmung. Die Schwierigkeiten, die schon eine scheinbar so einfache Frage wie nach dem Gegenstand von ‚politischer Kommunikation' bereitet[15], legen es hier aus praktischen Gründen nahe, auf ein vergleichsweise einfaches, eben unter praktischen Gesichtspunkten erstelltes ‚Modell' zurückzugreifen. Danach können als Polit-Postkarten solche Postkarten definiert werden, die

1. eine im weitesten Sinne politische Thematik auf ihrer Bildseite aufweisen,
2. in ihrem Kartentext politische Themen behandeln,
3. allgemein einer politisch motivierten Kommunikation dienen.[16]

Unter Punkt 3 sind z. B. moderne Wahlbenachrichtigungen in Kartenform oder auch die ‚Einladung' zur Musterung zu verstehen. Diese sind integrale Bestandteile einer übergreifenden staatsorganisatorischen politischen Kommunikation.

Ich möchte mich allerdings auf die Vertreter der beiden ersten Erscheinungsformen konzentrieren, wobei besonders deren Zusammenfallen, also die Verbindung von politischem Kartentext mit einem politischen Bildmotiv, den stärksten Aussagegehalt aufweist.[17] Doch auch in den Fällen, in denen das Bildthema als politisch eingestuft werden kann, der eigentliche Kartentext aber keinen erkennbaren politischen Inhalt aufweist, kann dennoch von einem Akt politischer Kommunikation gesprochen werden. Die Auswahl des jeweiligen Kartenmotivs dürfte mit größter Wahrscheinlichkeit gezielt in Hinblick auf den konkreten Empfänger ausgewählt worden sein, stellt also selbst ein Kommunikat dar. Oder anders

---

14 Vgl. Dörner 2001.

15 Vgl. Busse 2001.

16 Selbstverständlich ist damit keine Klärung vorgenommen, was denn nun eine ‚politische Thematik', ‚politische Themen' und eben eine ‚politisch motivierte Kommunikation' darstellen. Dies bleibt weiterhin der einschlägigen theoretischen Diskussion vorbehalten, wie sie z. B. in großer disziplinärer Breite bei Jarren/Sarcinelli/Saxer (1998) geführt wird.

17 Abgesehen werden soll hier von der sich ebenfalls auf der Postkarte befindlichen Briefmarke sowie dem dazugehörigen Stempel. Während der Stempelabdruck sich üblicherweise der Wahl des Absenders entzieht, kann die Briefmarke durchaus gezielt ausgewählt worden und damit ebenfalls Bestandteil des Kommunikats sein. Eine kommunikative Bedeutung erhalten aber in jedem Fall Auf- oder Überdrucke, die durch Zensurstellen vorgenommen wurden.

formuliert, wer eine Bildpostkarte mit einem politischen Motiv verschickt, macht dies zum kommunikativen Gegenstand, ganz gleich, ob dieses Thema im eigentlichen Postkartentext thematisiert wird oder nicht.

Betrachtet man Polit-Postkarten hinsichtlich ihrer politisch-kommunikativen Funktion, so lassen sich fünf Grundtypen ausmachen:

1. Selbstpräsentation
2. Propaganda
3. Politische (Wahl-) Werbung
4. Politische Aufklärung
5. Individuelle Intention(en)

In einer historischen Perspektive wird schnell deutlich, dass keineswegs alle Funktionen zu jeder Zeit gleichermaßen erfüllt werden, sondern dass einzelne Funktionstypen charakteristisch für bestimmte historisch-politische Phasen sind.

5. Polit-Postkarten in ihrem historisch-kommunikativen Wandel

Wie bereits erwähnt, ist es vor allem der Deutsch-Französische Krieg von 1870/71, der einen nicht unbeträchtlichen Anteil an der öffentlichen Akzeptanz des neuen Kommunikationsmittels hat. Neben die schon länger praktizierte Kommunikationsform der ‚Kriegsbriefe'[18], die seit dem Ersten Weltkrieg unter dem Terminus der ‚Feldpostbriefe' gefasst werden[19], tritt nun erstmals die Möglichkeit, Feldpost-Correspondenzkarten zu verschicken. Entsprechend der Correspondenz-Karte enthalten diese Karten noch keinerlei Bildmotive. Kriegsbriefe aus dieser Zeit hat z. B. Schikorsky (1999) veröffentlicht und linguistisch analysiert, Feldpost-Correpondenzkarten hingegen stellen noch wissenschaftliches Ödland dar.[20]

Die Wilhelminische Ära stellt zweifellos einen Höhepunkt sowohl in der Produktion als auch in der Nutzung von Postkarten dar. Dies ist vor allem auf die Einführung der Bild- oder Ansichtspostkarte zurückzuführen, die neben der

---

18 Vgl. Schikorsky 1992.

19 Ein wesentlicher Grund für die Bezeichnung liegt darin, dass erstmals im Ersten Weltkrieg ein spezifischer Feldpostdienst der Deutschen Reichspost eingerichtet wird.

20 Dies liegt sicher auch daran, dass der ‚Sammlerwert' dieser Feldpost-Correspondenzkarten einerseits aufgrund der kommunikationsweisenbedingten Kürze der Mitteilungen gegenüber dem Feldpostbrief, andererseits aber auch wegen der fehlenden Bildseite vermutlich recht gering eingeschätzt worden ist.

Möglichkeit, das Postkartenbild als Bestandteil des Kommunikats zu nutzen[21], auch das Sammeln solcher Ansichtskarten befördert.[22]

Abb. 2: Wilhelm II. und die kaiserliche Familie (Quelle: Stöckle 1985)

Die Bildpostkarten dieser Zeit stellen in erster Linie Selbstpräsentationen des Preußischen Herrscherhauses und seiner Angehörigen dar, allen voran Kaiser Wilhelm II[23]. Schwerpunkte bilden dabei einfache Porträtpostkarten sowie solche, die den deutschen Kaiser in einer szenischen Darstellung präsentieren[24].

Ebenfalls in dieser Zeit erscheinen erste Propagandapostkarten, die vor allem politische Vereine, Organisationen, Verbände und Parteien nutzen, um ihre Programmatik zu vermitteln. Besonders das bis ins Jahr 1918 andauernde Verbot, auf Plakaten politische Werbung zu betreiben – erlaubt waren neben reinen Geschäftsplakaten nur noch die bloße Ankündigung von politischen Veranstaltungen sowie allgemeine Wahlaufrufe[25] –, eröffnet der Bildpostkarte neue Wirkungsmöglichkeiten und erobert ihr eine öffentliche Bedeutsamkeit, die sie danach nie wieder erreichen wird.

Als der Mobilmachungsbefehl zum Ersten Weltkrieg am 1. August 1914 ergeht, braucht es gerade einmal zwei weitere Tage, bis zumindest in Berlin die

[21] Vgl. Walter 1995, S. 15.

[22] Vgl. Leclerc 1986, S. 34. Welchen hohen Stellenwert das Sammeln dieser Ansichtskarten besaß, wird deutlich, wenn man beim Durchsehen solcher Postkartensammlungen einmal darauf achtet, welch großen Anteil die ‚ungelaufenen' Postkarten in aller Regel ausmachen. Besonders Motiv-Sammlungen sind überwiegend durch Postkarten gekennzeichnet, die niemals verschickt worden sind.

[23] Vgl. Stöckle 1985; vgl. May 1999.

[24] Vgl. May 1999, S. 125.

[25] Vgl. Verhey 1998, S. 166.

ersten Kriegspostkarten erhältlich sind[26]. Die Motive der in den folgenden Jahren angebotenen Karten orientierten sich in erster Linie an den (vermuteten) Konsumentenwünschen[27] und sind keineswegs von der politischen und militärischen Führung gesteuert. „Zensur und Propaganda hatten weniger Einfluß auf die Vertriebschancen und die Motivauswahl, als dies gemeinhin angenommen wird."[28] In den ersten Monaten sind es vor allem sog. ‚Hetzpostkarten', die auf scheinbar humorvolle Weise den Kriegsgegner unter Verwendung etablierter Völkerstereotype der Lächerlichkeit preiszugeben suchen. Allerdings fallen viele dieser Karten der Zensur zum Opfer und werden auch offensichtlich von den Soldaten in starkem Maße abgelehnt.[29]

Abb. 3: Feindstereotyp im Ersten Weltkrieg (Quelle: Lukan/Peyfuss 1983)

---

26 Vgl. Brocks 1998, S. 155.

27 Die Beliebtheit der Kriegspostkarten erkennt man schon daran, dass etwa 50.000 verschiedene Karten während dieser Zeit in Österreich und Deutschland produziert werden. Vgl. Fischer 1993, S. 63.

28 Brocks 1998, S. 155.

29 Vgl. Brocks 1998, S. 156-58. Zu den besonders makabren Beispielen politischen Humors zählen Karten, die z. B. wie Todesanzeigen aufgemacht sind, Speisekarten, auf denen der Feind buchstäblich verspeist wird, oder – wie in einem Beispiel – eine Italienkarte, die betextet ist: „Feuerbestattungsunternehmung Krupp u. Skoda" (Lukan/Peyfuss 1983, S. 32). Bereits hier finden sich Völkerstereotype, die schließlich in der NS-Zeit fester Bestandteil der Propaganda werden. Nicht in jedem Fall kann man davon ausgehen, dass der Schreiber diese Stereotypen in allen Einzelheiten teilt, dennoch zeugen sie von einer Übereinstimmung mit der darin zum Ausdruck kommenden Mentalität sowie „der militaristischen Durchdringung von Konventionen" (Lukan/Peyfuss 1983, S. 72), z. B. bei Weihnachts- und Neujahrskarten.

Daneben sind es vor allem Kitsch-Postkarten[30] mit Kindern und jungen Frauen in Uniformen, sonstige Humorpostkarten und idyllische Soldat-‚Fräulein'-Szenen (‚Dienstmädchenlyrik', die ca. 90% der im Jahr 1915 produzierten Karten ausmachen[31]), die massenhaft verkauft werden. Im Laufe des Krieges sind es dann (oft selbstgefertigte) Fotopostkarten, die immer beliebter werden, die allerdings meist nur gestellte Szenen oder Unspektakuläres abseits des eigentlichen Kriegsgeschehens zeigen.[32]

Im Verlauf des Ersten Weltkriegs entwickelt sich eine Art Postkarten-Propagandakrieg[33]. Während die deutsche Feindpropaganda vergleichsweise ‚unterentwickelt' erscheint, setzt vor allem die englische Seite früh auf eine organisierte Propaganda. Die dafür entwickelten Postkarten zielen dabei jedoch vor allem auf das ‚heimische' Publikum, die sog. ‚Heimatfront', vielleicht auch noch auf die eigenen Soldaten; dies gilt sowohl für die Alliierten als auch für Deutschland und seine Verbündeten. Die wesentliche Funktion dieser Postkarten besteht darin, Kriegsbereitschaft und -begeisterung in der Heimat, aber auch an der Front aufrecht zu erhalten und die eigenen Kriegsziele als notwendig, gerechtfertigt und sogar gottgewollt darzustellen[34]. Erst gegen Ende des Krieges tauchen gefälschte Postkarten auf, die dann auch im gegnerischen Lager verbreitet werden[35]. Allerdings bleiben die feindlichen Postkarten nicht unbeachtet:

> Die bildlichen Reaktionen belegen, daß die Bildproduktion des jeweiligen Gegners, Postkarten wie Plakate, bekannt waren und eine korrigierende Antwort für wichtig erachtet wurde. (Hagenow 2000, S. 167)

Die Geringschätzung der Propaganda durch die militärische Führung Deutschlands – erst 1918 wird schließlich eine ‚Feindespropagandaabwehrstelle' gegründet[36] – spielt schließlich in der Weimarer Republik eine wichtige Rolle in der

---

30 Vgl. Fischer 1993, S. 65. Kitsch-Humor und Politik scheinen auf Postkarten eine häufig anzutreffende Allianz einzugehen. Bereits für den Burenkrieg (1899-1902) und den Boxeraufstand (1900/01) finden sich entsprechende Karten. Vgl. Lukan/Peyfuss 1983, S. 37. Dass Kitschkarten (und dabei oft als Humorkitsch) einen großen Teil der Bildpostkarten ausmachen, zeigt ein Blick in Postkartensammlungen oder auf Postkartenständer. Kitsch in der Politik scheint jedoch deren postulierter und auch erwarteter Ernsthaftigkeit zu widersprechen.

31 Vgl. Brocks 1998, S. 160.

32 Vgl. Brocks 1998, S. 160. Vielfach dienten Fotopostkarten der individuellen Dokumentation der Kriegszeit. Vgl. Walter 1995, S. 224f. Ähnliches findet sich auch heute noch in den Fotoalben, in denen neben eigenen Aufnahmen auch Ansichtskarten eingeklebt werden, die damit ebenfalls der Erlebniserinnerung und -präsentation dienen.

33 Vgl. Hagenow 2000, S. 160ff.

34 Vgl. Fischer 1993, S. 66f.

35 Vgl. Binder 1983, S. 119.

36 Vgl. Lukan/Peyfuss 1983, S. 38.

Kontroverse um die Gründe für die Niederlage und lässt besonders die Nationalsozialisten auf diese ‚Waffe' zurückgreifen.

Die propagandistische Funktion der Bildpostkarte des Ersten Weltkriegs übernimmt in der Weimarer Republik das Plakat. Besonders die Nationalsozialisten erkennen frühzeitig dessen Möglichkeiten und entwickeln sehr bald eine auch aus heutiger Sicht ‚modern' anmutende Bildersprache. Viele dieser Polit-Plakate erscheinen parallel auch als Postkarten, eine Publikationsweise, die sich bis in die Gegenwart als die dominierende für Polit-Postkarten erweist. Neben die Tradition des ‚Herrscherporträts' (Adolf Hitler in verschiedenen Herrscherposen) tritt auf den NS-Postkarten der Weimarer Zeit und der NS-Zeit vor allem die propagandistische Selbststilisierung.

Abb. 4/5: Selbststilisierungen der NS-Zeit (Quelle: Lebeck/Schütte 1980)

In der Bundesrepublik Deutschland verschwindet die politische Propaganda auf Postkarten fast vollständig (sieht man einmal von extremistischen Organisationen und Parteien ab). Vor allem als Mittel der Wahlwerbung der politischen Parteien, die sich hier in erster Linie auf Miniaturausgaben ihrer politischen Plakate konzentrieren, dann mit dem Beginn der APO als Mittel der politischen Aufklärung[37] erfährt die Postkarte eine gewisse Wiederbelebung seit dem Ende der 60er Jahre.

[37] ‚Politische Aufklärung' kann je nach politischem Standort und Begriffsdefinition ebenfalls als ‚Propaganda' verstanden werden. In keinem Fall ist damit aber offenkundige Wahlwerbung gemeint, wobei – wie bei Klaus Staeck zu sehen – ‚politische Aufklärung' durchaus auch (vor allem indirekte) Wahlwerbung betreiben kann.

Abb. 6: Wahlwerbepostkarte der F.D.P.

Abb. 7/8: ‚Politische Aufklärung' (Quelle: Staeck 2000)

Nicht vergessen sollte man in diesem Zusammenhang auch Postkarten, die zwar keine Werbung für eine einzelne Partei machen, aber insgesamt für ein politisches Programm werben. Dabei wird inzwischen gern mit unterhaltsamen Elementen gearbeitet, wie die folgende Karte zeigt:

Abb. 9: Werbepostkarte der Bundesregierung

Kartentext auf der Rückseite:

„Genauer gesagt: Atommüll. Seit den 60er Jahren sind tausend Tonnen deutschen Atommülls angefallen. Wir müssen uns den Fehlern der Vergangenheit stellen und die Probleme lösen. Deshalb haben wir gehandelt: Der Atomausstieg ist beschlossen. Wir nehmen den deutschen Atommüll aus Frankreich zurück, denn wir stehen zu unseren rechtlichen und moralischen Verpflichtungen. Und: Wir fördern erneuerbare Energien, die ungefährlich für Mensch und Umwelt sind – damit die Visionen von heute nicht die Altlasten von morgen werden.“

Damit diese Karte nicht falsch verstanden werden kann – z. B. als Protest gegen den Kurs der Bundesregierung in der Tradition der Staeck-Karten –, erhält der rückseitig aufgedruckte Text große Bedeutung. Ein zusätzlicher Kartentext durch den Schreiber der Karte wird hiermit fast überflüssig. Der aufgedruckte Text sorgt für die notwendige Kohärenz zur Bildseite und interpretiert sie bereits (im Sinne der Kartenproduzenten). Weitere Kommentare sind allenfalls als explizite Distanzierung von der politischen Programmatik denkbar. Der Kartenschreiber muss diese Karte nur noch frankieren, eine Grußformel sowie seine Unterschrift unter die Karte setzen – und er gibt damit seine Zustimmung zum Atommüllprogramm der Bundesregierung.

Seitdem die Parteien das Internet als einen der Orte moderner Wahlwerbung entdeckt haben, bieten sie dort regelmäßig – neben anderen Kommunikations-, Informations- und Unterhaltungsangeboten – auch E-Cards an, die meistens Parallelausgaben der klassischen Werbepostkarten darstellen.

Abb. 10: E-Card der CDU

6. Linguistische Aspekte einer Untersuchung von Polit-Postkarten

Von besonderem linguistischen Interesse sind Polit-Postkarten, die Textelemente auf der Bildseite aufweisen, sowie solche Karten, die verschickt wurden und somit einen eigenen Kartentext aufweisen. Aber anders als bei den sog. ‚Amtlichen Postkarten', die keinerlei Gestaltung der Ansichtsseite enthält (womit diese zur hauptsächlichen Textseite wird), ist das Postkartenbild – unabhängig davon, ob im Kartentext darauf Bezug genommen wird oder nicht – Bestandteil des Kommunikats. Selbst wenn man nicht in jedem einzelnen Fall davon ausgehen kann, dass z. B. eine Karte mit dem Bildnis Wilhelms II. auch auf einen rechtschaffenen, kaisertreuen Untertanen schließen lässt, so geben die verschickten Karten doch Aufschluss hinsichtlich alltäglicher Einstellungen und Überzeugungen der sog. ‚kleinen Leute', die diese Karten kauften und verschickten. Beispielhaft hat dies Otto May (1998) aus der Sicht der historischen Pädagogik für die Ansichtskarten der Wilhelminischen Ära demonstriert.

Die Polit-Postkarte ist in ihrer Gestaltung hochgradig komprimiert. Weder sind – in aller Regel – umfangreiche und komplexe Bildsequenzen möglich noch differenzierte und komplexe Argumentationen. Das Bild selbst wird im Laufe der Zeit immer ‚plakativer' und insbesondere bei propagandistischen Karten werden die Mittel der Bildpropaganda in hohem Maße genutzt. Der Text zum Bild kondensiert sowohl aufgrund dieser plakativen Darstellung als auch wegen des begrenzten Raums vorrangig zur Parole, zum Slogan, zum Schlagwort oder zum Topos. Selbst die wenigen Postkarten, die auf ihrer Ansichtsseite ausschließlich Text enthalten, bieten üblicherweise leicht Fassbares: politische Lieder oder Gedichte. Gelegentlich finden sich auch propagandistisch oder satirisch veränderte Texte, teils leicht erkennbar (offene Feindpropaganda), teils nur auf den zweiten Blick und bei genauem Lesen der Karte ersichtlich (verdeckte Feindpropaganda mittels gefälschter Karten). Zwei aussagekräftige Beispiele finden sich bei Binder[38]. Der Kartentext auf der Rückseite der Karte erscheint unverfänglich:

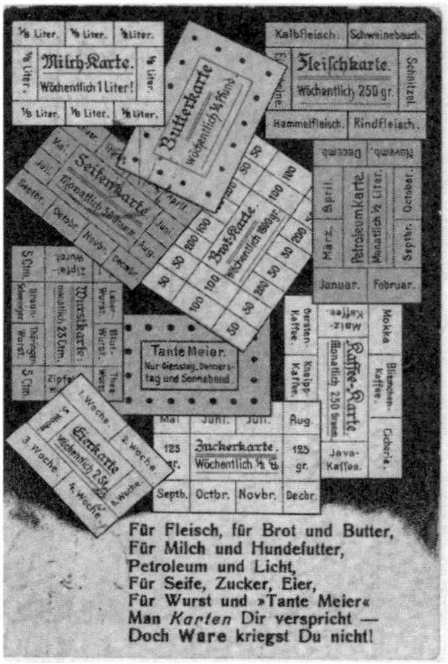

„Meine liebe Mutti! Habe schönen Dank für Deine liebe Karte. Zu lieb, daß alle an mich gedacht haben. Ich sende Dir ... auch eine niedliche Karte!"
(Binder 1983, S. 119)

Abb. 11: Propagandapostkarte (Quelle: Binder 1983, S. 119)

Ob der Verfasser die Bedeutung der Karte, die durch das untenstehende Gedicht völlig eindeutig und dadurch als Feindpropaganda erkennbar wird, erfasst hat, bleibt ungewiss. Wahrscheinlich scheint es jedoch, dass der Text des Schreibers ironisch darauf Bezug nimmt, möglicherweise um der Zensur zu entgehen.

Daneben stehen Textkarten, die intertextuelle Bezüge zu bestimmten Textsorten herstellen (so auch im obigen Beispiel) und anknüpfend an das jeweilige Textsortenwissen verfremdete Vertreter jener Text- und Formularsorten präsentieren: Erlasse und Verordnungen, Listen und Formulare, aber auch Todesanzeigen.

Leider sind die Texte der Kartenschreiber bis heute praktisch nicht untersucht worden, vielfach mit dem Hinweise darauf, dass der Kartentext und das Bild in keinem erkennbaren Zusammenhang stehen und Briefe bzw. Feldpostbriefe einen besseren Einblick bieten[39]. Gerade dies verkennt aber den spezifischen Charakter der Postkarte. Briefe stellen ein völlig anderes Kommunikationsmedium mit eigenen Bedingungen und Gesetzmäßigkeiten dar. In der Alltagskommunikation der mittleren und unteren Schichten nimmt der Brief eine wesentlich geringere Stellung ein als die alltäglichere und sprachlich weniger

38 Vgl. Binder 1983, S. 118f.

39 Vgl. May 1998, S. 103.

anspruchsvolle Postkarte. Zudem fällt beim Brief die besondere kommunikative Funktion des Bildes weg.

Eine zentrale kommunikative Rolle spielen die Slogans und Parolen, deren Aufgabe darin besteht, die bildliche Darstellung hinsichtlich ihrer Interpretation zu vereindeutlichen und in aller Regel auch handlungsorientierend zu wirken. Greift man einige dieser Parolen heraus, wie z. B. *Aufwärts durch Volksentscheid; Deutsch sein heißt treu sein; Ein Volk, ein Reich, ein Führer; Freiheit, Gleichheit, Brüderlichkeit; Männer des Spatens; Solidarität; Und Ihr habt doch gesiegt; Wir werden siegen*[40], so wird deutlich, dass zentrale Aspekte der (partei-) politischen Programmatik wie später auf Wahl- und Propagandaplakaten werbewirksam ‚ins Bild gesetzt', oft in bildmetaphorischer Weise, erscheinen. Zwar enthalten die meisten dieser Karten, sofern sie ‚gelaufen' sind, nur mehr oder weniger persönliche Grüße, eine Identifikation mit dem jeweiligen Slogan kann jedoch vorausgesetzt werden. Wer im Kaiserreich eine der vielfältigen Karten mit antisemitischen Motiven[41] verschickt, für den kann man ebenso wie für den Empfänger von einer zumindest zustimmenden Haltung ausgehen. Die Postkarte wird zum Ausweis einer entsprechenden Gesinnung[42]. Mitunter wird diese Einstellung dann auch im Kartentext expliziert:

Kartentext:

„Geehrter Herr Pfarrer! Da ich mich aus dem Judengewimmel der Stadt in obiges Lokal geflüchtet habe, um in Ruhe ein Pilsner zu schlürfen, gedenke ich Ihrer & sende die besten Grüße"

Abb. 12: Antisemitische Postkarte aus dem Kaiserreich (Quelle: Sammlung Streitenfeld)

Offene antisemitische Propaganda wird hier keineswegs betrieben. Dennoch zeigt der Kartentext, wie selbstverständlich antisemitisches Denken Eingang in die Alltagskommunikation findet.

Eigenständige linguistische Untersuchungen zu den Feldpostkarten des Ersten Weltkriegs liegen bisher nicht vor. Geschichts- und kunstwissenschaftliche Arbeiten zum Thema beschäftigen sich fast ausschließlich mit der Bildseite,

40 Vgl. Stöckle 1982, S. 147.

41 Vgl. Gold/Heuberger 1999; Bajohr 2003.

42 Vgl. Lukan/Peyfuss 1983, S. 39.

wobei Hagenow (1994, 2000) die Themen und Motive dieser Karten untersucht.[43] Der eigentliche Kartentext, sofern es sich um ‚gelaufene' Karten handelt, bleibt unberücksichtigt.

Dies mag mit daran liegen, dass der begrenzte ‚Raum für Mitteilungen' keine längeren Texte zulässt, dies bleibt dem Feldpostbrief vorbehalten. So könnte die folgende Karte durchaus als typisch für viele Feldpostkarten an die Heimat von Soldaten an der Front oder in der Etappe angesehen werden, auch wenn sie aus dem Jahre 1906 stammt. Sie zeigt auf ihrer Bildseite eine feierliche Vereidigung von Rekruten und auf der Rückseite einen Text.

Gedicht auf der Vorderseite:

„Wir schworen einst der Fahne Treu
Mit eiderhobener Hand,
Daß unser Wahlspruch immer sei:
Mit Gott, für Kaiser, Vaterland!
Was ich verspreche jederzeit
Nehm' ich nun auf den Fahneneid!"

Kartentext auf der Rückseite:

„Liebe Eltern
Paket erhalten Hurrah!
Schnell mehr hier alles
tipp topp Brief folgt"

Abb. 13/14: Titel: „Vereidigung" sowie ein entsprechendes Gedicht dazu (DHM, Weltkrieg 2002: Postkarte 1.1.1 v. 4.11.1906).

Die Postkarten aus dem Ersten Weltkrieg selbst enthalten vielfach ebenfalls nur einfache Grüße nachhause, die im Wesentlichen die Funktion haben mitzuteilen, dass der Schreiber zum Zeitpunkt der Abfassung der Karte noch lebt.[44] Über-

43 Eine Übersicht speziell über die Motive der Kriegspostkarten des Ersten Weltkriegs gibt Fischer (1993).

44 Was allerdings nur für den Zeitpunkt des Schreibens gilt und insofern nur eine sehr unzuverlässige Beruhigung beim Empfänger auslöst. Schließlich kann der Schrei-

wiegend finden sich denn auch nur Routineformeln, die sich kaum von den gängigen Wünschen und Mitteilungen anderer Postkarten unterscheiden. Die folgende Karte entspricht diesem Schema:

(Feldpostkarte vom 21.9.1916; Sammlung Mahrt)

Kartentext auf der Rückseite:

L. F. S.
Grüße aus dem Felde sendet Ihnen Ihr L. [Name]
Bitte um baldige Antwort auf meinen Brief
Soweit geht es mir noch gut was ich auch von Ihnen hoffe
Gruss und K [durchge-xt]
L. M.

Abb. 15: „Der europäische Krieg 1914/16. Wirklichkeitsbilder vom Kriegsschauplatz. Nr. 204: Das Bad in der Kuhtränke" (Quelle: Sammlung Mahrt)

Sprachliche Routineformeln bestimmen den knappen Kartentext. Zusammen mit der Bilddarstellung erscheint die Situation heiter und dadurch fast idyllisch. Die Beruhigungsfunktion für die Daheimgebliebene wird zum einen durch das Bild geleistet, auf dem eine ‚Kriegswirklichkeit' propagiert wird, die allenfalls als abenteuerlich bezeichnet werden kann und die die Schrecken des Kriegsalltags[45] vollständig ausblendet. Zum anderen leistet auch der Kartenschreiber seinen Beitrag, indem er durch die Wahl seiner sprachlichen Mittel den Krieg praktisch nicht thematisiert. Gerade die Routineformeln könnten mit nur minimaler Veränderung auch auf einer Urlaubspostkarte stehen und lassen den Krieg damit als eine fast alltägliche Situation wie in Friedenszeiten erscheinen. „Massenhaft gelangten Briefe und Postkarten in die Heimat, deren kurzer Text sich auf wenige lapidare und konventionelle Phrasen beschränkte."[46]

Vergleicht man diese und andere Texte auf Feldpostkarten des Ersten und des Zweiten Weltkriegs[47] (wobei letztere wesentlich seltener zu finden sind) mit

---

ber in der Zwischenzeit bereits getötet worden sein, wodurch das beruhigende Lebenszeichen zum endgültig letzten geworden ist.

45 Die Frage, ob es überhaupt so etwas wie einen ‚Kriegsalltag' gibt, ist umstritten, soll hier aber nicht weiter verfolgt werden. Diskutiert wird diese Frage u. a. bei Knoch (1989) und Latzel (1998).

46 Brocks/Ziemann 1994, S. 118.

47 Eine weitere Quelle für die Analyse von Kommunikation unter den Bedingungen des Krieges stellt auch Walter Kempowskis „Echolot" (1993) dar. Allerdings präsentiert Kempowski viele Texte – entsprechend seinem literarischen Anspruch – nur in Auszügen, weswegen die ersten vier Bände ebenso wie die weiteren Ergänzungen nur bedingt als wissenschaftlich-fundierte Quelle betrachtet werden

den Themen der Feldpostbriefe, wie sie zuletzt von Latzel[48] noch einmal systematisiert worden sind, so muss man einerseits konstatieren, dass in den Kartentexten zwar nur eine sehr begrenzte Auswahl dieser Themen realisiert werden, besonders die Themen Verpflegung, Gesundheit, Post/Kommunikation, Wünsche an die Angehörigen/Freunde, welche jedoch auch in den Feldpostbriefen eine wichtige Rolle spielen.[49] Andererseits unterscheiden sie sich in ihrer Grundfunktion nicht von der der Feldpostbriefe:

> Doch die eigentliche Funktion der Feldpostbriefe war nicht der Austausch von Informationen, sondern bestand einerseits in der Aufrechterhaltung der persönlichen Beziehungen und sozialen Netze, und andererseits in der Bestätigung des eigenen Ichs und der Absicherung der subjektiven Wirklichkeit. (Lamprecht 2001, S. 41)

Feldpostkarten stellen somit einen Ausschnitt aus der Kriegswahrnehmung und deren Deutung unter dem Leitmotiv der Aufrechterhaltung der sozialen Bindungen in die Heimat dar.

Karten, auf denen die Kriegswirklichkeit kritisch thematisiert wird, sind sehr selten, was keineswegs allein an der offiziellen Kriegzensur und der damit verbundenen Selbstzensur der Schreiber liegt. Selbst dort, wo direkt Bezug genommen wird, bleibt kein Platz für längere Textsequenzen.

Kartentext auf der Rückseite:

„Liebe Manne!
Deinen lieben Brief habe ich dankend erhalten. Auch lieben Dank für deine schöne Karte. Wie gefällt dir diese denn?"

Abb. 16: Postkarte gegen die Entente: „Unsere lieben Freunde „hoch soll'n sie leben!" (DHM, Weltkrieg 2002; Karte 18.4.1. v. 11.9.1914)

können. Möglicherweise erlauben die entsprechenden Textpassagen aber einen Zugriff auf die Originale.

48 Vgl. Latzel 1998, S. 115-124.

49 Dass Themen wie Sterben/Tod und Zukunftsperspektiven auf Feldpostkarten so gut wie nicht vorkommen, liegt vermutlich an ihrem vergleichsweise öffentlichen Charakter und in dem geringen Raumangebot für den Kartentext.

Der Schreiber dankt zuerst mittels einer Routineformel für einen Brief und eine Karte, die vielleicht ein ähnliches Motiv aufweist, um danach auf die Kartenabbildung hinzuweisen. Weiter wird das Bild jedoch nicht kommentiert. Ähnlich wie bei der bereits erwähnten gefälschten Propagandakarte (Abb. 11) ergeht sich auch hier der Schreiber allenfalls in Andeutungen. Das Kommunikationsmedium Bildpostkarte eröffnet den Kommunizierenden die spezifische Möglichkeit, unter Nutzung des Bildes und des gemeinsam geteilten Wissens auch Nichtgesagtes oder nur Angedeutetes erfolgreich zu kommunizieren. Dies erschwert jedoch anderen die Deutung des komplexen Kommunikats.[50]

Deutlicher in seiner Aussage wird die folgende Karte des Bildhauers und Schriftstellers Ernst Barlach:

Kartentext auf der Rückseite:

„Lieber Herr Dietzel,
wie gehts? Besten Dank für Ihre Karte, aber - - wie gehts? Von uns ist nichts zu sagen. Dürfen Sie rauchen? Klaus und meine Mutter grüssen bestens. Wir warten immer noch auf Nachrichten (über Schweden) aus Rußland. Es werden fürchterliche Einzelheiten über die dortige Lage der Kriegsgefangenen berichtet. Mit vielen Grüsssen Ihr ergebener E. Barlach." (Wietek 1977, S. 93)

Abb. 17: Feldpostkarte von Ernst Barlach an den Gefreiten Dietzel v. 9.12.1914; Altonaer Museum Hamburg (Quelle: Wietek 1977, S. 93)

Weitere ähnliche Kartentexte finden sich in der Sammlung des Deutschen Historischen Museums, machen aber auch dort nur einen geringen Teil der Sammlung aus:

> „Hoffentlich ist dieser fruchtbare Krieg bald zuende. Viel Not und Elend hat der Krieg schon gebracht und was er noch bringen wird das weiß Gott der Herr allein." (Karte v. 29.4.1915: DHM, Slg. Hey Nr. 5.9.2.)

---

50 Ähnliches gilt auch für Feldpostbriefe, bei denen oft das gerade nicht explizit Mitgeteilte den Kern der ‚Botschaft' ausmachen kann. Während dies jedoch durch die spezifische Situation des Krieges bedingt ist, findet sich die oben genannte Kommunikationsspezifik in der Postkartenkommunikation grundsätzlich.

„Ist denn noch nicht bald Schluß? Ich hätte gerade genug vom Soldatenleben.“ (Karte v. 15.9.1915: DHM, Slg. Hey Nr. 5.6.4.)

„Es ist doch wirklich gut, daß unsere liebe Heimat solche Bilder nicht aufweist.“ (Karte v. 7.6.1916: DHM, Slg. Hey 5.6.4.; alle zit. n. Brocks/Ziemann 1994, S. 116-118)

In der existentiellen Ausnahmesituation des Krieges kommt der Aufrechterhaltung des (scheinbar) Alltäglichen und Geordneten eine leitende Funktion bei der eigenen Sinnstiftung zu, um die sich die Mehrheit der Kartenschreiber bemüht. Das Grauen des Krieges – und sei es nur in der bildhaften Darstellung der Zerstörung – erschwert dies und nimmt deshalb breiteren Raum nur bei wenigen, kleinen Gruppen von Schreibern ein, so z. B. bei einigen Künstlern oder auch bei Kritikern des herrschenden Gesellschaftssystem bzw. bei erklärten Kriegsgegnern.

Ein weiterer Aspekt der Kommunikation mittels politischer Postkarten ist die Rezeption dieser Karten durch andere. Dies meint zum einen die EmpfängerInnen der jeweiligen Karten, wobei deren Rezeption kaum erschlossen werden kann.[51] Daneben gehören Zensurbehörden sowie dem Empfänger in der Regel unbekannte, neugierige Mit-LeserInnen zu den möglichen weiteren RezipientInnen. Dazu kommen in bestimmten Fällen noch weitere RezipientInnen, die zu einer ganz anderen Gruppe gehören, wie Klaus Staeck zu berichten weiß. Auslöser war in diesem Fall eine Postkarte an einer Pinwand, einem beliebten Sammel- und Präsentationsort vor allem von Ansichtspostkarten aus dem Urlaub, zuhause und im Büro.

In einem der interessantesten Konfliktfälle hatte die Karte den Empfänger, Bediensteter eines Bürgermeisteramtes, zunächst problemlos erreicht. Offenbar von dem Inhalt angetan, brachte er sie für jedermann sichtbar an seinem Dienstschreibtisch an. Das gefiel wiederum dem Bürgermeister nicht. Ein Rathaus sei nun einmal mit Blick auf den regen Publikumsverkehr ein öffentlicher Raum, der zu absoluter Neutralität verpflichten würde. Der Mitarbeiter sah das anders und pochte auf sein Recht individueller Arbeitsplatzgestaltung. Der Streit eskalierte. Auf die Weigerung, die Karte zu entfernen, folgte eine dienstrechtliche Abmahnung, eingetragen in die Personalakte des unerschrockenen Streiters für Postkartenfreiheit. Dieser wehrte sich gegen die Maßregelung und klagte vor dem Arbeitsgericht auf Löschung der ihn künftig belastenden Eintragung.

Zum allgemeinen Erstaunen der Fachwelt gaben ihm die Richter recht und verfügten die Entfernung der Abmahnung aus den Personalakten. Dabei folgten sie im wesentlichen der geradezu genialen Argumentation seines Anwalts. Der hatte mit großer Überzeugungskraft vorgetragen, daß sein Mandant über die Lufthoheit

[51] Dies ist anders bei Feldpostbriefen, vor allem dann, wenn ganze Briefwechsel erhalten sind. Dort findet sich immer wieder – typisch für Briefkommunikation – das thematische Referieren auf Äußerungen in vorhergehenden Briefen, eine Erscheinung, die sich bei Postkarten nur in Ausnahmefällen beobachten lässt.

seines Schreibtisches allein verfügen können müsse. Ich habe dieses Urteil immer als eines der bedeutendsten angesehen, das im Streit um meine Arbeiten je ergangen ist. Sollte einmal vieles, wenn nicht alles, was ich jemals gemacht habe, in Frage gestellt werden, so erwarte ich doch ein wenig Anerkennung für meinen Beitrag, den ich zur Erweiterung des Freiheitsspielraums über den Schreibtischen von Mitarbeitern des öffentlichen Dienstes geleistet habe. (Staeck 2000, S. 79)

7. Zusammenfassung: Polit-Postkarten als Gegenstand der politischen Alltagskommunikation

Postkarten gehören zu den Massenkommunikationsmitteln der Moderne. In ihrer Anfangszeit dienen sie vor allem den kommunikativen Interessen der mittleren und unteren gesellschaftlichen Schichten, vielfach werden sie auch als ‚Brief des kleinen Mannes' tituliert. Polit-Postkarten, die etwa seit dem letzten Jahrzehnt des 19. Jahrhunderts auf dem Markt sind, müssen als Dokumente der Mentalität dieser Nutzerschichten betrachtet werden. Als Handelsobjekt werden sie für diese Zielgruppe produziert und von diesen Schichten (aber nicht nur von diesen) gekauft und zum Teil auch verschickt. Die partielle Öffentlichkeit des Postkartenversands lässt darauf schließen, dass der Schreiber sich in seinen Einstellungen und Werten in der Bilddarstellung wieder findet (es sei denn, diese wird durch den umseitigen Text oder ein spezifisches, mit dem Empfänger geteiltes Wissen aufgehoben bzw. negiert). Die Ansichtsseite der Postkarte wird dadurch zu einem integralen Bestandteil des Gesamtkommunikats und zu einem ersten Hinweis auf dessen Interpretation. Die Massenauflagen vieler Postkarten dokumentieren darüber hinaus auch den offensichtlichen Erfolg und die Verankerung ihrer Parolen und Schlagwörter sowie zeitspezifischer mentaler Konstrukte und besonders von Stereotypen im Alltagsdiskurs der Postkartennutzer. Von besonderem linguistischen Interesse sind darüber hinaus auch jene Kartentexte, in denen zusätzlich zum Bildmotiv politische Kommunikation ausdrücklich realisiert wird, sei es, dass auf das Bild direkt Bezug genommen wird, sei es, dass das Bild im Kontext des politischen Diskurses interpretiert werden muss. Hier ist jedoch noch sehr viel analytische Arbeit zu leisten.[52]

Die Untersuchung von Polit-Postkarten kann einen wichtigen Beitrag zu einer linguistisch orientierten Mentalitätsgeschichte und ihrem Niederschlag im historischen Sprachgebrauch sowohl der sog. ‚kleinen Leute' als auch innerhalb einer gesamten Kommunikationsgemeinschaft leisten.

52 Postkarteneditionen erfreuen sich in jüngster Zeit besonders in Form elektronischer Datensammlungen auf CD-ROM großer Beliebtheit. Ebenso wie bei den meisten herkömmlichen Editionen in Buchform sind die Kartentexte der ‚gelaufenen' Karten jedoch üblicherweise nicht mit abgedruckt bzw. nicht verfügbar. Eine erwähnenswerte Ausnahme bildet hier die Sammlung des Deutschen Historischen Museums (2002).

Literatur

Alber, Jean-Luc (1985): Bonjour de où il fait beau et chaud. Essai d'interprétation d'un corpus de cartes postales de vacances, in: Travaux Neuchâtelois de Linguistique 8, S. 69-94.

Bajohr, Frank (2003): „Unser Hotel ist judenfrei“. Bäder-Antisemitismus im 19. und 20. Jahrhundert, Frankfurt/Main.

Binder, Gerhart (1983): Mit Glanz und Gloria in die Niederlage. Der Erste Weltkrieg in alten Ansichtskarten aus der Sammlung von Richard Meinel, Stuttgart.

Brocks, Christine (1998): Der Krieg auf der Postkarte – Feldpostkarten im Ersten Weltkrieg. In: Spilker/Ulrich, S. 154-163.

Brocks, Christine/Ziemann, Benjamin (1994): „Vom Soldatenleben hätte ich gerade genug.“ Der Erste Weltkrieg in der Feldpost von Soldaten. In: Rother, Rainer (Hrsg.): Die letzten Tage der Menschheit. Bilder des Ersten Weltkriegs [Ausstellungskatalog], Berlin, S. 109-120.

Burkhardt, Armin (1996): Politolinguistik. Versuch einer Ortsbestimmung. In: Klein, Josef/Diekmannshenke, Hajo (Hrsg.): Sprachstrategien und Dialogblockaden, S. 75-100.

Burkhardt, Armin (1998): Deutsche Sprachgeschichte und politische Geschichte. In: Besch, Werner/Betten, Anne/Reichmann, Oskar/Sonderegger, Stefan (Hrsg): Sprachgeschichte. Ein Handbuch zur Geschichte der deutschen Sprache und ihrer Erforschung, 2. vollständig neu bearb. u. erw. Aufl., 1. Halbband, Berlin/New York, S. 98-123.

Busse, Dietrich (2001): Öffentliche Sprache und politischer Diskurs. Anmerkungen zu einem prekären Gegenstand linguistischer Analyse. In: Diekmannshenke/Meißner, S. 31-55.

Busse, Dietrich/Hermanns, Fritz/Teubert, Wolfgang (Hrsg.) (1994): Begriffsgeschichte und Diskursgeschichte. Methodenfragen und Forschungsergebnisse der historischen Semantik, Opladen.

Deutsches Historisches Museum (Hrsg.) (2002): Der Erste Weltkrieg in deutschen Bildpostkarten, Berlin (CD-ROM).

Diekmannshenke, Hajo (2001): Politische Kommunikation im historischen Wandel. In: Diekmannshenke/Meißner, S. 1- 27.

Diekmannshenke, Hajo/Meißner, Iris (Hrsg.) (2001): Politische Kommunikation im historischen Wandel, Tübingen.

Diekmannshenke, Hajo/Zorbach, Dirk (2001): Auswahlbibliographie zur politischen Kommunikation im historischen Wandel. In: Diekmannshenke/Meißner, S. 401-458.

Diekmannshenke, Hajo (2002a): „und meld' dich mal wieder!“ Kommunizieren mittels Postkarte. In: Wyss, Eva Lia/Schmitz, Ulrich (Hrsg.): Briefkommunikation im 20. Jahrhundert, Duisburg, S. 93-124. (= Osnabrücker Beiträge zur Sprachtheorie, Bd. 64)

Diekmannshenke, Hajo (2002b): Sprechen über Politik in den Medien. Linguistische Aspekte der Rezeption von politischer Kommunikation. In: Pohl, Inge (Hrsg.): Semantische Aspekte öffentlicher Kommunikation, Frankfurt/Main, S. 304-328.

Dörner, Andreas (2001): Politainment. Politik in der medialen Erlebnisgesellschaft, Frankfurt/Main.

Dürscheid, Christa (2003): Medienkommunikation im Kontinuum von Mündlichkeit und Schriftlichkeit. Theoretische und empirische Probleme. In: Zeitschrift für Angewandte Linguistik 38, S. 37-56.

Ermert, Karl (1979): Briefsorten. Untersuchungen zur Theorie und Empirie der Textklassifikation, Tübingen.

Fischer, Peter (1993): Die propagandistische Funktion von Bildpostkarten im Ersten Weltkrieg. In: Quandt, Siegfried/Schichtel, Horst (Hrsg.): Der Erste Weltkrieg als Kommunikationsereignis, Gießen, S. 63-75.

Gold, Helmut/Heuberger, Georg (Hrsg.) (1999): Abgestempelt. Judenfeindliche Postkarten. Auf der Grundlage der Sammlung Wolfgang Haney [Ausstellungskatalog], Heidelberg.

Hagenow, Elisabeth von (1994): Politik und Bild. Die Postkarte als Medium der Propaganda [Ausstellungskatalog], Hamburg.

Hagenow, Elisabeth von (1998): Propaganda per Post. Das Kompositbildnis auf Grußkarten als Mittel der politischen Karikatur im Ersten Weltkrieg. In: Köstler, Andreas/Seidl, Ernst (Hrsg.): Bildnis und Image. Das Portrait zwischen Intention und Rezeption, Köln/Weimar/Wien, S. 252-261.

Hagenow, Elisabeth von (2000): Mit Gott für König, Volk und Vaterland. Die Bildpostkarte als Massen- und Bekenntnismedium. In: Zühlke, Raoul (Hrsg.): Bildpropaganda im Ersten Weltkrieg, Hamburg, S. 145-178.

Holly, Werner/Püschel, Ulrich/Bergmann, Jörg (Hrsg.) (2001): Der sprechende Zuschauer. Wie wir uns Fernsehen kommunikativ aneignen, Wiesbaden.

Jarren, Otfried/Sarcinelli, Ulrich/Saxer, Ulrich (Hrsg.) (1998): Politische Kommunikation in der demokratischen Gesellschaft. Ein Handbuch mit Lexikonteil, Opladen/Wiesbaden.

Kempowski, Walter (1993): Das Echolot. Ein kollektives Tagebuch. Januar und Februar 1943, 4 Bde., München.

Knoch, Peter (Hrsg.) (1989): Kriegsalltag. Die Rekonstruktion des Kriegsalltags als Aufgabe der historischen Forschung und der Friedenserziehung, Stuttgart.

Koch, Peter/Oesterreicher, Wulf (1985): Sprache der Nähe – Sprache der Distanz. Mündlichkeit und Schriftlichkeit im Spannungsfeld von Sprachtheorie und Sprachgeschichte. In: Romanistisches Jahrbuch 36, S. 15-43.

Koch, Peter/Oesterreicher, Wulf (1994): Schriftlichkeit und Sprache. In: Günther, Hartmut/Ludwig, Otto (Hrsg.): Schrift und Schriftlichkeit. Ein interdisziplinäres Handbuch internationaler Forschung, 1. Halbband, Berlin/New York, S. 587-604.

Lamprecht, Gerald (2001): Feldpost und Kriegserlebnis. Briefe als historisch-biographische Quelle, Innsbruck u. a.

Latzel, Klaus (1998): Deutsche Soldaten – nationalsozialistischer Krieg? Kriegserlebnis – Kriegserfahrung 1939-1945, Paderborn u. a.

Lebeck, Robert/Schütte, Manfred (Hrsg.) (1980): Propagandapostkarten II. 80 Bildpostkarten aus den Jahren 1933-1943, Dortmund.

Leclerc, Herbert (1986): Ansichten über Ansichtskarten. In: Archiv für deutsche Postgeschichte, H. 2, S. 5-65.

Lukan, Walter/Peyfuss, Max Demeter (1983): Jeder Schuß ein Ruß', jeder Stoß ein Franzos. Kriegspropaganda auf Postkarten 1914-1918. In: Weigel, Hans/ Lukan, Walter/Peyfuss, Max Demeter (Hrsg.): Jeder Schuß ein Ruß', jeder Stoß ein Franzos. Literarische und graphische Kriegspropaganda in Deutschland und Österreich 1914-1918 [Ausstellungskatalog], Wien, S. 32-47.

May, Otto (1998): Deutsch sein heißt treu sein. Ansichtskarten als Spiegel von Mentalität und Untertanenerziehung in der Wilhelminischen Ära (1888-1918), Hildesheim.

Nickisch, Reinhard M.G. (1991): Brief, Stuttgart.

Schikorsky, Isa (1992): Kommunikation über das Unbeschreibbare. Beobachtungen zum Sprachstil von Kriegsbriefen. In: Wirkendes Wort 42, S. 295-315.

Schikorsky, Isa (Hrsg.) (1999): „Wenn doch dies Elend ein Ende hätte". Ein Briefwechsel aus dem Deutsch-Französischen Krieg 1870/71, Köln/Weimar/Wien.

Schuler, Christiane (1999): Kommunikationsmittel ‚Postkarte' – Form, Funktion und Gebrauch [Magisterarbeit], Typoskript, Bonn.

Spilker, Rolf/Ulrich, Bernd (Hrsg.) (1998): Der Tod als Maschinist. Der industrialisierte Krieg 1914-1918. Eine Ausstellung des Museums Industriekultur Osnabrück im Rahmen des Jubiläums „350 Jahre Westfälischer Friede" 17. Mai – 23. August 1998 [Ausstellungskatalog], Bramsche.

Staeck, Klaus (2000): Ohne Auftrag. Unterwegs in Sachen Kunst und Politik, Göttingen.

Stöckle, Wilhelm (1985): Das deutsche Kaiserreich. Ansichtskarten und Texte aus der wilhelminischen Zeit 1888-1918, Stuttgart.

Szépe, Helena (1979): Überlegungen zum Text der Ansichtspostkarte im Zeitalter des Massentourismus. In: Sprache im technischen Zeitalter 72, S. 314-316.

Verhey, Jeffrey (1988): „Helft uns siegen" – Die Bildersprache des Plakates im Ersten Weltkrieg. In: Spilker/Ulrich, S. 165-175.

Walter, Karin (1995): Postkarte und Fotografie. Studien zur Massenbild-Produktion, Würzburg.

Wietek, Gerhard (1977): Gemalte Künstlerpost. Karten und Briefe deutscher Künstler aus dem 20. Jahrhundert, München.

Thomas Niehr

Die „biographische Qualifikationsschrift“ als neue Textsorte in der politischen Kommunikation oder: Wie qualifiziert man sich eigentlich für das Amt des Bundespräsidenten?

1. Einleitung

Dass alt gediente Politiker aus der 1. oder auch 2. Reihe nach ihrem Rückzug aus der Politik ihre Lebenserinnerungen zu Papier bringen, ist nichts Ungewöhnliches. In jeder besseren Stadtbücherei finden wir beispielsweise die Memoiren oder Lebensbeschreibungen der ehemaligen Bundeskanzler Konrad Adenauer, Ludwig Erhard, Willy Brandt und Helmut Schmidt wie die von Franz Josef Strauß, Egon Bahr, Hans-Dietrich Genscher und vieler anderer, die von mehr oder minder großem Medienrummel begleitet auf den Buchmarkt geworfen wurden[1]. Und auch Helmut Kohl hat ja inzwischen seine Memoiren veröffentlicht. Meist erfahren wir aus solchen Büchern sowohl etwas über den Lebensweg des jeweiligen Autors wie auch über seine Beurteilung politischer Sachverhalte. Neben den zahlreichen individuellen Verschiedenheiten haben solche Lebenserinnerungen auch etwas gemeinsam, und zwar ihre retrospektive Orientierung und damit das unausgesprochene Zugeständnis, nicht mehr aktiv in das politische Geschehen eingreifen zu wollen.

Etwas anders verhält es sich mit den Schriften, die ich im Folgenden untersuchen möchte. Es handelt sich um Bücher von Politikern, die aufgrund politischer und/oder persönlicher Krisen von ihren Ämtern zurückgetreten sind, aber durchaus noch den Anspruch erheben, ihre politischen Vorstellungen auch in Zukunft umzusetzen oder zumindest mitzuteilen[2]. Von Politikern also, die mehr oder minder deutlich zu verstehen geben, dass mit ihnen noch zu rechnen sein wird.

---

1 Vgl. etwa: Adenauer, Konrad 1965ff.: Erinnerungen, Stuttgart/ Bahr, Egon 1996: Zu meiner Zeit, München. / Brandt, Willy 1994: Erinnerungen. Mit den „Notizen zum Fall G“, Berlin, Frankfurt/M. / Genscher, Hans-Dietrich 1995: Erinnerungen, Berlin. / Ludwig Erhard. Ein Leben für den Wiederaufbau Deutschlands. [Zusammenstellung: Rolf Osang; Text: Werner A. Fischer], München 1967. / Schmidt, Helmut 1996: Weggefährten. Erinnerungen und Reflexionen, Berlin. / Strauß, Franz Josef 1989: Die Erinnerungen, Berlin 1989.

2 Im Falle Oskar Lafontaines wird dieser Anspruch ja auch sehr schön durch die aktuelle politische Entwicklung deutlich (Austritt aus der SPD und Mitarbeit bzw. Kandidatur beim Linksbündnis aus WASG und PDS).

Liest man die Schriften dieser Politiker, dann fallen einem – jenseits aller politischen Unterschiede – strukturelle Gemeinsamkeiten auf, die die Frage nach einer eigenen Textsorte plausibel erscheinen lassen. Mit Josef Klein gehe ich davon aus, dass als Klassifikationskriterien neben pragmatischen Kategorien (Emittent, Adressat, kommunikative Grundfunktion) auch weitere (z. B. semantische und rhetorische) Kategorien zu berücksichtigen sind[3]. Erst das Zusammenspiel dieser Kategorien kann zu einer ausreichend gründlichen Textsortenklassifizierung führen.

Anders als die von Klein untersuchten Textsorten gehören die hier im Mittelpunkt stehenden Texte nicht in den Bereich politischer Institutionen, obwohl Politiker die Emittenten sind. Sie publizieren diese Bücher jedoch in Eigenverantwortung und – wie wir sehen werden – in bewusster Abgrenzung zu den jeweiligen politischen Institutionen, denen sie alle vorher einmal angehörten[4]. Bevor auf die linguistisch interessanten Details dieser Textsorte näher eingegangen wird, stelle ich kurz die zugrunde gelegten Texte vor, die zwischen 1999 und 2003 erschienen sind.

Wolfgang Schäubles Buch trägt den autosuggestiv anmutenden Titel: „Mitten im Leben". Der inzwischen ums Leben gekommene Jürgen W. Möllemann verspricht uns „Klartext. Für Deutschland", und Oskar Lafontaine betont nach seinem unerwarteten Rückzug von den Ämtern des Finanzministers und SPD-Vorsitzenden: „Das Herz schlägt links". Lediglich der ehemalige Bundeskanzler Helmut Kohl betitelt sein Werk betont unprätentiös mit „Mein Tagebuch 1998-2000". Die Autoren dieser Bücher muss man dem politisch interessierten Leser nicht vorstellen. Sie alle hatten einmal herausgehobene Positionen im politischen System der BRD inne, bis auf Helmut Kohl waren sie alle einmal Bundesminister, und Helmut Kohl war bekanntermaßen 16 Jahre lang Bundeskanzler. Gemeinsam ist ihnen, dass sie ihre Texte jeweils nach ihrem Rücktritt von (unterschiedlichen) politischen Ämtern geschrieben haben.

Eine erste Eigenheit der Texte könnte man vorwissenschaftlich so umschreiben: Sie sind ungewöhnlich. Oder anders ausgedrückt: Wir haben es hier mit Texten zu tun, die wir normalerweise nicht zu Gesicht bekämen. Dies ergibt sich daraus, dass die Autoren aufgrund ihrer besonderen Situation keine Rücksicht auf Parteiinteressen nehmen. Sie schreiben offen über Auseinandersetzungen und Machtkämpfe innerhalb der eigenen Partei. Ihre Argumentation geht dabei – und das haben unsere Autoren über Parteigrenzen hinweg gemeinsam – von folgender Prämisse aus: Zwar habe auch ich Fehler begangen, aber das ist

---

3 Vgl. Klein 2000, S. 733ff.

4 Die zuletzt noch von Adamzik angesprochene Überschneidung von Kommunikationsbereichen zeigt sich auch hier, weil ja die Autoren von den KäuferInnen bzw. LeserInnen zunächst nicht als freischaffende, unabhängige Autoren, sondern durchaus in ihrer Rolle als (ehemaliger) Politiker der Partei X und somit als Mitglied einer politischen Institution wahrgenommen werden. Adamzik 2004, S. 74.

nicht der Grund für meinen Rücktritt bzw. die aktuelle Krise. Diese Krise wurde vielmehr durch andere Personen bzw. mit der Hilfe mächtiger Medienkonzerne bewusst herbeigeführt, durch „einen Mangel an Fairneß und Wahrhaftigkeit“ (Lafontaine, S. 9), mittels eines „öffentlichen Schauprozesses zum Zwecke meiner politischen Hinrichtung“ (Möllemann, S. 236), durch eine „beispiellose Kampagne, die alle Grenzen einer fairen Berichterstattung sprengt“ (Kohl, S. 5) oder weil „ein intrigantes Spiel gegen mich im Gange war“ (Schäuble, S. 265).[5]

Fragt man nach der Funktion dieser Texte, dann kommt man recht schnell zu dem Schluss, dass sie alle neben anderen v. a. einem Zweck dienen, nämlich der Rechtfertigung und Begründung des eigenen politischen Handelns. Dieses politische Handeln umfasst aber bei Lafontaine, Schäuble und Kohl nicht wie im Falle von Lebenserinnerungen die gesamte politische Laufbahn der Autoren, lediglich Möllemann schildert uns auch ausführlich Teile seiner politischen Biographie, angefangen von seiner ersten Rede im Bundestag.[6] Alle Bücher wurden aus aktuellem Anlass geschrieben, und die jeweilige politische Krise, die dem Autor zum Verhängnis wurde bzw. die danach eingetretene politische Entwicklung, steht deutlich im Vordergrund. Die Autoren folgen geradezu einem aufklärerischen Impetus und betonen, dass sie dazu beitragen wollen, die Geschehnisse noch einmal korrekt aufzuarbeiten. Gleichzeitig geben Lafontaine und Schäuble ihrer Sorge über aktuelle politische Entwicklungen Ausdruck und deuten zumindest implizit an, dass sie Lösungen anzubieten haben. So liest man in Lafontaines Vorwort:

> Nach meinem Rücktritt hat die Politik der rot-grünen Koalition eine Entwicklung genommen, die ich nicht für möglich gehalten hätte und die mich mit großer Sorge erfüllte. [...] Mein Buch wendet sich gegen den radikalen Kurswechsel der rot-grünen Koalition zum Neoliberalismus und gegen das Vom-Tisch-Nehmen der Wahlversprechen. Das Regierungsprogramm, das wir den Wählerinnen und Wählern versprochen haben, ist von mir mit erarbeitet worden und ich fühle mich weiter im Wort. [...] Die folgenden Seiten sind daher auch nicht meine Memoiren. Es geht mir um den fundamentalen Richtungsstreit in der SPD. Bei der Schilderung unserer Diskussionen und Entscheidungen werde ich die Fehler, die ich gemacht habe, benennen. (Lafontaine, S. 8ff.)

In Wolfgang Schäubles Vorwort werden ebenfalls sowohl die Aufarbeitung vergangener Geschehnisse wie eine Diskussion über die Zukunft der eigenen Partei angesprochen:

---

5 Offensichtlich – das zeigen schon diese wenigen Zitate – gibt es sehr ähnliche sprachliche Muster, die Politiker über Parteigrenzen hinweg zur ihrer „Selbstverteidigung“ einsetzen; vgl. dazu die Beiträge in Burkhardt/Pape (2003), insbesondere Schütz/Hertel sowie Holly.

6 Auch formal weicht Möllemanns Buch von den anderen Schriften ab: Weder gibt es ein Vorwort oder eine Einleitung noch eine chronologische Reihenfolge. Vielmehr wechseln sich biographisch orientierte und aktuellen politischen Themen gewidmete Kapitel regelmäßig ab.

> Die Vielfalt von Informationen und Medien führt dazu, dass sich öffentliche Aufmerksamkeit und Erregung immer mehr auf jeweils ein Thema konzentrieren, wobei die Themen öfter wechseln. Das für wichtig Gehaltene gewinnt zeitweise sogar Ausschließlichkeitscharakter, um dann genauso abrupt wieder aus der allgemeinen Wahrnehmung zu verschwinden. Als Folge davon leidet das öffentliche Gedächtnis. Deshalb scheint mir wichtig, Erfahrungen aus der Perspektive eines unmittelbar Beteiligten festzuhalten und zu versuchen, die rasch wechselnden Erregungszustände in Entwicklungslinien einzuordnen und zu bewerten. Das ist ein Anliegen dieses Buches. Die andere Absicht, die ihm zugrunde liegt, speist sich aus der Sorge um Rolle und Zukunft der Union in der deutschen Demokratie und deren europäischen Schicksal. (Schäuble, S. 10)

Etwas anders akzentuiert Helmut Kohl den Zweck seines Buches. Er betont stärker den Rechtfertigungsgedanken als zentrales Motiv:

> Ja, ich habe 2,1 Millionen DM Spendengelder an den Rechenschaftsberichten vorbei direkt für die Parteiarbeit eingesetzt und damit gegen das Parteiengesetz verstoßen. Diesen Fehler bedaure ich, und es tut mir sehr leid, meiner Partei dadurch auch politisch geschadet zu haben. Kritik dafür habe ich zu akzeptieren. [...] Was ich aber seit Herbst 1999 erleben muss, ist eine beispiellose Kampagne, die alle Grenzen einer fairen Berichterstattung sprengt. [...] Das Ziel der Kampagne ist es, mich zu kriminalisieren und auf diese Weise meine sechzehnjährige Kanzlerschaft zu diskreditieren. Das lasse ich nicht zu. Mit allen mir zur Verfügung stehenden Mitteln werde ich meine erfolgreiche Arbeit in der Innen- und Außenpolitik und unser sechzehnjähriges Ringen um den besten politischen Weg für Deutschland und Europa verteidigen. Ich will zur korrekten Darstellung beitragen und der beabsichtigten Verfälschung der Geschichte entgegenwirken. Das ist mein wichtigstes Motiv für die Veröffentlichung dieses Tagebuchs. [...] Meine Hoffnung ist, dass ich Ihnen, liebe Leserinnen und Leser, die Hintergründe und Motive aufzeigen kann, durch die Sie mein Handeln besser verstehen können. Mit der Schilderung meiner Sicht trage ich, so hoffe ich, zu einer faireren Beurteilung der Ereignisse bei. (Kohl, S. 5ff.)

Diese Formulierung Helmut Kohls ist die deutlichste: Er fühlt sich ungerecht behandelt und möchte durch die Darstellung sein Handeln erläutern, um eine fairere Beurteilung zu ermöglichen. Sehr viel abstrakter formuliert Wolfgang Schäuble. Einerseits finden wir auch hier – gepaart mit einer Kritik an der Medienberichterstattung – das Motiv, eine persönliche Darstellung bestimmter Ereignisse zu liefern, oder genauer: die Darstellung eines „unmittelbar Beteiligten“ zu präsentieren. Dahinter dürfte die unausgesprochene Prämisse stecken, dass eine solche Schilderung den LeserInnen authentischere Informationen liefert als sie aus den Medien zu bekommen sind. Was es mit der ‚Einordnung in Entwicklungslinien‘ auf sich hat, das bleibt den LeserInnen zunächst verborgen. Ich verrate aber nicht zuviel mit dem Hinweis, dass derartiger Sprachgebrauch typisch für Wolfgang Schäubles Buch ist – ein Sprachgebrauch, den man etwas flapsig als die „Sprache eines leitenden Sachbearbeiters“ charakterisieren könnte.[7] Schäubles Sorgen um die Rolle der Union, also um politische Themen, finden wir auch bei Lafontaine wieder. Bei ihm stehen die politischen Themen sogar im Vordergrund, er betont ja sogar explizit, keine Memoiren vorzulegen. Am Rande weist Oskar Lafontaine wie auch Helmut Kohl auf eigene Fehler hin, die er an geeigneter Stelle „benennen“ werde.

Bereits nach dieser ersten vorläufigen Annäherung an die Texte können einige Charakteristika dieser Textsorte ausgemacht werden: Emittenten sind einzelne Politiker, Adressat ist die gesamte Öffentlichkeit, die durch eine Buchpublikation erreicht werden kann. Dass möglicherweise eine spezielle Teilöffentlichkeit mit dieser Textsorte im Besonderen angesprochen werden soll, werden wir im weiteren Verlauf der Analyse sehen. Die Grundfunktion dieser Texte – das machen bereits die zitierten Vorworte deutlich – besteht sowohl darin, das eigene Handeln im Rückblick zu legitimieren wie auch das Handeln politischer Kontrahenten zu delegitimieren. Bei dem Tagebuch Helmut Kohls zeigte sich ein erster Unterschied zu den anderen Publikationen: der Rechtfertigungsgedanke, also die Legitimation des eigenen Handelns in der Vergangenheit, steht hier deutlich im Vordergrund, während politische Aussagen zur künftigen Politik bei den anderen Autoren deutlicher als bei Kohl akzentuiert werden.

Welche Texthandlungsmuster die Autoren im Einzelnen verwenden, das soll im Folgenden untersucht werden. Gleichzeitig geht es auch darum zu zeigen, dass diese Texthandlungsmuster – wie der Name schon sagt – wiederkehrende Textstrukturen sind, die sich durch Gemeinsamkeiten auszeichnen.

Bei der Untersuchung dieser Fragen beschränke ich mich auf die Passagen, die die Autoren zu ihrer eigenen Krise geschrieben haben. Bei Kohl und Schäuble betrifft dies natürlich die CDU-Spendenaffäre, bei Lafontaine seinen abrupten Rücktritt und bei Möllemann die Auseinandersetzungen um die Finanzierung und Veröffentlichung des berüchtigten Flyers und seinen Austritt aus der FDP.[8]

---

7 Er ist durch Passagen im Nominalstil gekennzeichnet wie die folgende: „Die nahe liegenden Versuche, die Attraktivität der Aufenthaltsbedingungen für Asylbewerber so zu verringern, dass der Missbrauch des Asylrechts abnahm, insbesondere durch die Verweigerung von Arbeitserlaubnissen, hatten immer nur einen kurzfristigen Entlastungseffekt. [...] Unsere großherzige Verfassungslage zuzüglich ihrer bürokratischen und verwaltungsgerichtlichen Umsetzung verhinderten Maßnahmen der Steuerung, wie andere europäische Länder sie praktizierten. [...] Dies voraussehend hatten wir auch schon Mitte der Achtzigerjahre innerhalb der Koalition eine Vereinbarung getroffen, im Zuge einer Abschaffung der Grenzkontrollen innerhalb Europas uns über die Notwendigkeit einer Grundgesetzänderung zu verständigen.“ (Schäuble, S. 75)

8 Bewusst klammere ich weitere Eigenheiten aus, durch die sich die Texte auszeichnen. Hingewiesen sei beispielsweise auf besonders populistische Phrasen bei Möllemann (S. 24ff., 131ff.), und das Motiv der Undankbarkeit bei Kohl (S. 35ff., 169, 177ff.). Eine gesonderte linguistische Untersuchung wäre erforderlich, um die Stellen zu untersuchen, in denen der gleiche Sachverhalt aus unterschiedlichen Perspektiven beleuchtet wird, etwa wenn Schäuble und Kohl über den Lafontaine-

2. Bösartige Verleumdungskampagnen und Kriminalisierung

Die in der Überschrift dieses Kapitels genannten Bezeichnungen beziehen sich selbstverständlich nicht auf das Handeln unserer Autoren. Vielmehr sehen sie sich in unterschiedlich starkem Ausmaß derartigen beinahe kriminellen Machenschaften ausgesetzt. Am deutlichsten lesen wir dies verschiedentlich bei Jürgen W. Möllemann, und zwar teilweise gepaart mit dunklen Verschwörungstheorien:

> Was sind das für Kräfte, die mich deshalb ausschalten wollen, weil sonst die „Gefahr" wachsen könnte, dass sich Europa für zwei selbstständige Staaten Israel und Palästina nicht nur mit Worten, sondern auch mit Taten einsetzen würde? (Möllemann, S. 121)

Dies ist die extreme Variante eines Argumentationsmusters, das sich bei den anderen Autoren etwas moderater darstellt und auch nicht diffus auf „Kräfte" rekurriert, die den jeweiligen Politiker gleich „ausschalten" wollen. Meist sind derartige Argumentationen viel direkter. Sie richten sich nämlich gegen die Medienberichterstattung. Nuancierungen ergeben sich dadurch, inwieweit „den Medien" unterstellt wird, bewusst durch falsche Berichterstattung aktiv in das politische Geschehen eingreifen zu wollen.

So betont zwar Helmut Kohl einerseits in seinem Tagebuch: „Ich mag keine Journalistenschelte" (Kohl, S. 33), lässt aber andererseits kaum eine Gelegenheit aus, gegen einzelne Journalisten (insbesondere Heribert Prantl und Hans Leyendecker von der Süddeutschen Zeitung) oder auch „die Presse" zu polemisieren. Einerseits erfahren wir über Prantl, er verfüge „über einen breiten Bildungshintergrund", andererseits teilt Kohl uns mit, Prantl wirke „wie ein fanatischer Linker, ohne Toleranz für Andersdenkende" und sei „nicht frei von hinterhältigen Bösartigkeiten". (S. 68) An anderer Stelle charakterisiert Kohl Prantl als „selbsternannte[n] Chefankläger" (S. 176) und Leyendecker als „Hauptagitator der ganzen Kampagne" (S. 189). Neben derartiger personalisierter Kritik an der Medienberichterstattung findet sich aber auch allgemeinere Kritik, die gleichwohl nichts an Deutlichkeit zu wünschen übrig lässt. So lesen wir in einem Eintrag vom 17. November 1999:

> Heute startet die Süddeutsche Zeitung einen Generalangriff auf mich. Die Zeitung behauptet, aus schwarzen Kassen sei der Parteivorsitzende Helmut Kohl unterstützt worden, wenn es in seinem Reich mal grummelte. [...] Dies ist alles völlig absurd. Wer die Verhältnisse in der CDU tatsächlich kennt, weiß, wie abwegig solche Behauptungen sind. [...] Für mich ist jetzt offenkundig, dass ich kriminalisiert

---

Rücktritt schreiben oder Schäuble und Lafontaine Scharpings Verhalten analysieren. Besonders interessant wäre natürlich auch die Gegenüberstellung ausgewählter Passagen bei Kohl und Schäuble, insbesondere wenn sie sich auf die gleichen Ereignisse beziehen, oder auch bei Schäuble und Baumeister, die ihre Sicht der Dinge inzwischen auch in Buchform vorgelegt hat (Baumeister 2004).

> werden soll, um meine Reputation zu zerstören [...] Das Ziel ist, mich um jeden Preis zu verleumden und herabzusetzen. (Kohl, S. 113)

Die Rede ist weiterhin von einer „Diffamierungskampagne“ (S. 172), einer „Diffamierungswelle“ (S. 173), einem „journalistischen Schurkenstück“ und einer „skrupellosen Fälschertruppe“ (S. 174). Ebenfalls in diesem Zusammenhang spricht Kohl von einer „öffentlichen Hinrichtung“ (S. 172).

Diese Zitatenreihe ließe sich mühelos fortsetzen. Zusammenfassen lässt sie sich wohl mit dem Vorwurf, dass es eine linke Presse gebe, die es sich zum Ziel gesetzt habe, unter allen Umständen, Kohl zu kriminalisieren und sein Lebenswerk zu zerstören. Dabei schrecke diese Presse auch nicht einmal vor Falschmeldungen zurück. Im Übrigen arbeiteten zu diesem Zweck auch die sonst um Marktanteile konkurrierenden Organe zusammen: „Es ist offensichtlich, dass die alten Seilschaften *Spiegel – Stern – Süddeutsche Zeitung* funktionieren.“ (S. 297)

Wie sieht diese Medienkritik bei den anderen Autoren aus? Zusammenfassend kann man sagen: Nicht so deftig, denn die anderen Autoren haben andere Gegner als gefährlicher ausgemacht. Doch dazu später.

In Wolfgang Schäubles Vorwort klingt ja bereits eine Kritik an der Medienberichterstattung an, deshalb kann man vielleicht in dessen Buch am ehesten detaillierte Hinweise zu seiner Beurteilung der Medien finden. Doch weit gefehlt. Schäuble ist äußerst zurückhaltend mit medienkritischen Bemerkungen. Zwar charakterisiert er einmal die Süddeutsche Zeitung als „unglaublich gut“ informiert (S. 193) und erwähnt an anderer Stelle: „In der *Süddeutschen Zeitung* – wieder einmal – erschien ein Artikel, in dem von „schwarzen Kassen“ der CDU berichtet wurde.“ (S. 197) Diese kleinen Seitenhiebe wird man kaum als Medienkritik einstufen wollen, insbesondere wenn man sie mit Kohls Ausführungen vergleicht. Das Gleiche gilt für ausführlichere Bemerkungen Schäubles zu einem einzelnen Presseorgan:

> Selbst Geringfügigkeiten entfachten ungeheuren Wirbel. Am selben Tag, an dem die Ehlerding-Spende publik wurde, hatte die Bild-Zeitung herausgefunden, dass der ehemalige CDU-Generalsekretär Hintze über Jahre hinweg keine Sozialabgaben entrichtet und den Dienstwagen zu niedrig versteuert habe. Das passte so richtig schön ins Skandalbild. [...] Dass solche Dinge, die nun eine ausschließlich bilaterale Angelegenheit zwischen Arbeitgeber und Sozialversicherung betrafen, in die Presse gelangen konnten, war eigentlich auch ein Skandal, für den sich allerdings nicht einmal engagierte Datenschützer zu interessieren schienen. (Schäuble, S. 209)

Schäuble berichtet an anderer Stelle noch über die „nachrichtenarme Woche zwischen Weihnachten und Neujahr“, in der die Medien verzweifelt nach Themen suchen, und beschwert sich über die „durch Talkshows einschlägig bekannten Moralapostel der Republik“ (S. 85). Weiterhin erwähnt er die kritische Kommentierung einer seiner Reden in der Süddeutschen Zeitung mit der Bemerkung: „Andere urteilten gnädiger“ (S. 67). Auch in dem Kapitel, das Schäuble eigens den Medien widmet, bleibt der Ton vergleichsweise moderat:

> Denn wenn einzelne Journalisten, Medien oder gar ganze Verlagskonzerne sich mit Berichterstattung und Kommentierung nicht mehr zufrieden geben, sondern selbst bestimmte Ergebnisse erzielen, also handeln wollen, dann überschreiten sie den für ihre Arbeit bewusst weit gezogenen Freiheitsrahmen. Denn sie nehmen ihn für etwas in Anspruch, wofür er nicht gedacht ist. (Schäuble, S. 295)

In Zusammenhang mit dieser Textstelle kritisiert Schäuble die mangelnde Selbstkontrolle der Presse und die ungeprüfte Weitergabe von Gerüchten durch die Presse:

> Jedenfalls habe ich nicht ganz nachvollziehen können, warum es ein Gebot der Informationspflicht gewesen sein soll, auch die unerheblichste Äußerung eines Herrn Schreiber unter der Überschrift „Schäuble wieder in Erklärungsnot" oder „Neue Vorwürfe gegen Schäuble" als wichtigste Meldung des Tages zu präsentieren. Dies nur als selbst erlebtes Beispiel, andere Politiker auch anderer Parteien könnten viele eigene Erfahrungen beisteuern. (Schäuble, S. 298)

Ohne alle einzelnen Stellen in Schäubles Buch hier anzuführen, kann man unschwer feststellen, dass Schäuble zwar Fehlentwicklungen in der Medienberichterstattung sieht und anspricht, jedoch in den Medien nicht unbedingt den entscheidenden politischen Gegner sieht. Das unterscheidet ihn ganz offensichtlich von Helmut Kohl. Bevor wir untersuchen, wo denn Schäuble seinen eigentlichen Gegner ausmacht – denn auch Schäuble wittert eine „Kampagne zu meiner persönlichen Vernichtung" (S. 266) –, werfen wir einen Blick auf die Veröffentlichungen Lafontaines und Möllemanns.

Im Buch Oskar Lafontaines finden wir wie bei Schäuble ein eigenes Kapitel zur Mediengesellschaft. Dort breitet der Autor aber ein (wenig interessantes) Sammelsurium allgemeiner theoretischer Erkenntnisse über Politik im Medienzeitalter und über die Folgen für unsere Wahrnehmung aus. Interessanter für uns sind die Passagen, in denen Lafontaine über persönliche Erfahrungen mit den Medien berichtet. So teilt er uns beispielsweise im Zusammenhang mit seinem Rücktritt und einem ersten ARD-Interview mit:

> Natürlich war diese Erklärung, die mit der Passage über das Mannschaftsspiel deutlich genug war, nicht das, was die sensationslüsterne Presse erwartet hatte. Im Interesse der Medien wäre es gewesen, wenn ich sofort den Bruderkrieg mit Gerhard Schröder begonnen und heftige Kritik an der rot-grünen Koalition geübt hätte. [...] Darüber hinaus ärgerte manche Journalisten, daß ein Politiker aus freien Stücken zurückgetreten war, ohne daß die Presse ihn dazu gezwungen hatte. Man darf den Jagdtrieb der Medien nicht unterschätzen. (Lafontaine, S. 232)

Auch dies würde ich als eine vergleichsweise milde Medienschelte ansehen, in der zwar allgemein der „Jagdtrieb" der Medien angesprochen wird, aber keine direkten Beschuldigungen erhoben werden. Ähnlich wie Schäuble kritisiert auch Lafontaine im Folgenden die Entwicklung, dass Journalisten sich statt als Berichterstatter als politische Akteure sehen:

> Journalisten hatten sich bei mir schon oft gebrüstet, den oder den zu Fall gebracht zu haben. Immer wieder gibt es unter den Journalisten solche, die es sich zum Ziel setzen, Politiker zum Rücktritt zu zwingen. Die Quittung wollten sie mir dadurch geben, daß sie den Rücktritt, der in einer Demokratie selbstverständlich sein sollte, wenn Politiker zu der Auffassung kommen, daß sie unter den gegebenen Umständen ihre Arbeit nicht mehr erfolgreich machen können, zur Fahnenflucht erklärten. Nicht genug damit, verstiegen sich einige dazu, mir auch jedes Recht abzusprechen, nach dem Rücktritt mich zu politischen Themen zu äußern. (Lafontaine, S. 232)

Es gibt weitere verstreute Passagen in Lafontaines Buch, die sich mit der Presse beschäftigen. Dort heißt es etwa, dass Vertreter der Wirtschaftspresse „auf die nächste Gelegenheit [lauerten], ihre Vorurteile und Abneigungen mir gegenüber zu pflegen“ (S. 212), oder – im Zusammenhang mit dem so genannten Schröder-Blair-Papier – dass „die Hauptakteure in Politik und Medien durch totale Unkenntnis der Fakten glänzten“. (S. 185) Bei den Koalitionsverhandlungen wird die Medienberichterstattung für Lafontaine „zu einem großen Problem“ (S. 136). Auch hier müssen nicht alle Stellen detailliert aufgeführt werden, um zu sehen, dass Lafontaine ähnlich wie Schäuble zwar mehr oder minder detaillierte Kritik an bestimmten Erscheinungen des modernen Journalismus und der Nachricht als Ware übt, sich jedoch nicht in besonderem Maße von Journalisten verfolgt fühlt. Weit entfernt ist Lafontaine davon, wie Kohl über eine Art Medien-Mafia zu spekulieren, die gezielt gegen ihn arbeiten würde.

Eine solche Einstellung erwartet man auch nicht von Jürgen W. Möllemann. Zu seinen Lebzeiten hatte er stets den Ruf, virtuos auf der Klaviatur der Medien zu spielen, sich die Medien gezielt für seine Zwecke nutzbar zu machen. In seinem Buch „Klartext“ finden wir nur einige wenige Stellen, in denen es um die Medien geht. Aber auch Möllemann betrachtet die Medien kritisch:

> Was ist von der in Festreden viel gepriesenen Medienvielfalt zu halten, wenn diese Vielfalt zur Einfalt wird, in der sich Nachrichten und Kommentare noch mehr vermischen als sonst? Und in der Andersdenkende mit Beschimpfungen und Vorverurteilungen öffentlich hingerichtet werden? In den Wochen meiner Gefechte mit Vertretern des Zentralrats der Juden traf ich immer nur auf zwei Arten von Journalisten. Die einen sagten: Natürlich haben Sie Recht, Herr Möllemann, aber öffentlich sagen durften Sie das nicht. Die anderen meinten: Natürlich haben Sie Recht, Herr Möllemann, aber Sie durften das nicht sagen. (Möllemann, S. 117)

Also gibt es auch bei Möllemann eine harsche Kritik an der Macht der Medien und ihrer Tendenz zur Vorverurteilung bzw. sogar öffentlichen Hinrichtung. Möllemanns weitere Aussagen zur Presse sind eher marginal. Da ist einmal in militärischer Terminologie die Rede vom „Flächenbombardement der Medien (Stichwort: ‚Antisemitismusstreit‘)“ oder auch vom „Begleitbeschuss der leichten Medien-Artillerie (Stichwort: ‚Spaßpartei‘)“ (S. 122). Da ist weiterhin die Rede von einer „Mediendemokratie“ (S. 180), die Politikern gar keine andere Wahl lasse, als sich in den Hochwassergebieten in Gummistiefeln ablichten zu lassen. Weiterhin beklagt sich Möllemann darüber, dass „zu viele Journalisten voneinander abschreiben und sich lieber dem Zeitgeist fügen, anstatt sich ihre eigene Meinung zu bilden“. (S. 215) Insgesamt aber sieht auch Möllemann nicht die Hauptlast bei den Medien. Zwar scheint dies auf den ersten Blick dem ersten hier präsentierten Zitat Möllemanns zu widersprechen.

Letztlich bestätigt wird diese Einschätzung jedoch, wenn man sich die Gesamtargumentation in Möllemanns Buch und ihre Schwerpunkte ansieht. Dann wird mehr als deutlich, dass Möllemann wie übrigens auch Schäuble und Lafontaine den Feind – um Möllemanns militärische Terminologie aufzugreifen – aus einer ganz anderen Richtung kommen sehen. Festzuhalten bleibt also nach diesen Beobachtungen, dass das Tagebuch Helmut Kohls auch hier eine Sonderrolle einnimmt: Während er in erster Linie die Presse als Hauptgegner ausgemacht hat, üben die anderen Autoren zwar auch Kritik an bestimmten Entwicklungen des Journalismus, ohne sich allerdings im besonderen von den Medien verfolgt zu fühlen oder gar die Medien für ihre jeweilige Krise verantwortlich zu machen.

3. Friendly Fire oder Der Feind steht in den eigenen Reihen

Wie also erklären Schäuble, Lafontaine und Möllemann ihr jeweiliges Scheitern? Sollten Sie etwa unumwunden zugeben, dass Sie selbst durch ihr ungeschicktes oder sogar unehrliches Verhalten dazu beigetragen haben, dass sie von ihren Parteigenossen weitgehend ins Abseits verbannt wurden? Eine solche Argumentation wäre natürlich höchst erstaunlich und passte auch wohl kaum zu dem von allen Autoren außer Helmut Kohl zumindest implizit geäußerten Anspruch, auch in Zukunft politisch tätig sein zu wollen. Und in der Tat gibt es auch eine solche Argumentation nicht. Alle Autoren räumen zwar ein, Fehler gemacht zu haben, aber es scheint sich hierbei eher um taktische Fehler, im Prinzip um Kleinigkeiten zu handeln. Dies kommt exemplarisch an einer Stelle bei Wolfgang Schäuble zum Ausdruck:

> Am 2. Dezember 1999 unterlief mir in der Bundestagsdebatte über die Einsetzung des Untersuchungsausschusses ein verhängnisvoller Fehler. [...] Ob wirklich alles anders oder zumindest besser gelaufen wäre, wenn ich in der Bundestagsdebatte auch die Tatsache der Spende erwähnt hätte, ist eine Frage, die ich bis heute nicht wirklich zufrieden stellend beantworten kann. [...] In der unmittelbaren parlamentarischen Auseinandersetzung jedenfalls hatte ich über die Frage, wie ich mich verhalten sollte, natürlich überhaupt nicht nachgedacht. Erst hinterher wurde mir die Problematik der Situation bewusst. (Schäuble, S. 224)

Inhaltlich geht es an dieser Stelle um den Sachverhalt, dass Schäuble in der besagten Bundestagsdebatte auf einen Zwischenruf des Abgeordneten Ströbele verschwiegen bzw. sogar abgestritten hatte, eine Spende des ominösen Waffenhändlers Schreiber entgegen genommen zu haben. Wie man sieht, behandelt Schäuble dies aber unter rein strategischen Gesichtspunkten und schneidet z.B. die Frage überhaupt nicht an, ob sein eigenes Verhalten in dieser Situation nicht mehr als fragwürdig gewesen sei, weil er nämlich mit seiner Behauptung „Das war es“ (Schäuble, S. 223) die Unwahrheit gesagt hat und faktisch das Parlament (durch das Verschweigen von Details) belogen hat.[9]

Dies mag als typisches Beispiel dafür stehen, dass die Autoren zwar eigene Fehler einräumen, diese aber keinesfalls als ursächlich für ihren jeweiligen „Karriereknick“ ansehen. Vielmehr sehen Sie alle – eine Ausnahme bildet da nur Helmut Kohl – die Partei- und Fraktionsgenossen der jeweils eigenen Seite als die wirklichen Feinde an. Dies ist eine Argumentationsfigur, die wir in der alltäglichen politischen Debatte nie antreffen, weil dort (jedenfalls nach außen hin) auf strenge Solidarität mit den Mitgliedern der eigenen Partei bzw. Fraktion geachtet wird – selbst wenn sie erbitterte Gegner in einer innerparteilichen Angelegenheit sein sollten.[10] Die heftigsten Attacken reitet Jürgen W. Möllemann gegen zahlreiche prominente FDP-Mitglieder. Ein paar Stichproben für seine Rundumschläge mögen genügen:

> Hätte die FDP zu mir gestanden, wäre alles anders gekommen, nicht nur für mich. Warten wir ab, ob Genscher und Lambsdorff auch künftig froh über das sind, was sie getan und was sie gelassen haben. (Möllemann, S. 75)

Neben solchen eher diffusen Anschuldigungen, die wohl auch als Drohung gemeint sind, finden sich bei Möllemann auch deutlichere, schon an die Grenzen der Beleidigung reichende Äußerungen über ParteikollegInnen. Kaum ein Mitglied der Partei- und Fraktionsführung bleibt verschont, wenn Möllemann aus dem Nähkästchen plaudert bzw. unablässig schmutzige Wäsche wäscht:

> Denn im Grunde geht er [Lambsdorff] mit allen um, als halte er sie für seine baltischen Stiefelknechte. Er teilt gnadenlos aus und steckt selbst nichts ein. Als Sandra Maischberger ihn in einem Live-Interview fragte, weshalb ich für die Finanzierung meines Flugblattes aus der Partei ausgeschlossen werden solle, während er trotz rechtskräftiger Verurteilung Bundes- und später Ehrenvorsitzender geworden sei, schien er nicht einmal die Frage zu verstehen. Lambsdorff verstand sie nicht, weil er nie versteht, dass jemand mit ihm so umzugehen wagt, wie er es mit anderen tut. (Möllemann, S. 71)

---

9 Vgl. dazu auch Burkhardt 2003 sowie Pape 2003, S. 134ff.

10 Dies kann man exemplarisch am Verhalten der ParlamentarierInnen im Bundestag sehen. Der politisch interessierte Fernsehzuschauer kennt dieses Phänomen ohnehin: Regelmäßig kann er bei öffentlichen Äußerungen von Politikern das unglaubwürdige Schauspiel sehen, dass sie, auch wenn das Gegenteil bereits offensichtlich ist, stets behaupten, mit ihren Partei- oder Fraktionskollegen völlig einer Meinung zu sein; vgl. dazu ausführlich Niehr 2000.

> In meinen politisch erfolgreichen Zeiten rief mich Genscher mehrmals täglich an, besonders oft in der langen Zeit zwischen der Ankündigung und Ausführung seines Rücktritts als Außenminister. Und später dann auch, weil ich dafür sorgen sollte, dass er für den Friedensnobelpreis vorgeschlagen würde. Dafür setzte ich mich auch ein, aber ohne Erfolg. Er konnte das nicht verstehen: Denn der von mir initiierte Vorschlag, Peres, Arafat und Rabin den begehrten Preis zu verleihen, habe doch auch funktioniert. Ein anderes Mal bekniete er mich, ihm den Aachener Karlspreis zu verschaffen. Ich mühte mich wieder redlich, aber vergeblich ab. Wer auch immer die Preisträger dann waren, in Genschers Augen hatten sie ihn alle nicht verdient. (Möllemann, S. 73f.)

> Zum offenen Widerstand gegen die neue Strategie waren Brüderle, Döring, Gerhardt, Kinkel und Solms zu feige gewesen: Die aufrechte Ruth Wagner schickten sie im Mai 2001 in Düsseldorf allein ins Gefecht. Und Cornelia Pieper schwimmt sowieso immer lieber mit dem Strom. Allerdings fällt die Mutter des gebrochenen Wortes regelmäßig in den Bach, weil sie sich in der Strömung verschätzt. War sie nicht bei ihren Landsleuten in Sachsen-Anhalt im Wort, Landespolitik zu machen? (Möllemann, S. 236)

Insbesondere aber trifft es immer wieder Möllemanns Intimfeind Guido Westerwelle, den er distanziert-ironisch „Dr. Westerwelle" tituliert:

> Öffentlich stellte er [Genscher] sich vor seine Beamten, aber das war kaum mehr als ein Teil seiner Selbstinszenierung. In Wirklichkeit machte er sie wegen großer wie kleiner Fehler regelrecht zur Sau. Stets in Anwesenheit anderer und nicht selten so schonungslos, dass sogar gestandene Leute weinten – die häufig wesentlich älter waren als der polternde Dienstherr. Dr. Westerwelle ist von der gleichen Art im Umgang mit seinen Untergebenen. Gegenüber Wehrlosen sind Weicheier immer gern knallhart. (Möllemann, S. 73)

> Allen hat er [Westerwelle] versprochen, was sie wollten, immer hinter geschlossenen Türen, immer mit der Maßgabe, dass es niemand sonst wissen darf. Gehalten hat er am Ende nichts. (Möllemann, S. 142)

> Ich stehe nicht im Verdacht, ein persönlicher Fan von Wolfgang Gerhardt oder Klaus Kinkel zu sein. Doch die beiden hätten energischer reagiert. Auf Seite eins wären sie damit in den Medien nicht gekommen, vielleicht aber auf Seite zwei. Dr. Westerwelle hingegen fand im Lokalteil Erwähnung – dank seinem „Guidomobil". Nicht umsonst verbindet sich bis heute mit ihm kein Sachthema. Weil ihn Sachthemen nicht interessieren. Weil er nur auf die Bühne will, um auf der Bühne zu sein. Auf der Bühne ist es schön, weil einen da die Leute sehen... (Möllemann, S. 180)

So etwas liest und hört man üblicherweise nicht, erst recht nicht über PolitikerkollegInnen aus den eigenen Reihen. Allerdings – das sei einschränkend angemerkt – ist Möllemann an diesen (und zahlreichen weiteren Stellen) auch sehr viel drastischer als Lafontaine und Schäuble.[11] Immerhin lässt sich festhalten, dass nach der Lektüre des Möllemann-Buches beim Leser zwangsläufig der Eindruck entsteht, dass nicht Möllemann wegen seiner ständigen antisemitischen Ausfälle und der Finanzierungspraxis seines unsäglichen Flyers kurz vor dem Ausschluss aus der FDP stand, sondern er umgekehrt froh sei, dieser üblen Truppe von Feiglingen, Opportunisten, Lügnern und Selbstdarstellern entkommen zu sein.

Doch auch Oskar Lafontaine hält mit seiner Meinung nicht hinter dem Berg. Nach seiner Interpretation waren es die Parteigenossen Schröder und Scharping, die ständig ohne Absprachen handelten und zudem viele schwere Fehler machten:

> Scharping dagegen war es während der Koalitionsverhandlungen, die uns sehr in Anspruch nahmen, gelungen, durch intensive Gespräche mit Abgeordneten und Journalisten seine Kandidatur für den Fraktionsvorsitz weiter voranzutreiben. [...] Immer wieder kündigte er ohne Rücksprache mit Gerhard Schröder und mir an, daß er darauf bestehen würde, Fraktionsvorsitzender zu bleiben. (Lafontaine, S. 123)

> Das ging schon bei der Regierungserklärung los. Sie wurde von engen Mitarbeitern Gerhard Schröders wohl unter der Federführung Bodo Hombachs geschrieben. Eine Abstimmung mit dem Parteivorsitzenden gab es nicht. [...] Da nichts koordiniert wurde, kamen weitere schwere Fehler hinzu. Gerhard Schröder hatte noch vor der Regierungsbildung am 4. Oktober 1998 ein Interview in Bild am Sonntag gegeben. Der Aufmacher war: „Schröder: Erstes Machtwort! Benzin nicht mehr als 6 Pfennige teurer!" Die Festlegung auf sechs Pfennige war unter keinem Gesichtspunkt vertretbar. [...] Am 8. November 1998 gab Gerhard Schröder wieder ein Interview in Bild am Sonntag. Wir lasen dort: „Schröder: Volle Rente schon mit 60." Das war wieder aus der Hüfte geschossen [...] Aber auch hier fragte ich mich, wer die Interviews des Bundeskanzlers gegenlas und überprüfte. Die Rentendiskussion der SPD jedenfalls war an diesen Mitarbeitern spurlos vorübergegangen. (Lafontaine, S. 160ff.)

> Die Veröffentlichung des gemeinsamen Papiers von Tony Blair und Gerhard Schröder vor der Europawahl war im Hinblick auf Frankreich ein schwerer Fehler. Das Papier war von Hombach hinter meinem Rücken im Auftrag Schröders unter Mißachtung der Zuständigkeit des Parteivorsitzenden vorbereitet worden. (Lafontaine, S. 184)

Auch diese Reihe ließe sich mühelos fortsetzen. Sie führt beim Leser unweigerlich zu der Frage, wieso Lafontaine es überhaupt so lange in der so genannten

---

[11] Schenkt man einem Bericht des Spiegel Glauben, dann sei auch einige Monate nach Möllemanns Tod noch geradezu charakteristisch für die FDP, dass hier „robust argumentiert" werde: „Denn Nachrichten aus der FDP sind seit einiger Zeit Nachrichten aus dem Wolfsrudel. Einer verbeißt sich in den anderen, jeder gegen jeden." (Spiegel Nr. 45 v. 03.11.03, S. 34).

„Troika“ mit Schröder und Scharping ausgehalten hat und nicht bereits viel früher zurückgetreten ist.

In eine ähnliche Richtung weisen Wolfgang Schäubles Argumentationen und Andeutungen. Auch bei ihm erfahren wir von gezielten Intrigen und Kampagnen aus den eigenen Reihen gegen seine Person:

> Obwohl Journalisten das Papier erst bei der überfüllten Pressekonferenz in die Hand bekamen, wurden zu meiner Verwunderung gleich die ersten Fragen zu einem auf Seite 35 versteckten Halbsatz gestellt, in dem es [...] um ökologische Elemente in der Steuerpolitik ging. [...] Später wurde mir berichtet, Mitarbeiter aus dem Kanzleramt [Helmut Kohl ist zu dieser Zeit noch Bundeskanzler, Th.N.] hätten zwei der Journalisten, die dann auf der Pressekonferenz fragten, einen Tag vorher mit dem Textentwurf versorgt und darauf aufmerksam gemacht, dass die Sache mit den ökologischen Elementen auf den entschiedenen Widerstand der CSU stoßen würde. (Schäuble, S. 32f.)

> Von einem „Machtkampf“ zwischen Kohl und mir war die Rede. Ich nahm das gelassen. Allerdings wurde ich in diesen Tagen immer wieder auf Gerüchte angesprochen, es habe im Büro Kohls eine Besprechung mit engen Beratern und vertrauten Journalisten gegeben, bei der es um die Frage gegangen sei, wie man den Parteivorsitzenden [Wolfgang Schäuble, Th.N.] erledigen könne. Als man schließlich zu einem Ergebnis gekommen sei, habe man darauf mit Champagner angestoßen. (Schäuble, S. 220)

> Ende Juni berichtete mir ein Journalist, er sei in den entscheidenden Wochen tagelang bei Schreiber in Kanada gewesen. Schreiber, das sei ihm klar gewesen, habe ihn für sein Spiel benutzen wollen und ihm deshalb sehr viele Einblicke gewährt. So sei er bei Telefonaten anwesend gewesen, die mehrfach aus dem unmittelbaren Umfeld von Kohl mit Schreiber geführt worden seien. Die Kampagne zu meiner politischen Vernichtung sei dabei minutiös geplant worden. (Schäuble, S. 266)

Auch bei Wolfgang Schäuble finden sich zahlreiche weitere Passagen, in denen der Eindruck erweckt wird, zahlreiche Akteure aus der CDU/CSU-Fraktion hätten intensiv daran gearbeitet, Schäuble politisch zu „vernichten“.

Zu guter Letzt auch noch der Vollständigkeit halber, einige Zitate aus Kohls Tagebuch. Zwar steht die hier besprochene Argumentation bei Kohl nicht im Vordergrund, aber auch er berichtet ausführlich über innerparteiliche Gegner:

> Der frühere Generalsekretär der Partei bestätigte die Existenz so genannter Sonderkonten der CDU, die ausschließlich in der Verantwortung des Bundesvorsitzenden und der Schatzmeisterei gestanden hätten. Dass Heiner Geißler im Interview der Süddeutschen Zeitung die gute Gelegenheit nutzen würde, die Verantwortung einzig und allein auf den Parteivorsitzenden und den Bundesschatzmeister abzuwälzen, war zu erwarten. (Kohl, S. 118)

> Das neue Jahr ist gerade mal drei Tage alt, da meldet sich, wie nicht anders zu erwarten, Kurt Biedenkopf zu Wort. In einem Spiegel-Interview äußert der

> sächsische Ministerpräsident Zustimmung zum Artikel von Angela Merkel in der FAZ [...] Der Merkel-Beitrag finde seine uneingeschränkte Unterstützung. [...] Dass Biedenkopf mit mir abrechnen will, während er gleichzeitig die Generalsekretärin lobt, die den Bruch zwischen der Partei und mir propagiert, überrascht mich nicht. (Kohl, S. 155f.)

> Dass die Schar der Opportunisten, die es immer gab und immer geben wird, fast völlig verschwunden ist, schmerzt mich nicht. Mich schmerzen auch nicht die Schläge der alten innerparteilichen Gegner. Ihnen bietet sich jetzt die Gelegenheit, alte Rechnungen zu begleichen. Heiner Geißler beispielsweise wird seinen Hass mir gegenüber wohl mit ins Grab nehmen. Das steht ihm ins Gesicht geschrieben. Gleiches gilt für Kurt Biedenkopf, der es genießt, endlich von oben auf mich herabblicken zu können. Es gibt weitere Persönlichkeiten, die ich jahrelang unterstützt und gefördert habe und die ohne mich niemals dort angelangt wären, wohin ihre politische Karriere sie heute geführt hat. Ihr Rachedurst ist im Lauf der Zeit ungemein gewachsen, und jetzt endlich können sie ihn stillen. Rita Süssmuth fällt mir dazu ein. (Kohl, S. 169)

Es lässt sich also abschließend festhalten, dass in allen besprochenen Werken eine deutliche Kritik zu hören ist, die sich gegen die „üblichen Parteifeinde" (Möllemann, S. 155) richtet.

Dieses Texthandlungsmuster scheint mir eine wichtige Eigenart der vorliegenden Textsorte zu sein. Denn die Argumentation gegen „Parteifeinde" ist ein Texthandlungsmuster, das zweifelsohne der Delegitimation dient, allerdings einer Delegitimation von Positionen innerhalb der eigenen Partei. Diese wird normalerweise hinter den Kulissen ausgetragen und erreicht – wenn überhaupt – die Öffentlichkeit allenfalls durch Hintergrundberichte der Medien, z. B. über „Flügelkämpfe innerhalb der Partei X". Dass die Protagonisten solcher Kämpfe sich jeweils mit eigenen Publikationen an die Öffentlichkeit wenden und den parteiinternen Streit damit auf die öffentliche Bühne verlegen, ist bislang – zumindest in den großen Volksparteien – eigentlich undenkbar gewesen.

Wenn aber genau dies hier geschieht, dann kann dafür nur ein plausibler Grund geltend gemacht werden. Mit dieser Textsorte wird der Öffentlichkeit in Maßen Distanz zur eigenen Partei und ihrem Personal (nicht etwa Distanz zu den WählerInnen!) signalisiert. Die Emittenten beanspruchen gewissermaßen, in diesen Texten als nur der Wahrheit verpflichtete Personen aufzutreten, die unabhängig von (negativ konnotiertem) „Parteiengezänk" (sowohl inner- wie auch interparteilich verstanden) als erfahrene und vertrauenswürdige Autoritäten ihre Sicht der Dinge darzulegen.

4. „Etablierte QuerdenkerInnen" oder Wie es die Alten vormachen

Es scheint mir vor diesem Hintergrund überlegenswert, ob es möglicherweise Vorbilder gibt, die sich ähnlicher Texthandlungsmuster befleißigen. Dabei denke ich v. a. an die so genannten Querdenker, die wir aus allen Parteien kennen, und die ja auch teilweise schon in unseren Texten vorkamen. Sind diese notorischen Querdenker in ihren Parteien so unbeliebt, weil auch sie persönliche Angriffe nicht scheuen und wie die hier im Mittelpunkt stehenden sozusagen argumentativen Amoklauf betreiben? Hat dieser Amoklauf sie erst zu dem gemacht, was sie heute sind – nämlich parteiübergreifend angesehene „elder statesmen“? Und möchten „unsere“ Autoren sich möglicherweise für eine ähnliche Rolle qualifizieren?

Andererseits bleibt zu fragen, ob es nicht auch Unterschiede zwischen der Argumentation dieser so genannten Querdenker und den hier im Mittelpunkt stehenden Autoren gibt. Die besagten Querdenker verbindet man v. a. mit der CDU (Geißler, Blüm, Süßmuth, Biedenkopf, von Weizsäcker), aber natürlich finden sie sich auch in anderen Parteien. Genannt seien hier nur Hildegard Hamm-Brücher (ehemals FDP) oder Peter Glotz und Erhard Eppler (SPD). Zum Vergleich möchte ich im Folgenden die Argumentation in den Schriften einiger dieser Politiker näher ansehen – immer vor dem Hintergrund der bereits analysierten Argumentationen.

Ausgewählt habe ich Schriften von Politikern, die sowohl in den bisher besprochenen Werken genannt werden als auch eine Biographie vorweisen können, die es wahrscheinlich macht, dass es Auseinandersetzungen mit den Parteifreunden gegeben hat. So äußert sich Helmut Kohl in seinem Tagebuch verschiedentlich über die Undankbarkeit Richard von Weizsäckers, und es bietet sich an, die Passagen in Weizsäckers „Erinnerungen“ anzusehen, die sich mit der Person Helmut Kohl beschäftigen. Weiterhin äußert sich auch Hildegard Hamm-Brücher, die ja bekanntlich auch wegen Möllemanns Aktionen aus der FPD ausgetreten ist, in ihrem Buch „Freiheit ist mehr als ein Wort“ verschiedentlich kritisch über ihre Parteifreunde, insbesondere im Zusammenhang mit ihren Erfahrungen als Kandidatin für das Amt der Bundespräsidentin. Man kann derartige Stellen nun daraufhin untersuchen, ob sie ähnlich rücksichtslos gegen die jeweils eigenen Parteifreunde formuliert sind. Ich beginne mit Richard von Weizsäcker. Über ihn lesen wir bei Helmut Kohl:

> Seinen Angriff gegen mich führt er in der ihm eigenen subtilen und vornehmen Weise. Die offene Feldschlacht ist nichts für ihn. Aber im Kamingespräch die Pfeile an die richtige Stelle zu setzen, das ist sein Stil. (Kohl, S. 179)

Richard von Weizsäcker berichtet dagegen durchaus positiv vom Mittdreißiger Helmut Kohl, der „voller Schwung“ daran gearbeitet habe, „seinen CDU-Landesverband Rheinland-Pfalz in einem liberalen Geist zu öffnen und bundespolitisch zu profilieren“:

> Natürlich wusste jeder, daß Kohl bei alledem durchaus und sehr direkt die eigene politische Zukunft im Auge hatte. Warum auch nicht? Die Anziehungskraft seines Landesverbandes war sein persönliches Verdienst. Er strebte nach bundespolitischem Einfluß für seinen Verband und zugleich für sich selbst. So ist der demokratische Wettbewerb gedacht. [...] Sein umwegloser Anmarsch auf sein Ziel und

> seine freundschaftliche Offenheit in einem langen Gespräch beeindruckten mich. (v. Weizsäcker, S. 186f.)

Zwar findet sich auch Kritik an Helmut Kohl, aber in der Tat – soweit kann man Kohls Einschätzung folgen – ist sie sehr zurückhaltend, und man mag sie mit Kohl als „vornehm“ charakterisieren. Sie zeichnet sich eher durch Weglassen als durch das ausführliche Explizieren einzelner Punkte aus. Dies kann man sehr schön anhand einiger Stellen illustrieren, an denen von Weizsäcker die Kritik an Kohl sozusagen zum Hintergrundthema macht:

> Die unterschiedlichen Anteile an der Macht beschrieb ein Journalist mit den Worten: „Biedenkopf (damals Generalsekretär) managt, Weizsäcker denkt, Kohl lenkt.“ Das war mindestens, was Biedenkopf anbetrifft, eine Untertreibung; denn Grundlage seines Handelns war und bleibt stets seine Freude am selbständigen Denken. (v. Weizsäcker, S. 240f.)

Interessant ist hier, dass Weizsäcker gerade die Charakterisierung Kohls nicht kommentiert, sondern lediglich Biedenkopf in den Stand eines „Denkers“ erhebt und dessen Freude am eigenständigen Denken betont. Diese Art der Kritik mag Helmut Kohl meinen, wenn er von Pfeilen redet, die von Weizsäcker beim Kamingespräch gezielt platziere. Eine andere Stelle weist in eine ähnliche Richtung. Vordergründig geht es um die gute Zusammenarbeit zwischen Bundeskanzler Kohl und Bundespräsident von Weizsäcker.

> Kohl und ich pflegten einen regelmäßigen und vertraulichen Gedankenaustausch miteinander. [...] Die beiden Ämter arbeiteten eng zusammen. Wichtige Mitarbeiter des Kanzlers, insbesondere Horst Teltschik und Eduard Ackermann, besuchten mich von Zeit zu Zeit zu menschlich und sachlich wertvollen Informationsgesprächen. (v. Weizsäcker, S. 423f.)

Auch an dieser Stelle fällt die zusätzliche positive Wertung auf, mit denen die Gespräche mit Kohls Mitarbeitern versehen werden, während der Gedankenaustausch mit Kohl lediglich (wie eine formelle bürokratische Einstufung) als „regelmäßig und vertraulich“ beschrieben wird. Ein weiteres Beispiel mag genügen, um Kohls Einschätzung von Weizsäckers zu bestätigen. In diesem Beispiel für eine subtile Kritik geht es um den seinerzeit in allen Medien diskutierten Vergleich, den Kohl in einem Interview mit Newsweek zwischen Gorbatschow und Goebbels angestellt hatte. Statt hier ausführlich Stellung zu beziehen, belässt von Weizsäcker es dabei, seine Kritik durch nur ein Adjektiv zum Ausdruck zu bringen:

> Im Sommer 1987 reiste ich mit Genscher zum Staatsbesuch nach Moskau, wo Gorbatschow inzwischen Generalsekretär der Partei und damit Kremlchef war. Nach Kanzler Kohls sonderbarem Vergleich Gorbatschows mit Goebbels waren unsere Beziehungen zu Moskau fast auf den Nullpunkt gekommen. (v. Weizsäcker, S. 347)

Man sieht sogleich, dass wir es hier mit einer anderen Art der Kritik zu tun haben, als wir bis jetzt kennen gelernt haben. Schauen wir, wie es bei den anderen Autoren argumentativ zugeht.

Hildegard Hamm-Brücher hat im Jahre 1996 ihre Memoiren veröffentlicht. In dem umfangreichen Werk macht Hamm-Brücher kein Hehl aus ihren Schwierigkeiten mit ihrer eigenen Partei wie auch mit bestimmten „Parteifeinden" (Hamm-Brücher, S. 149). Doch ist ihre Kritik eher der Kritik von Weizsäckers vergleichbar, weil sie zwar deutlich ausfällt, aber nie unsachlich oder gar verletzend wird. Als Illustration kann eine Passage dienen, in der Hamm-Brücher über den damaligen Außenminister Hans-Dietrich Genscher berichtet:

> Sehr gelegentlich schaute auch der Minister bei der Direktorenbesprechung herein. Dann allerdings wurde es sehr formell, und die Herren Diplomaten spitzen ihrerseits – habtacht! – die Ohren, was der Chef – immer mit leiser Stimme, aber unmißverständlich – zu sagen hatte. Wehe, wenn es nicht beachtet wurde, dann konnte er – von jedem Fleck der Welt her – sehr ungemütlich werden. Alles und jedes mußte von ihm genehmigt werden. (Hamm-Brücher, S. 238)

Offensichtlich wird hier Kritik an Genschers Führungsstil geübt, aber wenn man diese Kritik mit der Kritik Möllemanns an Genschers Verhalten gegenüber Untergebenen vergleicht, dann erschließt sich sogleich, dass Möllemann eher die Person Genscher und Hamm-Brücher eher den Führungsstil eines Vorgesetzten kritisiert. Es gibt weitere Stellen bei Hamm-Brücher, in der sie Kritik an Parteikollegen übt. Insbesondere in Zusammenhang mit Ihrer Kandidatur zur Bundespräsidentin im Jahre 1994 fühlt Hamm-Brücher sich offensichtlich von ihrer Partei und insbesondere dem Vorsitzenden Klaus Kinkel im Stich gelassen. Trotzdem bleibt ihre Kritik doch stets abgewogen:

> In diesen Monaten ließ Klaus Kinkel (noch) keinen Zweifel daran, daß die FDP meine Kandidatur aufrechterhalten würde. Er lobte die Vorzüge der Kandidatin in höchsten Tönen. [...] Die Parteispitze sonnte sich in der allgemeinen Zustimmung für meine Kandidatur. Ich dachte damals – und möchte es bis heute denken –, daß dies nicht nur als Schau, vielmehr, zumindest zeitweise, aufrichtig gemeint war. Rückhaltlos und aufrichtig unterstützt wurde ich aus der Parteiführung vor allem von der damaligen Bauministerin Irmgard Schwaetzer und von Hans-Dietrich Genscher. (Hamm-Brücher, S. 302)

Auch die Kritik an der Entscheidung der Parteiführung, sie beim 3. Wahlgang in der Bundespräsidentenwahl nicht mehr antreten zu lassen, ist zwar deutlich, nicht jedoch diffamierend:

> Sehr rasch aber musste ich erkennen, daß der Parteivorsitzende beim Bundeskanzler im Worte stand und deshalb auf eine neuerliche Kandidatur von mir verzichtet werden musste. Ich versuchte eindringlich, aber vergebens, Klaus Kinkel auf die Folgen eines solchen „Einknickens" aufmerksam zu machen. Nun aber wich bei ihm alle Freundlichkeit und Verbindlichkeit: Der Verzicht auf meine

> Kandidatur wurde knallhart „durchgezogen“. Etwa vierzig Kolleginnen und Kollegen (von einhundertelf) sprachen sich in der Fraktion gegen einen Verzicht aus. Eisig und rücksichtslos sollte ich sogar an einer persönlichen Erklärung in der Fraktion gehindert werden. Diese letzten Minuten in der Fraktionssitzung am 23. Mai 1994 vor dem dritten Wahlgang werde ich nie vergessen! Sie überschatten meine Erinnerungen an viele gute, auch menschlich wohltuende Erfahrungen in den Monaten meiner Kandidatur. (Hamm-Brücher, S. 305)

Weitere Beispiele im Buch Hamm-Brüchers zeigen, dass eine Kritik deutlicher sein kann als die Richard von Weizsäckers, ohne dass sie zum persönlichen Angriff oder zur Verschwörungstheorie geriete. Um hier ein noch differenzierteres Bild zu bekommen, sehen wir uns abschließend noch Auszüge aus Veröffentlichungen Rita Süßmuths und Heiner Geißlers auf ihre Argumentation hin an.

Auch Rita Süßmuth wird in Helmut Kohls Tagebuch als eine der von ihm geförderten, aber dennoch undankbaren und ‚rachsüchtigen‘ Personen (vgl. Kohl, S. 169) geschildert. Dass die Zusammenarbeit zwischen der Ministerin und späteren Bundestagspräsidentin Süßmuth und dem Kanzler Kohl nicht immer konfliktfrei war, wurde spätestens offensichtlich, als in der Presse im Jahr 1992 das Wort vom „auslaufenden Modell“ (Kohl über Süßmuth) kolportiert wurde. In Süßmuths Buch gibt es ein eigenes Kapitel mit der Überschrift „Das Phänomen Kohl“, das eine detaillierte Auseinandersetzung mit der Person Kohls erwarten lässt. Sehen wir uns also an, wie die Argumentation Süßmuths zu Helmut Kohl aussieht.

Zunächst fällt auf, dass offensichtlich auch Süßmuth – ähnlich wie von Weizsäcker – Kohl zunächst als eine beeindruckende Persönlichkeit mit positiven Attributen wahrgenommen hat. Ihr erstes Gespräch mit Kohl im Jahre 1985 resümiert sie wie folgt:

> Ich war beeindruckt vom Bundeskanzler. Er trat mir gegenüber damals nicht als der Mann der Macht auf, als den ich ihn bald kennen lernen würde. Ich erlebte einen sehr aufgeschlossenen Menschen, zuvorkommend, belesen, direkt und interessiert am Gegenüber. Wir sprachen über Literatur, über Glaubensfragen, über die jüngsten Bücher von Hans Küng. [...] Kohl sprach staatsmännisch und als Gentleman mit mir. Er nahm den Druck von mir und ließ mir Zeit. (Süßmuth, S. 100f.)

Doch bereits wenige Jahre später hatte sich das Verhältnis offenbar abgekühlt. Im Zusammenhang mit dem Bremer Parteitag im September 1989 wird Kohl v. a. als machtorientiert und wenig kritikfähig beschrieben:

> Hatte Helmut Kohl zu Beginn seiner Amtszeit noch kritische Reformer um sich versammelt, war diese Fähigkeit, sich von kritischen Köpfen inspirieren zu lassen, nach und nach wachsendem Misstrauen gewichen. Der Bremer Parteitag wurde zum Szenario einer Abrechnung Kohls mit den Kritikern. Von nun an nahmen sie in seiner Gedankenwelt keinen positiven Platz mehr ein. Sie waren zugelassen, sie waren anwesend, nicht völlig ausgegrenzt. Vielleicht vor allem, weil man sie so besser unter Kontrolle hatte. Aber anregen und bewegen ließ Helmut Kohl sich

> durch die Reformwilligen nicht mehr. [...] Wer kritisierte, der erntete Kohls Unmut. Fast alle, die in Bremen aktiv am Reformversuch beteiligt waren, mussten teuer für ihr Engagement bezahlen. (Süßmuth, S. 129f.)

Besonders interessant vor diesem Hintergrund scheint mir aber eine andere Argumentationslinie, die sich bei Süßmuth (wie auch bei von Weizsäcker) findet. Sie besteht darin, dass neben solch grundsätzlicher Kritik durchaus auch positive Aspekte gewürdigt werden, dass also nicht nur pauschal argumentiert wird. So bemerkt Süßmuth zu Helmut Kohls Wirken im Zusammenhang mit der Wiedervereinigung:

> Ein Journalist schrieb über Helmut Kohls historische Verdienste in dieser Situation, die „Geschichte sei ihm zu Hilfe gekommen". Das ist wahr. Wahr ist aber auch, dass der Kanzler extrem schnell und extrem sicher agierte, reagierte. Hier zeigte er sich als großer Staatsmann, hier, als er den Mantel der Geschichte am Ärmel packen konnte, war sein unbürokratisches Denken von Vorteil. (Süßmuth, S. 139f.)

Natürlich lässt sich auch aus dieser Passage eine indirekte Kritik ablesen, etwa die, dass Kohls „unbürokratisches Denken" in anderen Situationen (z. B. der Spendenaffäre) eben nicht „von Vorteil" gewesen sei. Insgesamt zeigt aber nicht nur diese Textstelle, dass Süßmuth keineswegs – möglicherweise durch Verbitterung – einseitig und pauschal die Schwächen und Fehler Kohls beschreibt, sondern durchaus auch Verdienste und Stärken sieht und würdigt. Dafür noch ein letzter Beleg. So schildert Süßmuth einerseits die politischen Kontroversen mit Kohl, um dann aber zu erwähnen, dass er sich anschließend doch für ihre Projekte eingesetzt habe:

> Helmut Kohl mochte meinen Widerspruch nicht, erwartete mehr parteigebundenes Denken, weniger Offenheit für Andersdenkende, weniger Konfrontation. Er versuchte, mich zu disziplinieren, mich auf Linie zu bringen, mal auf telefonischem, mal auf schriftlichem Wege, mal in den Parteigremien, in der Fraktion und gelegentlich auch in der Öffentlichkeit. [...] Bei den meisten meiner Projekte hat er jedoch seine anfängliche Ablehnung aufgegeben und die Vorhaben im Parlament oder in der Partei passieren lassen. Die Quote hätte ohne seinen massiven Einsatz nie eine Mehrheit gefunden. Da hätte auch das Engagement des Generalsekretärs, Peter Hintze, nicht ausgereicht [...] (Süßmuth, S. 257f.)

Sehen wir uns abschließend noch die Argumentation an, die sich bei Heiner Geißler findet, sozusagen dem Prototyp des „Querdenkers". Möglicherweise lassen sich dann die Gemeinsamkeiten und Unterschiede in den Argumentationen der „etablierten Querdenker" und der „Querdenker-Aspiranten" herausarbeiten.

Heiner Geißler schreibt sein Buch „Zeit, das Visier zu öffnen" unter dem Eindruck der verlorenen Bundestagswahl 1998 und dem damit verbundenen Wechsel zu einer rot-grünen Koalition. Seine zentrale These lautet: „Die Union hätte die Bundestagswahl im September 1998 nicht verlieren müssen." (Geißler, S. 9). Vor diesem Hintergrund und der seit vielen Jahren in den Medien vorgetragenen Kritik Geißlers an seiner eigenen Partei ist davon auszugehen, dass der Autor mit Kritik am Spitzenkandidaten seiner Partei und der Partei selbst nicht sparen wird. Wie also sieht diese Kritik Geißlers aus?

Bereits zu Beginn seines Buches macht Geißler kein Hehl aus seiner Ansicht, dass ein wesentlicher Faktor für den Verlust der Wahl in der Person Helmut Kohls bzw. dessen ungeschickter Taktik, zu finden ist:

> Die Gründe für die Niederlage liegen nicht nur im Scheitern des Bündnisses für Arbeit, der verlorenen Sozialstaatsdiskussion, der hohen Arbeitslosigkeit, der unvollendeten deutschen Einheit – sie liegen auch in der von Helmut Kohl initiierten Auseinandersetzung um seine eigene Nachfolge, an deren Ende die nochmalige Kandidatur Helmut Kohls stand. Dadurch wurde die Chance vertan, dem in der Bevölkerung weitverbreiteten Wunsch nach einem Wechsel durch einen antizipierten Wechsel in der Union die Spitze zu nehmen und gleichzeitig das Wahlkampfkonzept der SPD zu zerstören. (Geißler, S. 11)

Natürlich aber weiß auch Heiner Geißler, dass er in den Medien und von seinen Lesern als innerparteilicher Kontrahent Kohls gesehen wird. Dies scheint mir der Grund zu sein, dass Geißler seine Kritik an Kohl noch einmal besonders absichert, um zu verdeutlichen, dass sie nicht nur als persönliche Antipathie zu verstehen sei:

> Dies festzustellen hat nichts mit zwanghafter Kohl-Kritik zu tun. Die Fixierung der Partei auf eine Person ist in hohem Maß problematisch. Ich habe nie Loyalität mit Gehorsam verwechselt. [...] Ich bin nicht in der CDU oder im Parlament, weil ein bestimmter Mensch Parteivorsitzender ist, sondern weil ich mein Mandat als eine Berufung für mein Land empfinde und meine Partei die Überzeugungen, Ziele und moralischen Grundsätze vertritt, die auch ich für richtig halte. (Geißler, S. 12)

Bereits diese beiden Zitate verdeutlichen, dass Geißler sich einerseits zwar nicht scheut, Namen zu nennen, andererseits aber die persönliche Herabwürdigung oder das Ausplaudern von Interna bei ihm nicht auf der Tagesordnung stehen. Zwar finden wir auch in Geißlers Buch deutliche Worte, und zwar sowohl in Bezug auf Personen wie auch auf die CDU, aber stets scheint doch die Sache im Vordergrund zu stehen. Ein Indiz dafür ist, dass beispielsweise Helmut Kohl nicht pauschal kritisiert wird, sondern im Gegenteil (wie bei Rita Süßmuth) bestimmte Leistungen auch deutlich hervorgehoben werden – m.a.W.: Es erfolgt eine differenzierte Kritik. Auch dazu einige Beispiele. Im Zusammenhang mit dem sog. Bündnis für Arbeit bescheinigt Geißler dem damaligen Bundeskanzler beispielsweise, zunächst taktisch klug und politisch richtig gehandelt zu haben:

> Einsichtige innerhalb der Koalition, wie zum Beispiel der Bundeskanzler, erkannten auch sofort, daß die notwendigen Sparmaßnahmen im Bundeshaushalt und sozialpolitische Einschränkungen in der Gesetzgebung sich leichter realisieren ließen, wenn die Gewerkschaften mit im Boot säßen. Helmut Kohl hatte die strategische Bedeutung des Zwickel-Vorschlags sofort erkannt und hielt an der Idee

> noch fest, als führende Vertreter der Koalition – vor allem bei der FDP, aber auch in der Union – und die Vertreter der Wirtschaft das Bündnis längst aufgegeben hatten. (Geißler, S. 62f.)

Auch wenn Geißler die Haltung seiner Partei zu grundsätzlichen Fragen, etwa den Menschenrechten, kritisiert, macht er seine Kritik nicht an Personen fest:

> In zahlreichen Staaten dieser Welt werden gefangene Menschen systematisch gefoltert. Die Ignoranz und Nonchalance gegenüber diesen unmenschlichen Praktiken, die sich in den letzten Jahren bei der früheren Bundesregierung und den nachgeordneten Behörden breitgemacht hatte, ist empörend. Die Bundesregierung hat schweigend zugesehen, wie in anderen Ländern jeden Tag Hunderte von Menschen bestialisch mißhandelt und zu Tode gequält wurden. (Geißler, S. 217)

Aber selbst wenn es namentliche Kritik an Parteikollegen gibt, fällt sie zwar deutlich, aber dennoch sachlich aus:

> Den wohl merkwürdigsten Kommentar zur Bundestagswahl hat Peter Gauweiler abgegeben, als er in der „Welt am Sonntag“ (4. Oktober 1997) [recte: 1998] behauptete, die CDU habe die Wahl verloren, weil sie sich weniger um die Stammwähler, aber dafür mehr um die Laufkundschaft gekümmert habe. O sancta simplizitas! Gauweiler hält bekanntlich National- und Rechtskonservative für Stammwähler der Union. Nach seiner Logik müßten diese Leute von der CDU weg und irgendwo anders hingegangen sein. Nur wohin? REP, NPD und DVU haben zusammen bei der Bundestagswahl 3,3 Prozent erhalten. An die so genannten „Sonstigen“ – ÖDP, Christliche Mitte, Initiative Pro D-Mark, Bund Freier Bürger, PBC usw. – hat die Union gerade mal 63000 Stimmen verloren. Das ist eine Marginalie. (Geißler, S. 213)

Und außerdem gibt es bei Geißler auch eine Art der Kritik, die ich in dieser Deutlichkeit weder bei Kohl, noch bei Schäuble oder Lafontaine und erst recht nicht bei Möllemann gefunden habe:

> Am 12. September 1996 eröffnete Ottmar Schreiner (SPD) die Offensive mit einem Angriff auf mich, als er sagte, ich hätte „die katholische Soziallehre in diesem Hause für ein Linsengericht verkauft“. Ich habe öfter darüber nachgedacht, ob Ottmar Schreiner, inzwischen SPD-Geschäftsführer, nicht recht hatte. (Geißler, S. 121)

Was sich jedoch bei Geißler nicht finden lässt, ist Einseitigkeit oder eine persönliche Beleidigung.

Doch genug der Beispiele, kommen wir zur Interpretation der bisher vorgestellten argumentativen Eigenheiten.

Als wichtigsten Unterschied zwischen den argumentativen Strategien der „etablierten QuerdenkerInnen“ und den gerade in einer Krise befindlichen Politikern konnten wir die Art der Kritik an Partei- bzw. FraktionskollegInnen herausarbeiten. Während bei Kohl, Schäuble, Lafontaine und Möllemann jeweils schweres Geschütz aufgefahren wird, um die Schuld anderer an der eigenen Misere plausibel zu machen, gibt es diese Argumentation weder bei von Weizsäcker, Hamm-Brücher, Süßmuth oder Geißler. Und natürlich stellt sich die Frage, worin dies begründet sein könnte. Einerseits wäre hier vielleicht anzuführen, dass die älteren PolitikerInnen ja nicht einer aktuellen Krise stecken, ihre Rückschläge möglicherweise schon längst verwunden haben und deshalb kein Bedürfnis für Rechtfertigungen irgendwelcher Art mehr verspüren. Doch greift diese Erklärung allein wohl zu kurz. Denn erstens werden in solchen Lebensrückblicken natürlich auch die weniger erfreulichen Erfahrungen noch einmal dargestellt und reflektiert. Und zweitens müssten ja gerade die sozusagen im Ruhestand befindlichen PolitkerInnen keinerlei Rücksicht auf ‚Parteifeinde' nehmen, weil sie ja keine Ämter o. ä. zu verlieren haben. Mir scheint es aufschlussreicher, noch einmal von der Seite der jüngeren politischen Generation die Frage nach der Motivation für solch eine wie die vorgefundene Argumentationsweise zu stellen. Warum also sehen sich Kohl, Schäuble, Lafontaine und Möllemann offensichtlich genötigt, in dieser Weise vom Leder zu ziehen?

Vielleicht ist der entscheidende Unterschied in der Motivation, dass unsere Autoren (bis auf Helmut Kohl) – die man ja immer noch mit einem Parteistandpunkt verbindet – sich möglicherweise noch für weitere politische Ämter qualifizieren wollten (sei es Bundespräsident, sei es graue Eminenz, sei es „Querdenker" oder Spitzenkandidat einer neuen Partei), während die zuletzt untersuchten AutorInnen (v. Weizsäcker, Hamm-Brücher, Geißler, Süßmuth) gerade dies nicht mehr nötig haben. Sie haben tatsächlich keine politischen Ambitionen (verstanden als Ambitionen auf Ämter und Posten) mehr und können deshalb wirklich frei, d. h. nicht-taktisch, argumentieren. Deshalb haben sie es auch nicht mehr nötig, sich auf Kosten anderer (in den eigenen oder gegnerischen) Reihen zu profilieren und können sich daher den Luxus leisten, zu differenzieren und nicht schwarz-weiß zu malen. Dies haben wir besonders deutlich bei Weizsäcker, Süßmuth und Geißler in ihrer Argumentation zu Helmut Kohl gesehen.[12]

5. Fazit

Welche Erkenntnisse lassen sich nun aus den zitierten Passagen gewinnen? Zum einen erfahren wir etwas aus dem Innenleben von Parteien und Fraktionen, das zumindest denen, die nicht aktiv am politischen Geschehen mitwirken, sonst

12 Dies gilt übrigens auch für das lesenswerte Buch von Brigitte Baumeister (2004). Auch sie beschreibt die Motive und das Handeln der Personen Schäuble und Kohl durchaus differenziert, wiewohl sie auf ihrer Darstellung der Parteispendenaffäre beharrt und Schäubles Version als wissentliche Lüge zum Zwecke des Machterhalts darstellt. Anders als Schäuble hat Baumeister sich jedoch im Jahre 2002 ganz aus der Politik zurückgezogen.

verborgen bleibt. Zwar ist jedem politisch denkenden Menschen klar, dass die üblicherweise nach außen demonstrierte Einigkeit der Parteien und Fraktionen nicht dem tatsächlichen Bild einer demokratischen Partei bzw. Fraktion entsprechen kann. Wie erbittert und mit welch harten Bandagen dort aber um Macht, Prestige und die eigene Position gerungen wird, das deuten die besprochenen Texte an.

Neben diesem Blick hinter die Kulissen, der als solcher schon interessant ist, ergibt sich aber ein zusätzlicher Gewinn für die Politolinguistik. Diesen sehe ich v. a. darin, dass wir hier eine neue Textsorte an die Hand bekommen, in der wir eine Argumentationsweise prototypisch vorgeführt bekommen, die durch folgende Besonderheiten gekennzeichnet ist:

1. Die Emittenten sind offensichtlich in einer politisch ungünstigen Lage: Von ihren eigenen ParteikollegInnen wurden sie entweder zum Rücktritt gezwungen oder ihr Rücktritt wurde mindestens als überfälliger Schritt begrüßt.
2. Sie gehen also davon aus, dass ihnen nur noch eingeschränkte Solidarität aus ihrer Partei bzw. Fraktion entgegengebracht wird. Deshalb fühlen auch sie sich nicht mehr zu solidarischem Handeln verpflichtet.
3. Außerdem wissen sie, dass sie in ihrer eigenen Partei zurzeit kaum Chancen auf ein Comeback hätten. Sie sind deshalb – zumindest zeitweise – frei von politischen Karriere-Ambitionen innerhalb der eigenen Partei.
4. Diese besondere Konstellation führt zu einer Argumentation, in der – im Gegensatz zu den üblichen stets die Parteiinteressen wahrenden Auftritten – eine deutliche argumentative Kritik an innerparteilichen Kontrahenten geübt wird.
5. Diese Argumentation führt über eine sachliche argumentative Kritik jedoch weit hinaus. Ganz offensichtlich spielen nicht politische Auseinandersetzungen die Hauptrolle, da die Protagonisten ja alle auch persönlich durch den Verlust von Ämtern und möglicherweise ihres Ansehens (und z. T. wohl auch von finanziellen Einbußen) betroffen sind.
6. Diese besondere Situation scheint es zu sein, die die betroffenen Politiker dahin bringt, statt die sonst üblichen Floskeln zu bemühen, ihren Gefühlen relativ freien Lauf zu lassen. Nur so ist es erklärlich, dass den eigenen ParteikollegInnen Dinge wie Feigheit, Opportunismus, Intrigantentum, Wortbruch, kurzum: Skrupellosigkeit in einem Maße vorgeworfen wird, wie es selbst der politische Gegner nicht immer fertig bringt.
7. Ihre Art der Argumentation, ihr argumentativer Amoklauf unterscheidet sie deutlich von den Autoren, die ich hier einmal „etablierte QuerdenkerInnen" nennen möchte. Deren Argumentation zeichnet sich durch relative Abgewogenheit und Differenziertheit aus.

Diese geschilderte Argumentationsweise aber scheint mir konstitutiv für die hier vorgestellte Textsorte, deren Eigenheiten nun noch etwas konkreter dargestellt werden können. Emittenten sind also Politiker, die (mehr oder minder freiwillig) von politischen Ämtern zurückgetreten sind. Adressat dieser Texte ist die Öffentlichkeit, möglicherweise in besonderem Maße die innerparteilichen Kontrahenten der Autoren. Dies ergibt sich aus der Polyfunktionalität der Texte: Neben der Legitimation der eigenen Handlungsweise (durchaus kombiniert mit dem Eingeständnis eigener Fehler) dienen sie zur Delegitimation innerparteilicher Konkurrenten, teilweise sogar zu deren Diffamierung. Damit einher geht die Werbungsfunktion dieser Texte. Sie werben für die Person des jeweiligen Autors, der sich als über den Parteien stehende integre Autorität darstellt – und sich somit möglicherweise für weitere Ämter qualifizieren möchte.[13] Was das Thema und den Geltungsmodus dieser Texte angeht, so kann man aus einer Textsortenklassifizierung Josef Kleins zitieren:

> *Thema* (angeblich) schlimmste politische u./o. persönliche Verfehlungen des Gegners, insbesondere seines Führungspersonals. *Grundfunktion*: diffamierend. *Geltungsmodus*: emittentenseitiger Anspruch auf Wahrheit und politisch-moralische Korrektheit mit unterschiedlicher Glaubwürdigkeit bei den Adressaten – je nach Nähe oder Ferne zum Adressaten u./o. zur angegriffenen Gruppierung oder Person. (Klein 2000, S. 744)

Freilich schreibt Klein diese Merkmale der Textsorte „Pamphlet“ zu. Zweifellos haben die hier vorgestellten Texte in unterschiedlichem Ausmaß Gemeinsamkeiten mit politischen Pamphleten. Der Unterschied besteht darin, dass es zwar Diffamierungen politischer Gegner gibt, diese aber bei unserer Textsorte nicht unbedingt im Vordergrund stehen. Ein weiterer Unterschied besteht darin, dass sich unsere Textsorte v. a. kritisch mit den Gegnern in den eigenen Reihen auseinander setzt und gerade dadurch die Glaubwürdigkeit des Emittenten erhöhen soll. Rückt die hier beschriebene Textsorte jedoch aufgrund von Diffamierungen zu nah an das politische Pamphlet heran, dann dürfte der angestrebte Geltungsmodus geradezu in sein Gegenteil verkehrt werden.

Weiterhin wird auch jetzt verständlich, warum Helmut Kohls Tagebuch in einigen Punkten von den Schriften der anderen Autoren (Möllemann, Schäuble, Lafontaine) abweicht. Sein Tagebuch ist weniger als „Qualifikationsschrift“ aufzufassen. Bei ihm steht der Rechtfertigungsgedanke noch weit vor dem Qualifikationsgedanken. Dies mag auch damit zusammenhängen, dass Kohl einer anderen politischen Generation als Möllemann, Lafontaine und Schäuble an-

---

13 Bestätigt wird diese Einschätzung, die sich aus unserer Textanalyse ergibt, interessanterweise von journalistischer Seite. So heißt es in einem ausführlichen Artikel der Zeit (16.06.05, S. 2) über Oskar Lafontaine (und Gregor Gysi): „Sie sind Illusionskünstler, beherrschen den Trick, zugleich als *Mitglieder der politischen Führungskräftereserve* und als Vertreter aller Erniedrigten und Beleidigten der Republik aufzutreten.“ [Hervorhebung von mir, Th.N.].

gehört, und aufgrund seiner politischen Biographie eine Qualifikation für andere Ämter nicht mehr für erforderlich bzw. sinnvoll hält. Deshalb ist seine Schrift eher retrospektiv angelegt und soll – wie im Vorwort angedeutet – „zu einer faireren Beurteilung der Ereignisse" beitragen (Kohl, S. 7). Hier geht es also eher darum, das Lebenswerk nicht durch die Parteispendenaffäre und das berühmte Ehrenwort Kohls (die Spender der illegalen Parteispenden nicht zu nennen) in Mitleidenschaft ziehen zu lassen.

Dass die zum Kontrast zitierten etablierten Querdenker übrigens nicht der Gefahr erlegen sind, polemische Pamphlete zu verfertigen, liegt m. E. daran, dass sie ihre Texte entweder tatsächlich als Biographie (Hamm-Brücher, v. Weizsäcker) oder Erfahrungsbericht (Süßmuth) oder als Bearbeitung eines speziellen politischen Themas, z. B. der verlorenen Bundestagswahl (Geißler) verfassen. Auf diese Weise entstehen Texte wie die Biographie Hamm-Brüchers, die zu ihrem eigenen Buch sagt:

> Es ist kein Polit-Thriller. Es beansprucht keine historische, politische und auch keine autobiographische Vollständigkeit. Es geht mir nicht um persönliche Denkmalpflege oder Schönfärberei. Es geht mir allein darum festzuhalten und weiterzuvermitteln, weshalb ich 1945, nach der Befreiung von der Unfreiheit, Politik zu meinem Lebensberuf gemacht habe, worum es mir bei meinem fast fünfzigjährigen Engagement ging – was ich damit bewirken wollte. (Hamm-Brücher, S. 15)

Ich glaube, es ist dieser vergleichsweise distanzierte Blick für das Ganze, der zwar persönliche Enttäuschungen nicht ausspart und auch kommentiert, sie aber keineswegs zum Mittelpunkt macht, der zu einer anderen, nämlich abgeklärteren Argumentation führt. Oder, wenn man es als Handlungsanweisung für PolitikerInnen ausdrücken möchte: So wie es im Fußball üblich ist, dass ein Elfmeter nicht vom Gefoulten selbst ausgeführt wird, so sollten Politiker möglicherweise vorsichtig damit sein, ihren ParteikollegInnen selbst die politische Falschheit der eigenen Abwahl nachzuweisen.

Literatur

A) Literatur von Politikern

Baumeister, Brigitte (mit Dietmar Brück) (2004): Welchen Preis hat die Macht? Eine Frau zwischen Kohl und Schäuble, München.

Geißler, Heiner (1998): Zeit, das Visier zu öffnen, Köln.

Hamm-Brücher, Hildegard (1996): Freiheit ist mehr als ein Wort. Eine Lebensbilanz 1921-1996, Köln.

Kohl, Helmut (2000): Mein Tagebuch 1998-2000, München.

Lafontaine, Oskar (1999): Das Herz schlägt links, München.

Möllemann, Jürgen W. (2003): Klartext. Für Deutschland, München.

Schäuble, Wolfgang (2000): Mitten im Leben, München.

Süßmuth, Rita (2002): Wer nicht kämpft, hat schon verloren. Meine Erfahrungen in der Politik. Aktual. Ausg., München.

Weizsäcker, Richard von (1997): Vier Zeiten. Erinnerungen, Berlin.

B) Linguistische Literatur

Adamzik, Kirsten (2004): Textlinguistik. Eine einführende Darstellung, Tübingen.

Burkhardt, Armin (2003): Verunklärungsarbeit. Sprachliche Techniken der Schuldverschleierung im Rahmen des Parteispendenskandals. In: Burkhardt/Pape, S. 104-119.

Burkhardt, Armin/Pape, Kornelia (Hrsg.) (2003): Politik, Sprache und Glaubwürdigkeit. Linguistik des politischen Skandals, Wiesbaden.

Holly, Werner (2003): Die Ordnung des Skandals. Zur diskursanalytischen Beschreibung eines ‚Frame‘ am Beispiel der ‚CDU-Spendenaffäre‘. In: Burkhardt/Pape, S. 47-68.

Klein, Josef (2000): Textsorten im Bereich politischer Institutionen. In: Brinker, Klaus u. a. (Hrsg.): Text- und Gesprächslinguistik. Ein internationales Handbuch zeitgenössischer Forschung. 1. Halbband [HSK 16.1], Berlin/New York, S. 732-755.

Niehr, Thomas (2000): Die Asyldebatte im Deutschen Bundestag – Eine „Sternstunde“ des Parlaments? Untersuchungen zur Debattenkultur im Deutschen Bundestag. In: Burkhardt, Armin/Pape, Kornelia (Hrsg.): Die Sprache des deutschen Parlamentarismus. Studien zu 150 Jahren parlamentarischer Kommunikation, Wiesbaden, S. 241-260.

Pape, Kornelia (2003): Wer zu spät kommt mit der Wahrheit... Politische Lügen in der CDU-Spendenaffäre. In: Burkhardt/Pape, S. 120-140.

Schütz, Astrid/Hertel, Janine (2003): Strategien defensiver Selbstdarstellung im Parteispendenskandal aus psychologischer Sicht. In: Burkhardt/Pape, S. 87-104.

Una Dirks, unter Mitarbeit von Anne K. Schmidt

Akzeptanzwerbung in britischen *Editorials*: Pro und Contra Irakkrieg

1. Einleitung

Der dritte Irakkrieg im Frühjahr 2003 wurde ohne völkerrechtliche Legitimation begonnen. Die von den USA und Großbritannien vorgebrachten Kriegsgründe, insbesondere mit Bezug auf den angeblich irakischen Besitz von Massenvernichtungswaffen sowie auf eine terroristische Verbindung zwischen der al-Qaida und Saddam Hussein, gelten heute als widerlegt. Vor diesem Hintergrund wollen wir der Frage nachgehen, wie sich die internationale sog. Qualitätspresse anlässlich des *Critical Discourse Moment (CDM)*[1] ‚Kriegsbeginn' mit offensichtlich manipulierten bzw. schlecht recherchierten Informationen positioniert oder auch davon distanziert hat.[2]

Zur Klärung dieser Frage beziehen wir uns in dem vorliegenden Beitrag auf die Leitartikel britischer Tageszeitungen. Warum sich das *Editorial* dazu als besonders geeignet erweist, soll im nächsten Abschnitt unserer Ausführungen kurz erläutert werden. Hier skizzieren wir auch unser Forschungssample und den Analyseansatz. Der dritte Teil enthält eine Darstellung erster Forschungsergebnisse. Wir schließen mit methodologischen Überlegungen zum weiteren Fortgang unseres Forschungsprojektes und problematisieren die Qualität von Presseinformationen (s. Kap. 4).

2. Forschungssample und analytischer Zugang

Zur Untersuchung zeitungsspezifischer Positionierungen haben wir uns für den Leitartikel bzw. das *Editorial* entschieden, da diese Textsorte gemeinhin als

---

1 Vgl. Chilton 1987. Ein *CDM* ist ein Fokalpunkt, der sich durch eine hohe ‚interaktive Dichte' in der Pressediskursführung und durch eine sprachlich-bildliche Inszenierung dramaturgischer Höhepunkte, hier: in Bezug auf den drohenden Krieg gegen den Irak, auszeichnet. In der Regel beinhalten Pressetexte im Rahmen der *CDMs* eine große Vielfalt persuasiver, bildhafter, kommunikativer Darstellungsmittel, die den LeserInnen besonders prägnant elaborierte, kollektive Orientierungsmuster anbieten.

2 Die Untersuchung ist Teil eines Drittmittelprojektes zur „De-/Konstruktion von Krieg in der internationalen meinungsführenden Presse: Der ‚Fall' Irak", das von der Deutschen Stiftung Friedensforschung finanziert wird (siehe http://www.bundesstiftung-friedensforschung.de/html/dirks.html).

„Flagge der Zeitung“[3] firmiert. Auch unterliegen Leitartikel meist besonderen Abstimmungsprozessen innerhalb der jeweiligen Zeitungsredaktion und können daher als Dokumente der Diskurskultur(en) eines gesamten Presseorgans bzw. der es repräsentierenden Redaktionsgemeinschaft betrachtet werden.[4] Ein als bekannt vorausgesetzter Sachverhalt wird hier – entsprechend der Regeln des „Bedeutungsjournalismus“ – evaluiert.[5]

Für die Auswertung der Leitartikel stützen wir uns im Wesentlichen auf die Argumentationsanalyse nach Toulmin[6] und dessen Adaptation an Pressetextanalysen nach Lüger[7]. Als Argumente betrachten wir Sätze, die einen Hinweis auf ihren Argumentcharakter beinhalten (z. B. ein implizites oder explizites ‚denn‘, ‚weil‘, ‚weshalb‘) und das Ziel verfolgen, „to justify or refute a standpoint, with the aim of securing agreement in views“[8]. Im Gegensatz zu formallogischen Argumentationsanalysen betrachten wir Argumente aus funktionaler Perspektive unter Berücksichtigung ihres jeweiligen Kontextbezuges sowie der ihnen zugrunde liegenden Normativität und expressiven Sinnebene. Den Dokumentsinn[9] der Argumentationsweisen rekonstruieren wir zudem mithilfe konzeptueller Metaphern[10] und *frames*[11], d. h. auf der Ebene symbolischer Wissensordnungen.

---

3 Reumann 1994, S. 78.

4 Vgl. auch Mast 1994, S. 190.

5 Lüger 2001, S. 207. Aufgrund des besonderen Profils des *Editorial* sind in den vergangenen Jahren eine Reihe kommunikationswissenschaftlicher Forschungsarbeiten durchgeführt worden. Hier sei nur das DFG-Projekt von Friedhelm Neidhardt, Christiane Eilders und Barbara Pfetsch erwähnt, das anhand einer quantitativen Inhaltsanalyse auf der Basis von Leitartikeln aus überregionalen Tageszeitungen der Bundesrepublik Deutschland einen Vergleich von Kommentaragenda und politischer Agenda im Hinblick auf konsonante und dissonante Positionierungen zwischen den verschiedenen Medien anstrebt. Zu Ergebnissen des Forschungsprojektes s. Eilders 2002.

6 Vgl. Toulmin 1958/1995.

7 Vgl. Lüger 2001.

8 Van Eemeren u. a. 1997, S. 208. Zur Argumentationsanalyse von Pressekommentaren vgl. Lüger 2001; Lüger 1995; Lüger 2002; Nowag/Schalkowski 1998.

9 Vgl. Dirks (unter Mitarbeit Kohlmeyer) 2004.

10 Vgl. Lakoff/Turner 1999; Lakoff 1992.

11 Im Anschluss an die weit gefasste Rahmen-Definition von Goffman 1974 und Minsky 1980 bezieht sich ein *frame* nicht nur auf Wahrnehmungsstrukturen und lexikalische Semantiken im engeren Sinne, sondern auch auf pragmatische Erfahrungszusammenhänge. Ein *frame* zeichnet sich somit durch komplexe, hierarchisch angeordnete, kognitive und pragmatische Merkmale aus, die prototypische Informationen u. a. zu Funktionen und konstitutiven Bestandteilen, zu Akteuren und den für stereotype Situationen charakteristischen Handlungssequenzen, den *scripts* (Abelson 1981; Schank/Abelson 1977), sowie diesbezügliche Erwartungsstrukturen enthalten.

In diesem Beitrag konzentrieren wir uns auf die britischen Tageszeitungen *The Times* und *The Independent*, d. h. auf meinungsführende Presseorgane eines Landes, das als wichtigster Bündnispartner der USA in der kriegsführenden *Coalition of the Willing* firmiert und dessen Regierung insbesondere den vermeintlichen Kriegsgrund *Weapons of Mass Destruction* im Irak stets vehement verteidigt hatte.[12] Da die Londoner *Times* im Allgemeinen dem konservativen und der *Independent* eher dem (links-)liberalen Spektrum zugerechnet wird, hoffen wir, eine möglichst große Bandbreite unterschiedlicher kriegsförderlicher oder -hinderlicher Akzeptanzwerbepraktiken[13] rekonstruieren zu können. Der *CDM*-relevante Untersuchungszeitraum beginnt am 03. März und endet am 02. April 2003.[14] In dieser Zeit sind in der *Times* 20 und im *Independent* 18 Leitartikel zum (drohenden) Irakkrieg erschienen, die alle einer detaillierten Argumentations-, *frame-* und Metaphernanalyse unterzogen wurden.

3. Akzeptanzwerbepraktiken der *Times* und des *Independent* zum Irakkrieg

Im Anschluss an einige Hintergrunderläuterungen zur Situation des *CDM* ‚Kriegsbeginn' stellen wir die Positionierungen der beiden britischen Tageszeitungen zunächst einzeln vor und kontrastieren diese anschließend miteinander.

3.1 Situationsbeschreibung CDM *‚Kriegsbeginn'*

Am 17.03.2003 erklärte der US-amerikanische Präsident George W. Bush die diplomatischen Bemühungen seiner Regierung in Bezug auf den Irak offiziell für beendet. Gleichzeitig stellte er dem irakischen Staatschef Saddam Hussein und seinen Söhnen ein Ultimatum, den Irak innerhalb der folgenden 48 Stunden zu verlassen. Sollten sie dieser Anordnung nicht folgen, drohte er mit militärischen Angriffen, die dann am Morgen des 20.03.2003 als Fortsetzung des *War on Terror* begannen. Mit dieser Entscheidung verzichteten die britische und die US-Regierung auf einen neuen Resolutionsentwurf des UNO-Sicherheitsrates, *1441b*

12 Erst am 28.09.2004 ringt sich Tony Blair in einer Rede auf dem Labour-Parteitag zu der folgenden Aussage durch: „The evidence about Saddam having actual biological and chemical weapons, as opposed to the capability to develop them, has turned out to be wrong." http://www.news.bbc.co.uk/1/hi/uk_politics/3692996.stm

13 Vgl. Lüger 2001.

14 Zweifelsohne setzt die Akzeptanzwerbung für oder gegen einen Irakkrieg bereits sehr viel früher ein. Diesbezügliche Darstellungspraktiken werden in unserem Forschungsprojekt jedoch im Zusammenhang mit anderen *CDMs* berücksichtigt. Eine zunächst isolierte Betrachtung des *CDM* ‚Kriegsbeginn' erscheint nicht zuletzt aufgrund der starken Verdichtung zeitungseigener Argumentationslinien unmittelbar vor dem Angriff auf den Irak gerechtfertigt.

bzw. *Zweite Resolution* genannt. Diese Resolution sollte dem Irak eine letzte Chance zur Kooperation, zur vollständigen Aufklärung über seine Massenvernichtungswaffen sowie zur anschließenden Entwaffnung geben. Über die genauen Modalitäten konnte jedoch – wie u. a. das von der französischen Regierung angekündigte Veto zeigt – keine Einigung erzielt werden, weshalb der britische Premierminister Tony Blair die von ihm favorisierte Lösung einer *Zweiten Resolution* schließlich fallen ließ.

3.2 Akzeptanzwerbung der Times *für den Irakkrieg*

In den Kommentaren der britischen Tageszeitung *The Times* wird mit einer Ausnahme (s. u.) konsequent Stellung für den kriegsverteidigenden Kurs des Premierministers Tony Blair bezogen ($K_{BLB}1$)[15]. Entsprechend der konzeptuellen Metaphern DIPLOMACY FOR WAR IS UP, POLITICS IS BUSINESS und COHESION IS UP betont die Zeitung noch bis kurz vor Beginn der Militärschläge, dass sie eine Unterstützung des angloamerikanischen Kriegsvorhabens durch die Vereinten Nationen für wichtig halte ($K_{UN}1$). Diesbezügliche Positionierungen befinden sich stets in den Unterüberschriften, während die Hauptüberschriften den Gegenstand der Kommentare durch uneindeutige Abstraktionen eher verrätseln und offensichtlich die Funktion des sog. Lasso-Effektes erfüllen sollen (z. B. „Time to Choose. The Security Council must now uphold Resolution 1441").

Als Hauptargument[16] zur Rechtfertigung des Krieges wird der irakische Besitz verbotener Gifte und nuklearen Materials angeführt ($K_{JoW}1$, vgl. $K_{JoW}4$). Mit der Behauptung: Diese würden nie gefunden, da sie Hussein versteckt hielte ($K_{JoW}2$) und dem Vorwurf der „Tatsachenverdrehung" („prevarication") durch den irakischen Regierungschef Saddam Hussein enthebt sich die Zeitung jeglicher Recherchieranstrengungen und verschreibt sich blindlings der Maßgabe DISARMAMENT OF A ROGUE STATE IS GOOD.

Als „zweitrangigen, aber wichtigen" („secondary, though significant") Grund zur Legitimierung militärischer Angriffe gegen den Irak nennen die KommentatorInnen die Befreiung der irakischen Bevölkerung von der Diktatur Saddam Husseins ($K_{JoW}5$). Die Argumentation wird durch einen RESCUE-*frame* gestützt: Die USA und GB erscheinen hier als Retter und die Iraker als Opfer, die vom „Fluch" („curse") und von den „Exzessen" („excesses") des als „besonders niederträchtig" („particularly vile") stigmatisierten Aggressors Saddam Hussein befreit und „in die zivilisierte Welt" zurückgebracht werden müssten („must welcome the people of Iraq back into the civilised world"; vgl. $K_{HI}1$). In Anspielung auf die beiden vorausgegangenen Golfkriege unterstellt die *Times* dem irakischen Staatsführer eine „Kriegslust" („belligerence") und macht ihn

---

15 Zu den Abkürzungen für die einzelnen Argumente s. Anhang.

16 Die hierarchische Anordnung der Argumente resultiert aus den in den Leitartikeln vertretenen Schwerpunkten sowie der Häufigkeit ihrer Nennungen.

diesem Vorwurf für die geschwächte diplomatische Bedeutung der UNO verantwortlich. Dramaturgisch zugespitzt wird dieses Feindbildkonstrukt durch eine Stilisierung der UNO zu einem personifizierten Opfer, das nunmehr „im Sterben liege" („in its dying days"). Die asymmetrische Rollenverteilung zwischen der westlichen Allianz und dem irakischen Staatsführer manifestiert sich zudem in hierarchisch strukturierten *category-bound activities*[17], die überwiegend einem Rechts-*frame* subsumiert werden können: Während Ersteren die Berechtigung zuerkannt wird, Forderungen zu stellen, soll sich der Irak diesen bedingungslos fügen (z. B. „Iraq's compliance", „demanded of Iraq", „Saddam Hussein was supposed to", „he has been in breach of this resolution", „assessing Iraq's deeds", „requires ... that Baghdad was actively complying", „practicable for Iraq to satisfy these requirements", „Iraq is a serial offender of the rule of peace").

Am Anfang der Militärschläge integriert die *Times* erstmals, aber zum einzigen Mal im Untersuchungszeitraum die Ereignisse des 11. September 2001 in ihre Argumentation für den Krieg: Die Angriffe auf die USA seien Akte „unkonventionellen Terrorismus'" („unconventional terrorism") gewesen ($K_{Sep}1$), die einer Gegenhandlung bedürften ($K_{JoW}7$, vgl. $K_{JoW}6$). Wenngleich die Zeitung auf die Gefahr einer möglichen Kooperation terroristischer Gruppen mit Staaten verweist, die über Massenvernichtungswaffen verfügten, stellt sie dennoch keine direkte Verbindung zwischen der Gruppe der vermeintlichen Attentäter, al-Qaida, und dem Irak her.

Parallel zur Argumentation Blairs spricht sich die *Times* zunächst für den Krieg mit Unterstützung der UNO ($K_{UN}1$) und für eine *Zweite Resolution* als Rechtsgrundlage aus ($K_{UN}2$). Doch neun Tage vor Kriegsanfang wird die Möglichkeit eines Militärschlags ohne die UNO eingeräumt ($K_{UN}3$) und damit wiederum der Schulterschluss mit dem britischen Premier vollzogen, der schließlich für eine Lösung des Konfliktes ohne die UNO eingetreten war. Der auf diese Weise antizipierte Bruch mit der UN-Charta VII, Art. 2, No. 3-4 wird mithilfe in-/direkter *Face Threatening Acts* (*FTAs*)[18] verteidigt:

– Zum einen vollzieht die *Times* einen indirekten *FTA* gegenüber der Staatengemeinschaft, der – mit Ausnahme ihrer Mitglieder USA und Großbritannien – in Gestalt einer rhetorischen Frage die Kompetenz abgesprochen wird, auf die „neue Form des Terrorismus" („a new kind of terrorism") angemessen reagieren zu können ($K_{UN}4$).

17 Jayyusi 1984, S. 35ff.

18 Vgl. Brown/Levinson 1987.

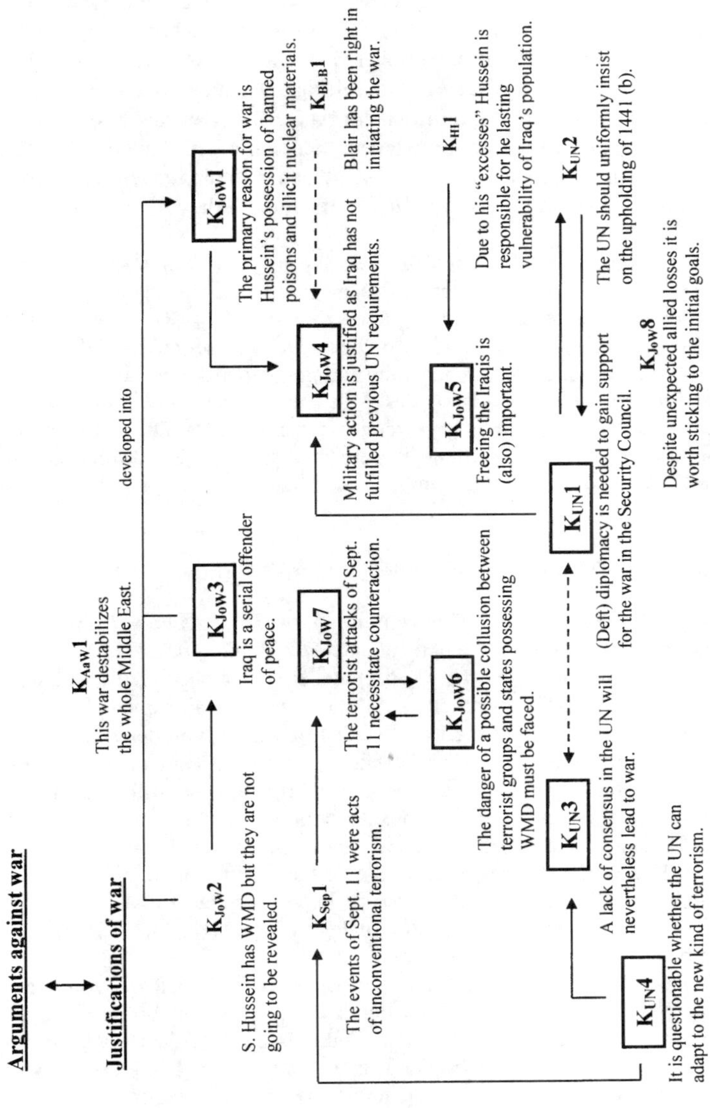

Abb. 1: Übersicht über die Argumentation der *Times* zum *CDM* ‚Kriegsbeginn'

- Zum anderen enaktiert die Zeitung einen direkten *FTA* gegenüber den von den UNO-Mitgliedern vollzogenen Handlungen im Sicherheitsrat, die – entsprechend der konzeptuellen Metapher DIPLOMACY AGAINST WAR IS DOWN – pejorativ konnotiert (vgl. „unergiebige Debatten um Nichtigkeiten“ bzw. „fruitless bickering“) und mit einem Appell zur Konzentration auf die Kriegsvorbereitungen konfrontiert werden; nicht zuletzt, um die durch „Iraqi intransigence and French posturing“ erlittenen Demütigungen zu rächen (NATIONAL MORAL IS UP; vgl. *Ed.* im Anhang, K4)).

In der ersten Woche der Militärschläge bemüht sich die *Times* noch – trotz unerwarteter Verluste auf Seiten der britischen und amerikanischen Truppen – um eine uneingeschränkte Legitimierung der Kriegsziele ($K_{JoW}8$). In der zweiten Kriegswoche und damit gegen Ende des Untersuchungszeitraums äußern die Leitartikler erstmalig einen möglichen Einwand gegen den Krieg, indem sie auf wachsende Proteste in den Ländern des Mittleren Ostens hinweisen, die als Anzeichen für eine Destabilisierung gewertet werden ($K_{AaW}1$). Das Aufkommen erster Zweifel verbindet die Zeitung mit einem Appell an die Alliierten, ein tieferes Verständnis für die Situation im Irak zu entwickeln.

3.3 Akzeptanzwerbung des Independent *gegen einen Krieg*

Die Positionierung der britischen Tageszeitung *The Independent* im Hinblick auf den dritten Irakkrieg ist durch einen Wandel zu Beginn der Militärschläge gekennzeichnet: Im Rahmen der konzeptuellen Metapher DIPLOMACY AGAINST WAR IS UP sprechen sich die KommentatorInnen bis zum 18.03.2003 kontinuierlich und vehement für eine friedliche, von der UNO getragene Lösung des Konfliktes aus ($K_{UN}1$). Diesbezügliche argumentative Haupthandlungen sind stets bereits Gegenstand der Artikelüberschriften: z. B. „A second UN resolution should set final deadlines rather than authorise war“, „A divided world stands on the brink of a war that could have been avoided“. Mit Einsetzen der Kampfhandlungen versucht die Zeitung jedoch auch, entsprechend des anlässlich von Kriegen immer wieder zu beobachtenden *rally-around-the-flag-effect*[19] die militärische Intervention zu legitimieren ($K_{JoW}1$, 2; z. B. „the time has come to ‚support our troops‘“).

Der *Independent* verteidigt seinen Anti-Kriegskurs, indem er von einer Teilung der UNO ($K_{UN}2$) und der Welt durch einen unverantwortlichen Krieg spricht, der hätte vermieden werden können und müssen ($K_{AaW}1$; s. auch *Ed.* im Anhang, K1). Dementsprechend wird der Tag, an dem sich die USA und GB von der Bindung an ein UNO-Mandat lossagen, als „seismisch“ („seismic day“) bezeichnet (vgl. die Orientierungs-Metaphern COHESION IS UP/DISCORD IS DOWN). Sahen die Leitartikler zunächst in der Zweiten Resolution 1441 die

19 Vgl. Russett/Starr/Kinsella 2004.

letzte Rettung der UNO-Diplomatie ($K_{UN}3$), rückt mit den kurz bevorstehenden Militärschlägen eine Einigung der UNO-Staaten als prototypische Anforderungsstruktur für deren Handeln in den Mittelpunkt. In Form einer pro- bzw. retrospektiv gewendeten deontischen Modalität[20] appelliert die Zeitung: Der Terrorismus solle mit verstärkten Sicherheits-, verbesserten Aufklärungsmaßnahmen und überlegter Diplomatie, nicht aber mit Krieg bekämpft werden ($K_{AaW}1$) bzw. der Irak hätte friedlich entwaffnet und den UNO-Inspektoren mehr Zeit gewährt werden müssen. Unmittelbar vor Kriegsbeginn werden diese Appelle von den folgenden Positionierungen der KommentatorInnen begleitet:

- Die Militärhandlungen und das Ultimatum an Hussein repräsentierten das Scheitern der Diplomatie, insbesondere hervorgerufen durch US-amerikanische und französische Politik ($K_{AaW}2$; s. auch *Ed.* im Anhang, K3).
- Es gäbe keine Beweise für eine Beziehung zwischen dem irakischen Staatschef und al-Qaida ($K_{AaW}6$).
- Anders als von Befürwortern des Krieges behauptet, reiche die ursprüngliche Resolution 1441 nicht für dessen Legitimation aus ($K_{AaW}8$).
- Das Veto der französischen Regierung gegen die von den USA entworfene neue Resolution werde von vielen Briten und anderen Europäern gestützt ($K_{VF}1$). Daher habe Blair Frankreich zu Unrecht für ein „gemeinsames Scheitern" („collective failure") angegriffen ($K_{VF}2$).
- Ein nicht von der UNO legitimierter, unilateraler US-Angriff würde andere Staaten wie China und Indien dazu ermutigen, ihre Nachbarstaaten anzugreifen ($K_{AaW}7$).

Wie das erst- und letztgenannte Argument ($K_{AaW}2$, 7) verdeutlichen, nimmt der *Independent* eine Abgrenzung des britischen vom US-amerikanischen Kurs und dementsprechend eine Spaltung innerhalb der zunächst zu vermutenden korporativen Wir-Gruppe der Alliierten vor. Insbesondere im Rahmen der strukturellen Metapher POLITICS IS NO IRRATIONAL BUSINESS üben die KommentatorInnen frühzeitig Kritik an den politischen Fürsprechern des Krieges. Gestützt werden die primär auf die USA und dessen Präsidenten bezogenen kritischen Stellungnahmen (u. a. $K_{AaW}5$) durch ein negatives *prognostic framing*[21], das entsprechend der unvorhersehbaren Entwicklung von Konflikten mithilfe der ‚cost-benefit'-Metapher und epistemischer Modalitäten[22] realisiert wird:

- Sollte die der konzeptuellen Metapher POLITICS IS LONG-TERM BUSINESS IN JOINT-INTEREST GROUPS immanente Norm DISCORD IS DOWN/COHESION IS UP verletzt werden (z. B. im Falle einer Abstim-

[20] Dirks 1991, S. 49ff.

[21] Snow/Benford 1988, S. 199.

[22] Dirks 1991, S. 49ff.

mung über *1441b* anstelle einer Änderung oder einer Distanzierung von ihr; vgl. $K_{UN}4$), könnte dies „einen Bruch im transatlantischen Bündnis" nach sich ziehen und wäre aufgrund der damit verbundenen Risiken „ein zu hoher Preis" (vgl. die strukturelle Metapher WAR SPLITS THE WESTERN ALLIES).
- Ein möglicher Krieg führe wahrscheinlich vermehrt zu Selbstmordattentaten an westlichen Zivilisten, zu einer lang anhaltenden Destabilisierung der Beziehungen zwischen den Alliierten und den Ländern des Mittleren Ostens, und er gefährde schließlich die globale Sicherheit ($K_{AaW}3$; z. B. „the cost in Arab resentment and global insecurity").
- Darüber hinaus ergäben sich beim Wiederaufbau Iraks nach dem Krieg wahrscheinlich viele Probleme, bei deren Lösung Europa im Fall einer Kriegsbeteiligung direkt involviert wäre ($K_{AaW}4$).

Ab dem 20.3.2003 ist mit Ausnahme dreier wiederholter Einwände gegen den Krieg – den unvermeidbaren Opfern und der Warnung vor Risiken für die globale Sicherheit sowie für die Beziehungen zwischen den Alliierten und dem Mittleren Osten – eine starke Veränderung der Positionierung und eine zeitweilige Solidarisierung mit dem Regierungskurs Blairs zu erkennen:

- Wenngleich sich der irakische Besitz von Massenvernichtungswaffen nicht beweisen lasse (z. B. „For all the spin, for all Mr Bush's disastrous diplomacy and his dubious motives..."), legitimiere doch die Befreiung der irakischen Bevölkerung und Demokratisierung des Irak einen Krieg ($K_{JoW}1$, vgl. RESCUE-*frame*).
- Die Demokratisierung des Staates und eine gleichzeitige Wiederaufnahme des israelisch-palästinensischen Friedensprozesses, zwei der offiziellen Ziele von Blair und Bush, seien zudem wünschenswerte Folgen des Krieges ($K_{JoW}2$). Das zuvor überwiegend negative *prognostic framing* wird nunmehr von einem positiven überblendet.

Die Suche nach Legitimierungsgründen für einen Angriff auf den Irak stellt jedoch nur ein kurzes Intermezzo dar, das alsbald schon wieder von regierungs- und kriegskritischen *Editorials* in Gestalt der ‚cost-benefit'-Metapher (z. B. „Britain is paying the blood price"), vor allem gegenüber den USA, abgelöst wird.

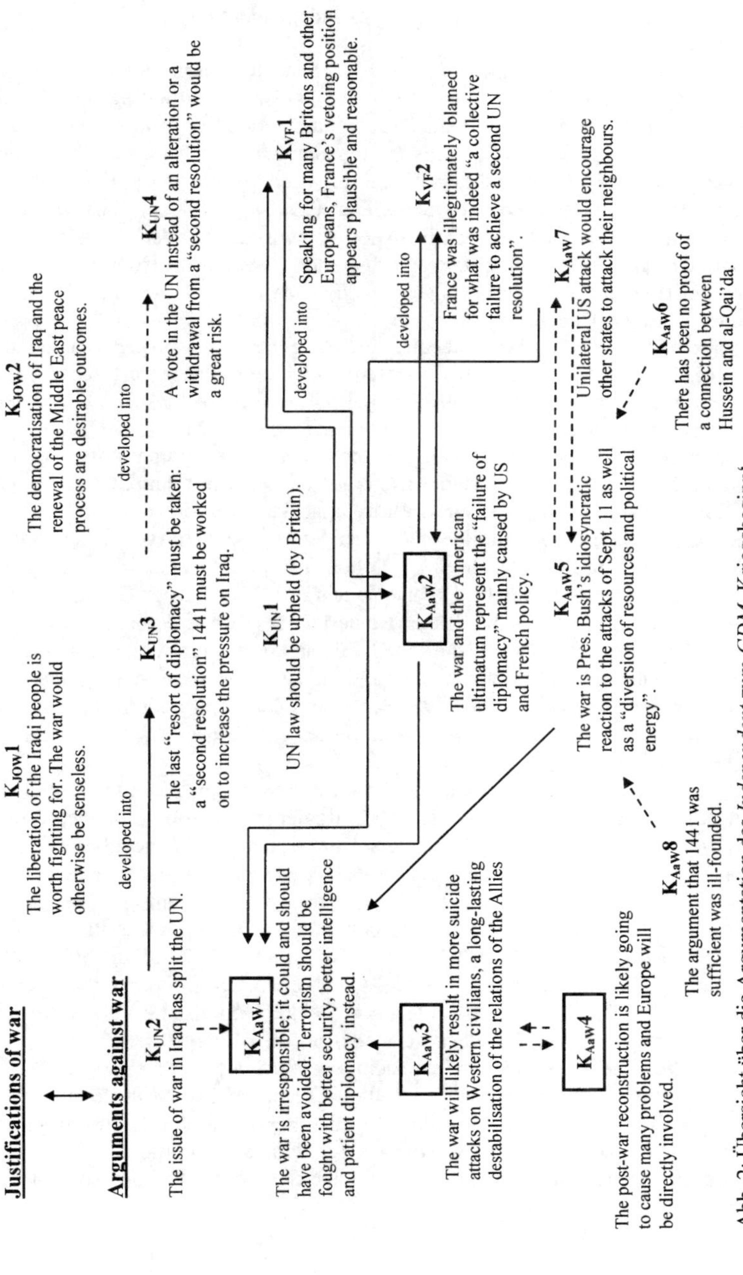

Abb. 2: Übersicht über die Argumentation des *Independent* zum *CDM* ‚Kriegsbeginn'

3.4 Akzeptanzwerbung der Times *und des* Independent *im Vergleich*

Ein Vergleich der Argumentationen, konzeptuellen Metaphern und *frames* in den Leitartikeln der beiden britischen Zeitungen weist auf grundlegende Unterschiede in den Positionierungen hin. Die Argumentation des *Independent* ist zudem deutlich komplexer und kritischer gegenüber dem US-amerikanischen Kriegskurs im Besonderen und dem Krieg im Allgemeinen als die der *Times*, in der erst Ende März aufgrund der wachsenden Proteste in Ländern des Mittleren Ostens einmalig Zweifel hinsichtlich der Auswirkungen der Militärschläge geäußert werden. Eine eher kriegslegitimierende Akzeptanzwerbung des *Independent* zu Beginn des Irakkrieges (vgl. „*rally-around-the-flag-effect*") ist dagegen nur von kurzer Dauer.

Während die *Times* ihre Akzeptanzwerbung für einen Krieg v. a. an der vermeintlichen Existenz irakischer Massenvernichtungswaffen festmacht ($K_{Jo}W$ 1-4, 6) und Saddam Hussein als Reinkarnation des Bösen konstruiert, vor dem die irakische Bevölkerung gerettet werden müsse (s. $K_{Jo}W5$, $K_{HI}1$; vgl. RESCUE-*frame*), stellt der *Independent* den erstgenannten Kriegsgrund aufgrund der schlechten Beweislage immer wieder in Frage, geht aber mit dem zweiten Argument durchaus konform (i. S. eines Befreiungsaktes für die irakische Bevölkerung, $K_{Jo}W1$), allerdings mithilfe eines weniger emotional aufgeladenen Feindbild-Konzeptes[23] und nicht, ohne wiederholt Einwände gegen den Krieg zu formulieren. Ähnliche graduelle Unterschiede finden sich in der Bewertung des politischen Kurses Frankreichs, dessen Regierung insbesondere in der *Times* als weitere *Outgroup* mit feindbildähnlichen Zügen konstruiert wird, und in dem Vorwurf, es gäbe eine terroristische Verbindung zwischen der al-Qaida und dem Irak. Im Gegensatz zum *Independent*, der eine solche Verbindung kategorisch negiert, macht die *Times* vorsichtig formulierte, generalisierte Andeutungen in eben diese Richtung.

Entsprechend der unterschiedlichen Akzeptanzwerbeziele beider Zeitungen erfährt das Handeln der US-amerikanischen Regierung auch eine diametral entgegengesetzte Bewertung. Möglicherweise, um einen *FTA* gegenüber der britischen Regierung zu vermeiden, führt der *Independent* offenbar einen stellvertretenden Anti-Kriegsdiskurs, in dem v. a. die US-amerikanische, aber nicht die britische Regierung im Rahmen der konzeptuellen Metaphern DIPLOMACY AGAINST WAR IS UP, POLITICS IS NO IRRATIONAL BUSINESS (vgl. *Ed.* im Anhang, K3, Arg.2), POLITICS IS LONG-TERM BUSINESS IN JOINT-INTEREST GROUPS, DISCORD IS DOWN/COHESION IS UP und eines negativen *prognostic framing* über den Ausgang des Krieges (s. $K_{Aa}W3$, 4, 7; $K_{Jo}W1$, 2) vehement kritisiert wird. Demgegenüber beurteilt die *Times* den Koalitionspartner und seine Handlungen überwiegend positiv. Mithilfe eines verdiktiv formulierten *Oracular Reasoning* und einer hierarchisch strukturierten Rollenverteilung zwischen den westlichen Ländern als rechtlich legitimierten Forderungsinstanzen und dem irakischen Staatschef, der alle Forderungen be-

[23] Vgl. Zimmermann 1992.

dingungslos zu erfüllen habe (vgl. „category-bound activities"), konstruiert die Zeitung ontologische Sicherheiten, die – im Falle vermeintlichen Fehlverhaltens Husseins – die Legitimität eines ‚gerechten Krieges' plausibel erscheinen lassen und dessen Folgen weitgehend ausblenden. Die Ausschöpfung dieses Rechts-*frame* erfolgt bis zum Kriegsbeginn v. a. im Kontext der konzeptuellen Metaphern DIPLOMACY FOR WAR IS UP und COHESION IS UP, die sich jedoch mit Ausbruch des Krieges als miteinander unvereinbar herausstellen. Als ein Scheitern der *Resolution 1441b* abzusehen ist, insistiert der *Independent* nach wie vor auf Einheit in den Vereinten Nationen, wohingegen die *Times* die Anpassungsfähigkeit der UNO an die neuen Formen des Terrorismus in Frage stellt und sich, analog zu Blairs Regierungskurs, von der Staatengemeinschaft distanziert.

Im Hinblick auf die Einbindung der UNO in die Lösung des Irak-Konfliktes stimmen die Zeitungen also nur auf den ersten Blick überein. Beide heben die Bedeutung der Diplomatie und einer einheitlichen Entscheidung für eine Überarbeitung der *Resolution 1441* hervor, allerdings mit entgegengesetzten Intentionen: Der *Independent* zur Verhinderung seiner Meinung nach voreiliger militärischer Handlungen (K_{UN}2-4), die *Times* zunächst auch, um den Irak stärker unter Druck zu setzen, dann aber zur Legitimierung des vermeintlich ‚gerechten Krieges' (K_{UN}1, 2).

4. Forschungsperspektiven – Ausblick

Die aus unserer *work in progress* präsentierten Zwischenergebnisse werden derzeit noch textsortenspezifischen Kontrastierungen mit den Aufmachern ausgewählter ‚Qualitätszeitungen' aus Großbritannien, Deutschland, Kanada und den USA innerhalb verschiedener *CDMs* unterzogen. Die jeweils rekonstruierten *CDM-*, zeitungs- und ggf. länderspezifischen Akzeptanzwerbepraktiken werden dann nochmals *CDM-* und zeitungsübergreifend systematisch miteinander verglichen und zu gattungsspezifischen Diskurskulturtypen[24] ausdifferenziert, die letztendlich zu einem kulturtheoretischen Strukturmodell mittlerer Reichweite[25] abstrahiert werden sollen. Dabei gilt besondere Aufmerksamkeit den sich ggf. verändernden journalistischen Situationsdefinitionen hinsichtlich eines Krieges im Irak sowie (retrospektiven) Erklärungsversuchen bezüglich der Notwendigkeit des Krieges und den Kriegsfolgen.

Im Hinblick auf die in diesem Beitrag präsentierten Darstellungspraktiken (v. a. der Londoner *Times*) erscheint uns der folgende Appell, den Van Eemeren u. a.[26] an VertreterInnen öffentlicher Diskurse und ihre Informationsbeschaffungspolitik richten, gerade auch für KommentatorInnen meinungsführender Zeitungen sehr bedeutsam:

---

24 Vgl. Dirks 2004.

25 Vgl. Merton ^{3}1967; Esser 2002.

26 Van Eemeren/Grootendorst/Jackson/Jacobs 1997, S. 227.

„... what the public needs is not just more or better information about the content of issues but more and better information about the way in which information is being provided.“

Würden sog. Qualitätszeitungen die Güte ihrer Informationsquellen zum Diskussionsgegenstand erheben, könnten sich LeserInnen zunehmend zu TeilhaberInnen an Evaluationskriterien für ‚gut‘ recherchierte Argumente entwickeln. Ob sie jedoch gewillt wären, an einer Diskurskultur ohne ontologische Sicherheiten zu partizipieren, d. h. dem Zweifel an vermeintlich verlässlichen Informationen hinreichend Raum zu geben und sich nicht an unterkomplexen, dichotomen, nach vermeintlich eindeutigen Wir- und Fremdgruppen unterschiedenen Strukturierungen von Welt zu orientieren, ist sicherlich auch eine Frage des Bildungsstands und von Textverstehenskompetenzen. Werfen wir einen Blick auf die im Internet heranwachsenden Gegenöffentlichkeiten, besteht bereits ein scharfer Konkurrenzkampf um die Verbreitung der ‚besseren‘ Information, der die nach dem Zweiten Golfkrieg einsetzende und seit dem Dritten Irakkrieg verstärkt spürbare Reflexivität der (Print-) Medien nachhaltig herausfordern und optimieren könnte – sofern sich diese nicht ohnehin bald überlebt haben.

Literatur

Abelson, Robert P. (1981): Psychological status of the script concept. In: American Psychologist 36, S. 725-729.

Brown, Penelope/Levinson, Stephen C. (1987): Politeness. Some universals in language use, Cambridge.

Chilton, Paul (1987): Critical discourse moments and critical discourse analysis: Towards a methodology. Vortragsmanuskript zur Konferenz „The Discourse of the Nuclear Arms Debate“ in Ballyvaughn, Ireland 1987.

Dirks, Una (1991): Persuasive Darstellungsmittel im Star-Wars-Diskurs. Eine sprachwissenschaftliche Untersuchung am Beispiel westlicher Presseorgane, Marburg. (Schriftenreihe des Arbeitskreises Marburger Wissenschaftler für Friedens- und Abrüstungsforschung AMW und der Interdisziplinären Arbeitsgruppe Friedens- und Abrüstungsforschung an der Philipps-Universität Marburg IAFA, Nr. 17).

Dirks, Una (unter Mitarbeit von Gabriele Kohlmeyer) (2005): Pressekommentare zur größten Friedensdemonstration vor dem Irakkrieg (2003) aus transkultureller Perspektive – Eine Dokumentarische Gattungsanalyse. In: Fraas, Claudia/Klemm, Michael (Hrsg.): Mediendiskurse. Bestandsaufnahme und Perspektiven, Frankfurt am Main, S. 286-308. (= Bonner Beiträge zur Medienwissenschaft 4).

Eilders, Christiane (2002): Conflict and consonance in media opinion. Political positions of five German quality newspapers. In: European Journal of Communication 17/1, S. 25-63.

Esser, Hartmut (2002): Was könnte man (heute) unter einer ‚Theorie mittlerer Reichweite‘ verstehen? In: Mayntz, Renate (Hrsg.): Akteure – Mechanismen – Modelle. Zur Theoriefähigkeit makrosozialer Analysen, Frankfurt a. M., S. 128-150.

Goffman, Erving (1974): Frame Analysis. An essay on the organization of experience, New York.

Jayyusi, Lena (1984): Categorization and the Moral Order, London.

Lakoff, George (1992): Metaphor and War: The Metaphor System Used to Justify the War in the Gulf. In: Pütz, Martin (Hrsg.): Thirty Years of Linguistic Evolution: Studies in Honor of René Dirven on the Occasion of His 60th Birthday, Philadelphia, S. 463-481.

Lakoff, George/Turner, Mark (1999): Philosophy in the flesh. The embodied mind and its challenge to Western thought, New York.

Lüger, Heinz-Helmut (1995): Pressesprache, Tübingen.

Lüger, Heinz-Helmut (2001): Akzeptanzwerbung in Pressekommentaren. In: Breuer, Ulrich/ Korhonen, Jarmo (Hrsg.): Mediensprache-Medienkritik, Frankfurt am Main, S. 207-224.

Lüger, Heinz-Helmut (2002): Berichten und Argumentieren im Konflikt. Akzeptanzwerbung, Desinformation und ‚rhetorischer Overkill'. In: Pohl, Inge (Hrsg.): Semantische Aspekte öffentlicher Kommunikation, Frankfurt am Main, S. 439-468.

Mast, Claudia (Hrsg.) (1994): ABC des Journalismus. Ein Leitfaden für die Redaktionsarbeit, Konstanz.

Merton, Robert K. (³1967): Social Theory and Social Structure, New York.

Minsky, Marvin (1980): A framework for representing knowledge. In: Metzing, Dieter (Hrsg.): Frame conceptions and text understanding, Berlin/New York, S. 1-25.

Nowag, Werner/Schalkowski, Edmund (1998): Kommentar und Glosse, Konstanz.

Reumann, Kurt (1994): Journalistische Darstellungsformen. In: Noelle-Neumann, Elisabeth/Schulz, Winfried/Wilke, Jürgen (Hrsg.): Publizistik/Massenkommunikation, Frankfurt am Main, S. 337-365.

Russett, Bruce/Starr, Harvey/Kinsella, David T. (Hrsg.) (2004): World politics. The menu for choice, Belmont/California.

Schank, Roger/Abelson, Robert P. (1977): Scripts, plans, goals and understanding, Hillsdale, N.J.

Snow, David A./Benford, Robert D. (1988): Ideology, Frame Resonance, and Participant Mobilization. In: Klandermans, Bert/Kriesi, Hanspeter/Tarrow, Sidney (Hrsg.): From Structure to Action. International Social Movement Research, Vol. 1, London, S. 197-217.

Toulmin, Stephen (1958/1995): The uses of argument, Cambridge.

Van Eemeren, Frans/Grootendorst, Rob/Jackson, Sally/Jacobs, Scott (1997): Argumentation. In: Van Dijk, Teun A. (Hrsg.): Discourse as structure and process. Discourse studies: a multidisciplinary introduction, Vol.1, London/Thousand Oaks, S. 208-229.

Zimmermann, Rüdiger (1992): Der Feind am Golf – Medienberichterstattung zwischen Gedankenlosigkeit und Komplizentum. In: Sommer, Gert (Hrsg.): Feindbilder im Dienste der Aufrüstung, Marburg, S. 330-349. (Schriftenreihe des Arbeitskreises Marburger Wissenschaftler für Friedens- und Abrüstungsforschung AMW und der Interdisziplinären Arbeitsgruppe Friedens- und Abrüstungsforschung an der Philipps-Universität Marburg IAFA, Nr. 3).

Anhang

Abkürzungen

AaW	Argument against War (Argument gegen den Krieg)
BLB	Blair, Labour, Großbritannien
CDM	Critical Discourse Moment
Ed.	Editorial (Leitartikel)
FTA	Face Threatening Act
HI	Hussein, Irak
JoW	Justification of War (Rechtfertigung des Krieges)
UN	United Nations (Vereinte Nationen)
VF	Veto, Frankreich
WMD	Weapons of Mass Destruction (Massenvernichtungswaffen)

Leitartikel aus The Times, *17.03.2003, S.19*

Clear the Decks

The Azores summit takes diplomacy as far as it can go

For all the leaders at the summit in the Azores, it was important to keep all options on the table – at least in public. The Americans said beforehand that there would be „no declaration of war“. Downing Street insisted that the meeting at Lajes airbase was not a council of war, but a last chance to let diplomacy work. And José María Aznar, the Spanish Prime Minister, brushed aside suggestions that the statesmen were looking at ways of withdrawing the resolution they were hoping to put before The United Nations Security Council. Going the extra mile, even now, is still vital in winning over world opinion and their own restless electorates for the inevitable conflict.

All the signals, however, indicate that most of the options have already been closed. Colin Powell made clear that, as far as America is concerned, the diplomatic track has run its course and the moment of truth has arrived. While calling on Saddam Hussein to leave Baghdad to save his country from attack, he believes this to be extremely unlikely. Instead, he said, it was time for the weapons inspectors to leave. And José Durao Barroso, the Portuguese host of the meeting, put the likelihood of a resolution without military action as „very low – less than 1 per cent“.

The moment of truth will probably come within a few days. That is clear to Saddam, who divided Iraq into four military districts at the weekend. Three have probably already been written off, as he knows that he cannot count on the loyalty of his ill-equipped army. Significantly, however, he has placed his younger son Qusay in charge of the Baghdad-Tikrit area, the Government's power base, and is clearly hoping that clan loyalty and the Republican Guard under Qusay's command, will put up the dogged last-ditch stand.

But away from the likely battlefield the posturing continues. Iraq's invitation to Hans Blix to return to Baghdad and hints of more disclosures on weapons of mass destruction will fool no one. France, Russia and Germany proposed an equally futile initiative, embracing the Chilean call for a three-week delay to give Saddam a new „realistic" timetable for disarmament. The Americans are now deaf to anything coming from a country that General Powell said had „not been that helpful in applying maximum pressure to Saddam Hussein".

President Bush is not deaf, however, to the warnings that the transatlantic alliance is now dangerous [sic] strained. One aim of the summit has been to look at how Nato can survive this almost fatal undermining of its cohesion. He still needs the backing of his allies – however nominal they are proving – in the War on Terror. He is serious about the launch soon of a new Middle East peace initiative. And the European leaders at the summit cannot afford a lasting and dangerous rift with France and Germany. The same thought may perhaps account for the wholly insincere suggestions from President Chirac and his Foreign Minister that France may now be ready to compromise on the various last-minute amendments suggested for a second resolution.

It is far too late for that. Britain may find it hard to admit that the resolution is dead but Gordon Brown made clear yesterday that Britain needed no new legal basis for going to war. It is now abundantly clear that there are not the votes for a second resolution, no matter how it is phrased or amended. What matters now is how to end the fruitless bickering in the Security Council and co-ordinate the preparations of attack. The past two weeks have seen the United Nations and Western resolve humiliated – by Iraqi intransigence, French posturing and British desperation for a resolution. The Azores summit has drawn a line under all that and cleared the decks for war.

Argumentationsanalyse:[27]

17/3/03: Clear the Decks, p.19	
K1	Even though all options have publicly been kept open at the Azores summit, they otherwise appear to have been mostly closed. **„The moment of truth" of the „inevitable conflict" will presumably soon arrive. There will not be another resolution (3-21, 49, 51ff.).**
Arg.1	US Secretary of State Colin Powell announced that diplomacy has come to an end as, in his opinion, Saddam Hussein will „unlikely" meet US demands (14ff.).
Arg.2	Powell called for a departure of the UN weapons inspectors (18).
Arg.3	José D. Barroso, Portuguese Prime Minister, suggested that a „resolution without military action" was very unlikely (18ff.).
Arg.4	Saddam Hussein has already prepared for US attacks (22ff.).
Arg.5	The US government is no longer open for suggestions from states not following

[27] Die argumentativen Haupthandlungen erscheinen in Fettdruck.

	their political course (35ff.).
Arg.6	Britain does not need another resolution to legally justify a war, Chancellor of the Exchequer, Gordon Brown assured (50f.).
Arg.7	There will not be enough support for a second resolution (51ff.).
Arg.8	The Azores summit has brought an end to the damaging of the UN and „Western resolve“ and it prepared for war (57f.).
K2	**Iraq, France, Russia and Germany have continued to make useless, „insincere“ propositions to the Security Council (30ff. 45f.).**
Arg.1	Iraq tried to delude the UN by offering the inspectors to „return to Baghdad“ and to reveal further information about its WMD (30ff.).
Arg.2	France, Russia and Germany opted for a readjustment of the „timetable for [Iraq's] disarmament“ (32ff.).
Arg.3	France's indications of an adjustment to the most recent „amendments suggested for a second resolution“ were „wholly insincere“ (45ff.).
K3	President Bush has to rely on the support of „his allies – however nominal they are proving – in the War on Terror“ (41f.). Similarly, Britain, Spain and Portugal are, in the long run, reliant on France and Germany and possibly vice versa (43ff.).
K4	**Now that diplomacy has come to an end, it is time to „end the fruitless bickering in the Security Council and co-ordinate the preparations for attack“ (49, 53ff.).**
Arg.1	„It is far too late“ to think about another resolution (49; cf. also arguments for K1).
Arg.2	The UN and „Western resolve [have recently been] humiliated – by Iraqi intransigence, French posturing and British desperation for a resolution“ (55ff.).

Leitartikel aus The Independent, *18.03.2003, S.14*

A Divided World Stands on the Brink of a War that Could Have Been Avoided

Less than one month after the terrorist attacks of 11 September 2001, Tony Blair permitted himself a rare flight of high rhetoric. „This is a moment to seize,“ he told the Labour Party conference. „The kaleidoscope has shaken, the pieces are in flux, soon they will settle again. Before they do, let us reorder this world around us...“

We might have hoped the pieces would have settled after the military operation in Afghanistan. Yesterday, however, in one seismic day, it became clear that this was not to be. The half-century-old system of international arbitration broke down as America and Britain made it clear that they would, unilaterally, circumvent the deadlocked diplomats and issue their own ultimatum. The consequences are that multilateral institutions from Nato to the European Union to the Arab League are riven in discord, long-standing alliances are in tatters, and one of Britain's most respected and principled ministers has resigned.

Britain may now be only hours from war, and it is a war that has not been sanctioned by the international community. This was not the outcome that this newspaper sought. Far from it. We hoped for the peaceful disarmament of Iraq, accomplished through diplomacy.

We continue to believe that the United nations process should have been allowed to run its course. The weapons inspectors, who answer the international community through the Security Council, were still doing their job, unobstructed, only hours before Mr Bush spoke to the American people last night. To date they had found no evidence that Iraq was developing a nuclear capability. In respect of chemical, biological and other weapons, they reported progress in disarmament – not enough, but progress nonetheless. This was not the time to break off inspections; nor was it the time to end the efforts to find a diplomatic solution.

The war that now seems inevitable constitutes a failure of potentially catastrophic proportions, whose malign effects will fall first of all on the long-suffering people of Iraq. If Saddam Hussein refuses the ultimatum to leave, as seems likely, we trust that the military commanders and their political masters will do their utmost to minimise the number of civilian casualties. The sooner it is over, the sooner reconstruction can begin.

That said, this is a war that should not be happening. Saddam could and should have authorised the disclosure of far more information than he did. While co-operating with the letter of the latest UN resolution, 1441, he fell short of acting within its spirit. That miscalculation now looks certain to cost him his country, and perhaps his life.

The comprehensive failure of diplomacy is a tragedy, and the blame is widely shared. President Bush and his administration have much to answer for. Their rhetoric has seemed bullying, harsh and intemperate. They appeared obsessed with Saddam, and unready to accept the slightest compromise in their quest to impose their vision of a new world order. Washington has failed both to nurture its alliances and to heed the misgivings of old friends; it appears to subscribe to a doctrine that might is always right.

After the United States must come France. The duo of President Chirac and Dominique de Villepin assumed leadership of the European anti-war party and argued their case with impeccable logic. Borne aloft on the wave of Europe's popular aversion to war, however, they overplayed their hand. M. Chirac's public threat to veto the so-called second UN resolution „whatever the circumstances“ left France with no leeway. It undercut the credibility of the threat Britain, for one, had been relying upon to push Iraq into compliance without war. And it handed Mr Blair a propaganda advantage which he rushed to exploit.

The failed UN resolution will go down in history as the fault of the French. In fact, with or without a French veto, Britain, the US and Spain may have been unable to muster the majority they needed in the UN Security Council. In believing that they could, the British government was either sorely deluded or poorly advised; the politicians were let down by their diplomats.

Tony Blair now faces the worst of all political worlds. Not only must he almost certainly order British troops into battle, he is left isolated abroad and wounded at home. He may be fortunate to escape with just one cabinet resignation, and Robin Cook set an example of honour and dignity that leaves Cabinet responsibility and – for the time being – Mr. Blair's authority in tact. His reasons for departure, however, will reverberate strongly in the population at large, validating opposition to war, which was starting to wane, and threatening the first credible internal opposition to Mr Blair.

It is a strange paradox that while Mr Blair's arguments have failed to convince, his patent sincerity has impressed, banishing his reputation as a fickle politician without convictions. His address and answers after Sunday's Azores summit were worthy of a first-class statesman, leaving Mr Bush looking like an ill-informed amateur. Key elements of his foreign policy, however, are in shreds. Any ambition he might have had to lead Europe in the future is at an end. Britain's reputation and influence in the Arab world cannot but be diminished. Britain risks being seen once again as Washington's junior partner and no more.

The next 24 hours will show how profoundly the kaleidoscope to which Blair referred 18 months ago has been shaken, how many of the myriad shards are in flux and how long they may take to settle. We fear that it could be a very long time.

Argumentationsanalyse:

17/3/03: A divided world stands on the brink of a war that could have been avoided, p.14	
K1	**The approaching war could/should have been avoided (1f, 34). *The Independent* has consistently argued in favour of a peaceful disarmament of Iraq, thorough UN inspections and a diplomatic solution to the conflict (17f, 26f.).**
Arg.1	US and Great Britain put their alliances with partners in the EU and the Nato at stake and led Robin Cook, a respectable minister, to resign from his position (13ff.).
Arg.2	The UN inspectors should have been able to finish their job (20f.). So far, there has been „no evidence that Iraq was developing a nuclear capability" (23f.).
Arg.3	The aftermath of the war will be catastrophic and probably long-lasting, i.e. because it affects the „long suffering" Iraqi people (28ff., 77f.; cf. also K4, Arg.3-6).
Arg.4	Saddam Hussein could and should have cooperated better with the UN and thus could have saved Iraq and himself (34ff.).
K2	If this war cannot be avoided it should be brought to an end as fast as possible (30ff.).
K3	**The war as well as the American ultimatum represent the „failure of diplomacy" mainly caused by US and French policy (40, 46).**
Arg.1	The US and Britain caused a break-down of the UN as they put forth that they would ‚get around' the Security Council and give Iraq an ultimatum without UN support (10ff.).
Arg.2	The Bush Government is responsible for this failure due to its „bullying, harsh and intemperate" rhetoric that had damaging effects on its alliances. It was „obsessed with Saddam" and not compromising at all, apparently following the „might is right" principle (40ff.).
Arg.3	The French Government is also to blame as it is responsible for the failure of Resolution 1441 due to the insistence on its veto and because it damaged Britain's political „credibility" (46ff.).
K4	Among all international politicians involved, Blair has been affected the

	strongest (59ff.).
Arg.1	Thinking it was possible to win the support of the UN, British „politicians were let down by their diplomats“ and Blair's foreign policy is largely „in shreds“ (57f, 71).
Arg.2	„Almost certainly“ British troops must be sent out into battle (59f.).
Arg.3	Blair's stance has led Britain into political isolation in Europe. Thus, the leading position in Europe, that he might have aimed at, is now out of reach (60, 71f.).
Arg.4	Blair is „wounded at home“ (60f.). He (luckily only) had to face Robin Cook's resignation. Cook's reasons for departure will be taken up by the public thus contributing to the war's opposition „which was starting to wane“ (61ff.).
Arg.5	„Britain's reputation and influence in the Arab world cannot but be diminished“ (72f.).
Arg.6	Britain runs the risk of „being seen once again as Washington's junior partner and no more“ (73f.).
K5	However, Blair has been able to show his capabilities as a politician, unlike President Bush (67ff.).
Arg.	His speeches after the Azores summit were remarkable, „worthy of a first-class statesman“ (69ff.).

Andrea Lehr

Denn sie wissen (nicht), was sie tun: Journalistische Einstellungsbekundungen und die besondere Rolle doppelter Anführungszeichen

1. Einleitung

Der vorliegende Beitrag beschäftigt sich mit journalistischen Einstellungsbekundungen, wie sie in der bundesdeutschen Presse der jüngeren Zeit, insbesondere den Pressetexten zu politischen Themen, anzutreffen sind. Er will zunächst einen ersten Überblick über das Spektrum journalistischer Einstellungsbekundungen geben. Das Hauptaugenmerk wird dann jedoch auf jenen Einstellungsbekundungen liegen, die durch die von keinen orthographischen Regeln geleitete Verwendung doppelter Anführungszeichen erfolgen. Einstellungsbekundungen dieser Art sind in erster Linie sprachreflexiver Natur. Sie können nicht als direkte Beiträge zu der jeweiligen Auseinandersetzung um „die Sache" gelten, sondern kommen in einem anderen Kleid daher. Zumindest vordergründig sind sie lediglich Thematisierungen sprachlicher Gegebenheiten, beispielsweise der speziellen Ausdrucksweisen und Schlagwörter politischer Parteien und anderer Interessensgruppen beziehungsweise ihrer Protagonisten. Während explizit sachbezogene journalistische Kommentierungen und Bewertung fast immer Leitartikeln, Kommentaren und ähnlichem vorbehalten bleiben und sich Ausnahmen davon lediglich in der Lokalpresse finden, kommen jene anhand nichtorthographischer Anführungszeichen realisierten Einstellungsbekundungen in annähernd allen Pressetexten, also auch innerhalb der Presseberichterstattung, vor.

Eingangs sollen einige für den skizzierten Themenbereich notwendige Vorabklärungen geleistet werden (vgl. Abschnitt 2). Als erstes werden die gängigen Vorstellungen von journalistischen Aufgaben innerhalb demokratischer Gesellschaften sowie die daran geknüpften journalistischen Textsorten kurz umrissen (vgl. Abschnitt 2.1). Besonderes Augenmerk ist dabei auf die ebenso übliche wie fragwürdige strenge Trennung von Information und Bewertung gerichtet. Weitere Vorabklärungen gelten dem der Psychologie entlehnten Terminus *Einstellung* sowie den für das gegebene Thema notwendigen Unterscheidungen zwischen Einstellungen und Einstellungsbekundungen und zwischen explizit sachbezogenen und sprachreflexiven journalistischen Einstellungsbekundungen (vgl. Abschnitt 2.2).

Nach diesen einleitenden Erläuterungen steht im eigentlichen Hauptteil des Beitrags (vgl. Abschnitt 3) die journalistische Verwendung doppelter Anführungszeichen im Blickpunkt des Interesses, und zwar insbesondere die von ohne orthographische Notwendigkeit gesetzten Anführungszeichen, da jene von Journalistinnen und Journalisten häufig dazu genutzt werden, ihre Einstellungen zu den angeführten sprachlichen Äußerungen Dritter und gegebenenfalls auch zu den berichteten Sachverhalten gegenüber der Leserschaft zum Ausdruck zu bringen.

Es wird sich als Erstes zeigen, dass auch diejenigen doppelten Anführungszeichen, deren Setzung keinen orthographischen Regeln folgt, dem Prinzip des indirekten Informierens geschuldet sind und somit oftmals Zitatfunktion besitzen (vgl. Abschnitt 3.1). Des Weiteren werden wir feststellen, dass – anders als in der einschlägigen Fachliteratur dargelegt – im konkreten Falle eine Entscheidung darüber, ob doppelte Anführungszeichen neben der zumeist vorhandenen Zitatfunktion auch eine modalisierende Funktion besitzen, nicht alleine entlang der Trennlinie *orthographische vs. nichtorthographische Verwendung* getroffen werden kann. Ob sie auch der Kenntlichmachung einer Einstellung dienen, muss vielmehr mit Blick auf alle Formen der wortgetreuen Wiedergabe sprachlicher Äußerungen oder Formulierungen Dritter geklärt werden (vgl. Abschnitt 3.2). Auf diese Weise lassen sich drei Haupttypen der Verwendung nichtorthographischer Anführungszeichen herausarbeiten. Die darauf folgenden Ausführungen (vgl. die Abschnitte 3.3 bis 3.3.3) wollen auf der Basis dieser Typisierung und anhand zahlreicher weiterer Belege etwas Licht in das Dunkel zweier eng zusammenhängender Fragen bringen, nämlich zum einen, in welchen Fällen journalistische Einstellungsbekundungen allein sprachkritischer Natur sind und wann sie darüber hinaus auch eine Kritik an den benannten Sachverhalten darstellen, und zum anderen, inwieweit wir überhaupt davon ausgehen können, dass journalistische Einstellungsbekundungen mit Absicht erfolgen und sich nicht erst unter den Augen besonders kritischer Leserinnen und Leser oder gar allein unter der sprachwissenschaftlichen Lupe offenbaren.

Alle angeführten Belege entstammen der bundesdeutschen Tagespresse. Es handelt sich zum einen um Pressetexte vom Herbst 2000 bis zum Frühjahr 2001, die sich mit der Auseinandersetzung um den Ausdruck *deutsche Leitkultur* beschäftigen, und zum anderem um Pressetexte aus der Zeit vom September 2002 bis September 2003, die die Gemeindefinanzreform zum Thema haben. Die Wahl fiel auf diese beiden Diskurse, da sie hinsichtlich des Grads ihrer Ideologiegeprägtheit einander entgegengesetzt sind und an den einschlägigen Belegen deshalb gut aufgezeigt werden kann, auf welch unterschiedliche Weise nichtorthographische Anführungszeichen in den Pressetexten Verwendung finden.

Ein Ergebnis wird jedoch sein (vgl. Abschnitt 3.4), dass die Analyse isolierter Einzelbelege nur selten Aufschluss über die genauen journalistischen Motive geben kann, die hinter dem Vorkommen nichtorthographischer Anführungszeichen stehen, und deshalb keine strenge Klassifizierung nichtorthographischer Anführungszeichen nach deren spezifischen modalisierenden Funktionen erlaubt. Dazu bedarf es vielmehr zumindest der Berücksichtigung des weiteren textuellen Umfelds beziehungsweise des jeweiligen Gesamttextes, oftmals darüber hinaus auch des Diskurses, in den dieser eingebettet ist. Das abschließende Fazit (vgl. Abschnitt 4) widmet sich zunächst der Frage, welchen Einfluss journalistische Einstellungsbekundungen der hier behandelten Art auf die politische Meinungsbildung haben können, um dann mit der Skizzierung einiger Forschungsdesiderata zu enden.

2. Einige Vorabklärungen

2.1 Journalistische Aufgaben und daran geknüpfte Textsorten

Straßner unterscheidet insgesamt fünf verschiedene Aufgaben, die Zeitungen in demokratischen Gesellschaften generell zu erfüllen hätten.[1] Lediglich zwei davon, nämlich die Aufgabe des Informierens und die Aufgabe der Kontrolle und Kritik, sind für unser Thema von Interesse, auf die anderen drei soll deshalb im Weiteren nicht eingegangen werden. In Zitat 1 findet sich die einschlägige Textstelle zu der Aufgabe des Informierens wiedergegeben:

> Zeitungen haben nach deutschem Presserecht die öffentliche Aufgabe zu informieren. [...] Informieren bedeutet dabei ‚in Kenntnis setzen, Auskunft geben, berichten, orientieren'. Gegenstand des Informierens kann prinzipiell alles sein, was der Fall ist.[2]

Die Aufgabe der Kontrolle und Kritik wird bei Straßner folgendermaßen umrissen:

> Sachlich begründete Kritik ist erlaubt an gesellschaftlichen Missständen, an Einrichtungen und Personen des öffentlichen Lebens. In eigenen kritischen Beiträgen ist es den Journalisten gestattet, ihre persönliche Meinung zu äußern.[3]

In dem zweiten Zitat klingt an, dass für die verschiedenen Aufgaben der Zeitung spezielle journalistische Textsorten reserviert sind. Idealiter sollen Textsorten wie *Meldung*, *Nachricht*, *Bericht* oder *Reportage* der Information vorbehalten sein, Textsorten wie *Leitartikel*, *Kommentar*, *Kolumne*, *Glosse* oder *Essay* dagegen der Meinungsbildung. Ließe sich diese strikte Trennung zwischen informierenden und kommentierenden Texten, die in Deutschland auf die Vorgaben der Alliierten in der Nachkriegszeit zurückgeht, tatsächlich einhalten, so dürften Texte der erstgenannten journalistischen Textsorten keinerlei journalistische Einstellungsbekundungen enthalten. Dies trifft jedoch, wie wir im Weiteren noch sehen werden, nicht zu.[4]

---

[1] Vgl. Straßner 1999b.

[2] Straßner 1999b, S. 837.

[3] Straßner 1999b, S. 844.

[4] Es sei darauf hingewiesen, dass auch Straßner in einer anderen Publikation einräumt, die genannte Trennung werde in der bundesdeutschen Presse inzwischen nicht mehr so strikt vollzogen, wenngleich er daran festhält, dass sie prinzipiell möglich ist. Vgl. Straßner 2000.

In Straßners Ausführungen, so auch dem ersten Zitat, kommt eine typisch alltagsweltliche und mithin vorwissenschaftliche Haltung gegenüber erkenntnistheoretischen Fragen zum Ausdruck, die einer genaueren Überprüfung nicht standhält. Die Menschen der Alltagswelt stellen normalerweise nicht in Frage, was für sie der Fall ist, sondern gehen – was ohne Zweifel für ein erfolgreiches Agieren innerhalb der Alltagswelt notwendig und sinnvoll ist – ganz selbstverständlich davon aus, dass sie sich ihrer Wirklichkeit gewiss sein können und es auch sind.[5] In Wahrheit jedoch sind Entscheidungen darüber, was tatsächlich der Fall beziehungsweise eine dementsprechende wertneutrale Sachverhaltsschilderung ist und was bereits als eine mit subjektiven Bewertungen behaftete Interpretation beziehungsweise Schilderung eines Sachverhalts werden muss, beim genaueren Hinsehen oftmals nicht zweifelsfrei zu treffen.[6]

Die strikte Trennung von Information und Bewertung ist mithin ein zwar hehres, aber nach erkenntnistheoretischen Gesichtspunkten letztlich unerreichbares Ziel. Gleichwohl findet sich die alltagsweltlich übliche Auffassung, dass Wissen und Meinen, Tatsachen einerseits und Interpretationen und Bewertungen derselben andererseits, strikt voneinander getrennt werden können, in zahlreichen journalistischen Einführungen und Handbüchern selbst jüngeren Erscheinungsdatums wieder.[7] Diese Auffassung muss deshalb im Rahmen der Beschäftigung mit journalistischen Einstellungsbekundungen als wichtiger Parameter journalistischer Einstellungen angemessene Berücksichtigung finden, wenngleich uns die weniger strikte Unterscheidung zwischen lediglich informations- oder meinungs*betonten* Texten, wie beispielsweise Lüger sie trifft, wirklichkeitsnäher erscheint.[8]

2.2 Einstellungen und Einstellungsbekundungen

Der Ausdruck *Einstellung* wird in dem vorliegenden Beitrag nicht alltagssprachlich verwendet, sondern als ein der Psychologie entlehnter Terminus, der synonym zu setzen ist mit *Attitüde* oder *Werthaltung.* Unter Einstellungen oder – in Abgrenzung zu *Einstellung* im Sinne der Würzburger Schule – genauer sozialen Einstellungen wollen wir spezielle Sichtweisen, wertende Stellungnahmen im Hinblick auf die Gegebenheiten unserer Lebenswelt, zum Beispiel bestimmte Institutionen, Personen oder Vorgänge, verstehen.

---

5 Vgl. dazu: Berger/Luckmann ^{5}1977, S. 2.

6 Vgl. zu einer grundlegenden Auseinandersetzung mit diesem Thema Watzlawick 1981; speziell in Zusammenhang mit journalistischen Fragen vgl. Weischenberg 1995b.

7 Vgl. zum Beispiel Mast ^{2}2000; Weischenberg ^{2}1990; Weischenberg 1995a. Einige Hinweise auf abweichende Positionen finden sich dagegen in: Lorenz 2002, hier S. 83ff.

8 Vgl. Lüger ^{2}1995.

In der wissenschaftlichen Forschung weit verbreitet ist der so genannte Drei-Komponenten-Ansatz, mit welchem Einstellungen als mehrdimensionale Systeme umrissen werden – bestehend aus einer kognitiven, einer affektiven und einer handlungsintentionalen Komponente. Hierzu hat sich in den vergangenen Jahren eine kritische Diskussion herausgebildet, in deren Zentrum die Frage steht, inwieweit Einstellungen tatsächlich mehrdimensional, das heißt als mentale Gebilde mit drei gleichgewichteten, weitgehend voneinander unabhängigen Komponenten, angelegt sind. Die Gegenthese dazu lautet, bei Einstellungen dominiere die affektive Komponente die beiden anderen und habe mithin unter anderem weit reichende Auswirkungen auf das, was wir überhaupt als Wissen gelten lassen, darauf, welchen Inhalts die zugehörige kognitive Komponente tatsächlich ist.[9] Es ist offenkundig, dass sich diese These an die erkenntniskritischen Überlegungen in Abschnitt 2.1 anschließen lässt und somit in Zusammenhang mit Fragen des politischen Sprachgebrauchs große Relevanz besitzt. Wir wollen im Weiteren davon ausgehen, dass die kognitiven Komponenten von Einstellungen in ihrer Beschaffenheit dem Einfluss der betreffenden affektiven Komponenten unterliegen und sich folglich aller Voraussicht nach keine klaren Trennlinien zwischen den einzelnen Einstellungskomponenten ziehen lassen.

In dem vorliegenden Beitrag stehen jedoch nicht Einstellungen, sondern Einstellungsbekundungen im Blickpunkt des Interesses. Dies ist der Tatsache geschuldet, dass sich Einstellungen als mentale Gebilde der direkten Anschauung entziehen. Dementsprechend kann eine Analyse von Pressetexten zu politischen Themen keine verlässlichen Ergebnisse über die sozialen Einstellungen der Journalistinnen und Journalisten, die diese Texte verfasst haben, erbringen. Was eine solche Analyse vielmehr zu Tage treten lässt, sind journalistische Einstellungsbekundungen, und deren Auftreten ist vom Grundsatz her unabhängig davon, ob sie den tatsächlichen Einstellungen der betreffenden Journalistinnen und Journalisten entsprechen oder nicht. Darüber hinaus kann auch die Frage, inwieweit die jeweiligen Wertungen, die in der sprachlichen Ausgestaltung der Zeitungstexte zum Ausdruck kommen, bewusst gesetzt sind, nicht in letzter Konsequenz zufriedenstellend beantwortet werden, wenngleich hierzu im Weiteren zwei Thesen formuliert werden – eine These, die sich an der Unterscheidung sachbezogener und sprachreflexiver Einstellungsbekundungen orientiert und eine These, die mit der Frage der Zitatfunktion nichtorthographischer Anführungszeichen in Zusammenhang steht (vgl. Abschnitt 3.2).

Es klang bereits an, dass das journalistische Problembewusstsein im Hinblick auf die Schwierigkeiten einer klaren Unterscheidung zwischen wertneutralen Sachverhaltsschilderungen einerseits und Einstellungsbekundungen andererseits in der Regel nicht sonderlich ausgeprägt sein dürfte, und somit davon auszugehen ist, dass zahlreiche Einstellungsbekundungen, die wir in den Zeitungstexten vorfinden, von ihren Autorinnen und Autoren vermutlich nicht als solche angesehen werden. Ähnlich verhält es sich mit der nun zu treffenden Unterscheidung

[9] Vertreten wird diese These beispielsweise in: Klauer 1991.

zwischen sachbezogenen und sprachreflexiven Einstellungsbekundungen, da Menschen der Alltagswelt – anders als im Falle einer sprachwissenschaftlichen Perspektivierung von Sprache – nur unpräzise zwischen sprachlichen und nichtsprachlichen Gegebenheiten unterscheiden.[10] Gleichwohl ist diese Unterscheidung für eine eingehendere Beschäftigung mit journalistischen Einstellungsbekundungen unverzichtbar, wie der nachfolgende Beleg 1 zeigen wird. Es handelt sich hierbei um einen Ausschnitt aus einer in der Frankfurter Neuen Presse erschienenen Hintergrundreportage über das Zusammenleben von Deutschen und Nichtdeutschen in Frankfurt am Main.

> Nicht, weil „die Ausländer“ in Frankfurt ein Problem wären – im Gegenteil –, sondern, weil es in bestimmten Kreisen schick ist, am Wolkenkuckucksheim einer multikulturellen Gesellschaft zu basteln. [...]
>
> Wer Leitkultur fordere, meint sie [eine Frankfurter Lokalpolitikerin; A.L.] allen Ernstes, propagiere „den uneingeschränkten Herrschaftswillen und die Überlegenheit einer deutschen Kultur, was immer dies sei, über alle anderen Kulturen.“

Beleg 1: D. A. Graber: Was wirklich hinter Multikulti steckt. In: Frankfurter Neue Presse vom 6. November 2000 [Hervorh. A.L.].

Dieser Textausschnitt kann nicht als wertneutrale Sachverhaltsschilderung betrachtet werden, sondern bringt deutlich eine kritische Einstellung gegenüber dem Dargelegten zum Ausdruck. Zunächst fällt der selten verwendete Ausdruck *Wolkenkuckucksheim* ins Auge, mit dessen Hilfe den Verfechtern einer multikulturellen Gesellschaft eine erhebliche Realitätsferne attestiert wird. Und die Formulierung *allen Ernstes* signalisiert, dass die Person, über die berichtet wird, von etwas felsenfest überzeugt ist, während gleichzeitig der Journalist, der darüber berichtet, diesbezüglich erhebliche Zweifel hat und das zu erkennen gibt. Aber auch die Ausdrücke *schick* im Sinne von ‚lediglich modisch, nicht wirklich durchdacht‘ und *basteln* im Sinne von ‚dilettantisch herumwerkeln‘ tragen zur negativen Bewertung des Geschilderten bei. Die an die vier genannten Ausdrücke geknüpften Einstellungsbekundungen beziehen sich einerseits auf die in diesem Text geschilderten Gegebenheiten, zum Beispiel ein bestimmtes Konzept oder eine bestimmte Meinung. Andererseits aber sind diese Gegebenheiten, obgleich sprachlich präsentiert, selbst nicht sprachlicher Natur und damit nicht Teil des betreffenden Zeitungstextes. Einstellungsbekundungen dieser Art sind, da sie sich ausschließlich auf Gegebenheiten außerhalb des Textes, in dem sie vorkommen, beziehen, als explizit sachbezogen zu charakterisieren.

Neben den anhand lexikalischer Mittel erfolgenden journalistischen Einstellungsbekundungen gibt es auch jene, die mithilfe des Einsatzes doppelter Anführungszeichen realisiert werden. Doch nicht jedes Auftreten doppelter Anführungszeichen deutet zweifelsfrei auf eine solche Einstellungsbekundung hin. Betrachten wir dazu, auf welche Weise sie in dem Textausschnitt in Beleg 1 verwendet werden.

---

[10] Vgl. dazu Lehr 2002, hier S. 66ff.

Während die doppelten Anführungszeichen zu Ende dieses Textausschnitts – trotz Einleitung einer indirekten Redewiedergabe anhand des Verbs *propagieren* im Konjunktiv I und trotz des grammatisch fehlerhaften *sei* – möglicherweise als schlichte Kennzeichnung einer bruchstückhaft und inkorrekt wiedergegebenen wörtlichen Rede interpretiert werden können (vgl. zu dieser Problematik Abschnitt 3), ist es im Falle von *„die Ausländer"* nicht von der Hand zu weisen, dass sie als eine journalistische Einstellungsbekundung zu werten sind und zwar als eine kritische Distanzierung des Verfassers dieser Hintergrundreportage gegenüber dem von ihm an dieser Stelle verwendeten Ausdruck *Ausländer*. Warum diese Distanzierung erfolgt, bleibt zunächst im Dunkeln. Erst an späterer Stelle des Textes wird deutlich, dass der Verfasser den Ausdruck *die Ausländer* als unangemessen erachtet, da mit seiner Verwendung eine in Wahrheit nicht vorhandene Homogenität innerhalb der Gruppe der in Deutschland lebenden Ausländer suggeriert werde. Hier liegt mithin, da der Bezugsgegenstand dieser Einstellungsbekundung oder – anders ausgedrückt – die kognitive Komponente der ihr zugrunde liegenden Einstellung etwas Sprachliches ist, das in demselben Zeitungstext enthalten ist, keine sachbezogene, sondern primär eine sprachreflexive Einstellungsbekundung vor.[11] Das schließt jedoch nicht aus, dass in den genannten Fällen zu der sprachkritischen Haltung gegenüber den verwendeten Ausdrücken und Formulierungen eine inhaltliche Kritik hinzutritt. Diese wird jedoch nicht explizit geäußert, sondern verbirgt sich hinter der Bezugnahme auf sprachliche Gegebenheiten.

Hinsichtlich der in Abschnitt 2.2 angeschnittenen Frage, inwieweit sich die Verfasser von Zeitungstexten der Einstellungsbekundungen, die darin anzutreffen sind, bewusst sind, lässt sich nun das folgende herausarbeiten. Bei sachbezogenen Einstellungsbekundungen, die mithilfe von sprachlichen Ausdrücken erfolgen, deren Bedeutung von vorneherein eine deutlich wertende Komponente beinhaltet, ist die Wahrscheinlichkeit besonders hoch, dass die betreffenden Journalistinnen und Journalisten mit Absicht eine Einstellung zum Ausdruck bringen. Nicht immer jedoch sind solch wertende Darlegungen von Sachverhalten derart augenfällig. Im Grunde genommen geht mit jeder Auswahl einzelner Ausdrücke und Formulierungen aus dem Fächer an sprachlichen Möglichkeiten zur Bezugnahme auf die außersprachliche Wirklichkeit eine Entscheidung für eine bestimmte Weltsicht und damit eine bestimmte Wertung einher, vgl. dazu das folgende Zitat:

> Unsere Sprache – und das gilt für alle Sprachen, die ich kenne – ist unheilbar moralisch. Sie wertet, ob uns dies nun paßt oder nicht, sie sperrt sich gegen alles wertfreie Reden und Schreiben. Sie wertet sogar umso mehr, je näher sie der Wirklichkeit auf den Leib rückt.[12]

---

[11] Vgl. zu dem Terminus sprachreflexiv Stötzel ^{2}1988 [zuerst: 1982], hier: S. 277; Lehr 2002, hier: S. 60ff.

[12] Eppler 2003, hier S. 16.

Entsprechend ließe sich mit guten Argumenten behaupten, dass in Beleg 1 auch die Formulierungen *ein Problem wären* und *in bestimmten Kreisen* mit einer Wertung behaftet sind. Ein solch weitreichender, an erkenntnistheoretische Fragen geknüpfter Begriff von Wertung ist jedoch, wie in Abschnitt 2.1 dargelegt wurde, in alltagsweltlichen Kontexten nicht üblich. Deshalb dürfte sich die journalistische Bewusstheit hinsichtlich der realisierten sachbezogenen Einstellungsbekundungen überwiegend auf die zuerst genannten, markanteren Fälle beschränken. Was sprachreflexive Einstellungsbekundungen anbelangt, so gilt der Grundsatz, dass Menschen der Alltagswelt sich in der Regel auf komplexe Gegebenheiten konzentrieren, deren unter Umständen vorhandenen sprachlichen Komponenten sie vergleichsweise wenig Aufmerksamkeit schenken und sie entsprechend selten im eigentlichen Sinne thematisieren. Daraus lässt sich zunächst ableiten, dass bei sprachreflexiven Einstellungsbekundungen die Wahrscheinlichkeit, dass sie bewusst erfolgten, geringer sein dürfte als bei explizit sachbezogenen. Diese Arbeitshypothese wird jedoch in Abschnitt 3.2 noch einmal zu modifizieren sein.

Der Vollständigkeit halber sei, da auch dies in Abschnitt 3.2 eine – wenn auch untergeordnete – Rolle spielen wird, bereits an dieser Stelle darauf hingewiesen, dass sprachreflexive Einstellungsbekundungen nicht obligatorisch an den Einsatz doppelter Anführungszeichen geknüpft sind, sondern auch mit lexikalischen Mitteln, beispielsweise durch die Verwendung des Ausdrucks *so genannt*, erfolgen können. Es sind in den Pressetexten jedoch zumeist die orthographisch nicht notwendigen doppelten Anführungszeichen, durch die sich solche sprachreflexiven Einstellungsbekundungen vollziehen. Im Weiteren werden wir uns deshalb weitgehend auf die anhand doppelter Anführungszeichen realisierten sprachreflexiven Einstellungsbekundungen beschränken.

3. Der Einsatz doppelter Anführungszeichen

Generell ist in der bundesdeutschen Presseberichterstattung inzwischen zu beobachten, dass in ausgesprochen hohem Maße nicht direkt, sondern anhand der Weitergabe der sprachlichen Äußerungen Dritter informiert wird, wenngleich uns dies bei der normalen Zeitungslektüre meist nicht sonderlich auffällt. Der in Beleg 2 wiedergegebene Ausschnitt aus einem Zeitungsartikel über die Gemeindefinanzreform veranschaulicht, wie wenig von einem solchem Zeitungstext übrig bliebe, ließe man alle Passagen weg, die von doppelten Anführungszeichen umrahmt sind oder sich als indirekte Redewiedergabe zu erkennen geben:

> Die deutschen Städte wollen mit einer „bundesweiten Protestwelle“ und einer Großdemonstration gegen die Pläne der Bundesregierung zur Reform der Gemeindefinanzen protestieren. Die Beschlüsse, auf die sich die Kanzlerrunde am Montag in Hannover verständigt hatte, seien Stückwerk, sagte die Präsidentin des Deutschen Städtetages, die Frankfurter CDU-Oberbürgermeisterin Petra Roth, nach einer Sondersitzung des Präsidiums am Freitag: „Wenn das Kabinett seine Pläne

tatsächlich verabschiedet und sich in den Verhandlungen im Bundestag daran nichts ändert, wäre die Gemeindefinanzreform gescheitert." Als Konsequenz, so Roth, müssten die Städte „bei ihren Leistungen für die Bürger neue, sehr schmerzhafte Einschnitte vornehmen."

Beleg 2: J. Käppner: Städte wollen gegen Gemeindefinanzreform demonstrieren. In: Süddeutsche Zeitung vom 9. August 2003 [Hervorh. A.L.].

Die Bevorzugung des Prinzips des indirekten Informierens hat zum einem in den veränderten journalistischen Arbeitsbedingungen ihre Ursachen. Als Stichpunkte wäre hier neben der wachsenden Bedeutung der Agenturen[13] unter anderem die inzwischen etablierte Bildschirmarbeit sowie der nicht zu unterschätzende Einfluss des Quellenmaterials, zum Beispiel Presseerklärungen oder Verlautbarungen im Rahmen von Pressekonferenzen oder -gesprächen, die aufgrund zunehmenden Zeitdrucks oft nahezu unverändert übernommen werden, zu nennen. Sie steht zum anderen aber auch in engem Zusammenhang mit dem journalistischen Ideal der Wertfreiheit der Berichterstattung. Wenn Journalistinnen und Journalisten über einen bestimmten Sachverhalt informieren, indem sie die diesbezüglichen Äußerungen anderer Personen wiedergeben, entledigen sie sich in gewisser Weise auch der Verantwortung für die Inhalte dieser möglichenfalls, beispielsweise aufgrund einer bestimmten Wortwahl, mit unerwünschten Wertungen behafteten Äußerungen. So betrachtet, mag es auf den ersten Blick verwunderlich anmuten, dass sich der vorliegende Beitrag mit dem Einsatz doppelter Anführungszeichen als Hinweis auf journalistische Einstellungsbekundungen beschäftigt. Scheinen doch die Journalistinnen und Journalisten sie gerade zu dem Zweck zu verwenden, die eigene Einstellung, eine persönliche Meinung, eine eigene Beurteilung nicht durch eine eigenständig getroffene Wortwahl anklingen lassen zu müssen. Die folgenden Abschnitte werden jedoch deutlich machen, dass diese Annahme nicht zutreffend ist.

3.1 Orthographische vs. nichtorthographische Anführungszeichen

Wie bereits erwähnt, dienen doppelte Anführungszeichen in ihrer regelgeleiteten Verwendung vorwiegend dazu, die unveränderte Wiedergabe vollständiger sprachlicher Äußerungen Dritter oder zusammenhängender Teile daraus zu kennzeichnen – seien dies mündliche Äußerungen oder Passagen schriftlicher Texte und unabhängig davon, ob diese tatsächlich existieren oder nur erdacht sind. Daneben werden doppelte Anführungszeichen auch zur Markierung lediglich erwähnter Ausdrücke, über die etwas ausgesagt wird, verwendet; aus Gründen der terminologischen Klarheit werden wir jedoch darauf verzichten, auch in diesen Fällen von orthographischen Anführungszeichen zu sprechen, zumal hier die alternative Möglichkeit der Kursivierung gegeben ist. Neben den beiden genannten Verwendungsweisen doppelter Anführungszeichen und einigen Varianten zu

[13] Vgl. dazu Straßner ^{2}1999a, hier S. 42f.

diesen ist in der amtlichen Neuregelung der deutschen Rechtschreibung noch eine dritte Möglichkeit verzeichnet, nämlich die Verwendung doppelter Anführungszeichen zu dem Zweck, eine ironische Distanz zu den verwendeten Ausdrücken anzudeuten. Bei Klockow und Kramer werden doppelte Anführungszeichen dieser Art jedoch zu den modalisierenden Anführungszeichen gerechnet und damit ausdrücklich in Opposition zu den orthographisch notwendigen Anführungszeichen gesetzt; Lüger trifft eine ähnliche Unterscheidung und ordnet sie, anders als die orthographischen Anführungszeichen, unter den Distanzierungssignalen ein.[14]

Wir wollen deshalb im Weiteren lediglich doppelte Anführungszeichen der erstgenannten Art – und auch dies nur, sofern ihre Setzung aufgrund eines existenten Begleitsatzes wie zum Beispiel *... , erwiderte sie* oder *In diesem Bericht ist zu lesen: ...* obligatorisch notwendig ist – als orthographisch klassifizieren, alle anderen dagegen als nichtorthographisch. Diese zusätzliche Einschränkung ist in dem amtlichen Regelwerk nicht ausdrücklich vermerkt, sie lässt sich jedoch aus den dort angeführten Beispielen erschließen. Für uns wiederum ist sie aus Gründen der begrifflichen Klarheit unverzichtbar, da sich in den Zeitungstexten, wie wir noch genauer sehen werden, zahlreiche Kennzeichnungen der wortgetreuen Wiedergabe fremder Formulierungen anhand nichtorthographischer Anführungszeichen finden.

In dem Textausschnitt in Beleg 2 findet sich nur an einer Stelle eine eindeutig direkte Redewiedergabe; lediglich die mit *Wenn das Kabinett ...* beginnende, längere Passage ist von orthographisch notwendigen Anführungszeichen umrahmt. Bei der sich anschließenden Textstelle *bei ihren Leistungen ...* hingegen hätte der Autor dieses Zeitungsartikels ebenso wie im Falle der ersten punktiert hervorgehobenen Passage auf die Verwendung doppelter Anführungszeichen gänzlich verzichten können. Trotz des vorangestellten *müssten* könnte es sich um eine eigentlich indirekte Redewiedergabe handeln – vergleichbar dem mit *propagiere* eingeleiteten Textausschnitt in Beleg 1, wenngleich hier aufgrund der Ununterscheidbarkeit von Indikativ und Konjunktiv I in der 3. Person Plural das Verb im Konjunktiv II steht.

Dementgegen sind in Beleg 2 die doppelten Anführungszeichen, die die Formulierung *bundesweite Protestwelle* umrahmen, als eindeutig nichtorthographisch einzustufen. Ein herausragendes Merkmal nichtorthographischer Anführungszeichen ist laut Klockow und Kramer (Anm. 14), dass es keine verbindlichen Regeln für ihren Einsatz gibt und dieser deshalb allein in der Entscheidung der jeweiligen Journalistin oder des jeweiligen Journalisten liegt. Die in den Belegen 3 und 4 wiedergegebenen Ausschnitte aus zwei mit nur wenigen Tagen Abstand voneinander erschienenen Zeitungsartikeln verdeutlichen den schwankenden Gebrauch nichtorthographischer Anführungszeichen in den Pressetexten zu politischen Themen.

---

14 Vgl. Klockow 1980; Kramer 2002; Lüger ^{2}1995.

> Das Papier entwirft eine „Drei-Säulen-Theorie“ der Einwanderung. Es gelte, drei Formen von Zuwanderung streng voneinander zu unterscheiden […]
>
> Beleg 3: T. Schmid: Eine nach oben offene Zuwanderungsskala. In: Frankfurter Allgemeine Zeitung vom 13. November 2000 [Hervorh. A.L.].

> Konkret schlagen die Grünen ein Drei-Säulen-Modell vor.
>
> Beleg 4: V. Gaserow: Grüne sprechen sich für Zuwanderungsquoten aus. In: Frankfurter Rundschau vom 9. November 2000 [Hervorh. A.L.].

Sowohl der Ausdruck *Drei-Säulen-Theorie* als auch der Ausdruck *Drei-Säulen-Modell* finden in der politikbezogenen Kommunikation häufig und nicht nur innerhalb eines bestimmten politischen Lagers Verwendung. Insgesamt betrachtet, schwankt die Bedeutung dieser beiden Ausdrücke zwar, da sie nicht nur innerhalb des Zuwanderungsdiskurses, sondern beispielsweise auch in Zusammenhang mit der Rentenreform oder Fragen des Versicherungswesens vorkommen. Als Bestandteil des Zuwanderungsdiskurses jedoch dienen sie eindeutig und über Parteigrenzen hinweg zur Bezugnahme auf ein von Bündnis 90/Die Grünen vorgelegtes Konzept. So betrachtet, gibt es, zumal in beiden Belegen keine orthographische Notwendigkeit vorliegt, keinen äußeren Anlass, den Ausdruck *Drei-Säulen-Theorie* in doppelte Anführungszeichen zu setzen, den Ausdruck *Drei-Säulen-Modell* dagegen nicht.

Belege für den schwankenden Gebrauch nichtorthographischer Anführungszeichen in der bundesdeutschen Presse lassen sich zuhauf finden und als Begründung für dieses Phänomen wird in der Fachliteratur angeführt, dass die journalistische Distanzierung im Falle dieser Verwendung doppelter Anführungszeichen selbstbestimmt erfolgt anstatt zwingenden orthographischen Regeln zu folgen. Deshalb müsse sie, so die übliche Argumentation, von gewichtigeren Gründen geleitet sein als von dem bloßen Wunsch, die wörtliche Übernahme von Formulierungen Dritter kenntlich zu machen. Dazu ist jedoch anzumerken, dass es im Grunde genommen gleichfalls der individuellen Entscheidung einer jeden Journalistin und eines jeden Journalisten obliegt, an welchen Stellen der von ihnen verfassten Texte sie zu dem Mittel der wörtlichen Redewiedergabe greifen. Mit anderen Worten: Doppelte Anführungszeichen signalisieren in jedweder Verwendung Distanz, und zwar zumindest Distanz zu den sprachlichen Mitteln, mit deren Hilfe berichtet wird. Ob diese sprachreflexive Distanzierung lediglich dem Zweck dient, die Tatsache, dass die betreffenden Äußerungen von Dritten getätigt wurden, in den Vordergrund treten zu lassen, indem ihre weitgehend unveränderte Übernahme kenntlich gemacht wird, oder ob sie darüber hinaus einer kritischen Haltung gegenüber deren sprachlichen Formulierungen geschuldet ist oder gar mit einer sachbezogenen Kritik einhergeht, kann dagegen nur schwer zweifelsfrei entschieden werden. Die Tendenz dürfte jedoch dahin gehen, nichtorthographische Anführungszeichen eher als orthographische so zu interpretieren, dass die erfolgte Distanzierung mit einer Einstellungsbekundung hinsichtlich der verwendeten Ausdrücke und darüber hinaus möglicherweise auch der dargelegten Inhalte einhergeht.

3.2 Die modalisierende Funktion doppelter Anführungszeichen

Bewusst haben wir bislang, anders als Klockow und Kramer (Anm. 14), von nichtorthographischen anstelle von modalisierenden Anführungszeichen gesprochen, da die im vorhergehenden Abschnitt angeführten Belege zutage treten lassen, dass sich die von ihnen getroffene Unterscheidung zwischen orthographischen und modalisierenden Anführungszeichen beim genaueren Hinsehen als nicht dichotom erweist. Während – entsprechend der Ausführungen in Abschnitt 3.1 und darin insbesondere jene zur Obligatorik von Begleitsätzen – die Frage, ob die in einem Text verwendeten doppelten Anführungszeichen orthographisch notwendig sind oder nicht, nach präzisen Regeln entschieden und eindeutig mit Ja oder Nein beantwortet werden kann, ist dies im Hinblick auf ein Urteil darüber, ob diesen eine modalisierende Funktion zukommt, nicht in derselben Weise möglich.

Wir haben bereits festgestellt, dass orthographische und nichtorthographische Anführungszeichen gleichermaßen dazu verwendet werden können, neben der wörtlichen Übernahme eine sprachkritische und gegebenenfalls auch sachbezogen kritische Haltung kenntlich zu machen. Dies impliziert, worauf hier noch einmal ausdrücklich hingewiesen werden soll, dass auch orthographisch nicht notwendige Anführungszeichen dazu verwendet werden können, die Übernahme sprachlicher Äußerungen, bestimmter Formulierungen oder auch einzelner von anderen Personen verwendeter Ausdrücke zu kennzeichnen. In Beleg 5 beispielsweise ist es lediglich ein Wort, das in orthographisch nicht notwendige Anführungszeichen gesetzt wurde.

> „Schockiert" reagierte der Deutsche Städtetag.
>
> Beleg 5: jkä/mbe/de/dad: Streit über Umsatzsteuer. In: Süddeutsche Zeitung vom 31. Juli 2003 [Hervorh. A.L.].

Der Einsatz doppelter Anführungszeichen an dieser Stelle gibt der Leserschaft zu erkennen, dass der Ausdruck *schockiert* von den betreffenden Journalistinnen und Journalisten nicht gezielt und aus freien Stücken unter einer Vielzahl von Formulierungsmöglichkeiten ausgewählt wurde, sondern stattdessen aus einer Verlautbarung des Deutschen Städtetages übernommen wurde. Weiterreichende Motive für die Verwendung der doppelten Anführungszeichen an dieser Stelle bleiben jedoch, soweit es diese Motive überhaupt gibt, ungewiss. Es wäre zum Beispiel ebenso denkbar, dass sie darüber hinaus auf eine unangemessene Wortwahl vonseiten von Vertretern des Deutschen Städtetages hinweisen sollen oder auf begründete Zweifel daran, dass der Deutsche Städtetag wirklich, wie er behauptet, schockiert ist.

Es bleibt als ein weiteres Zwischenergebnis festzuhalten, dass auch nichtorthographische Anführungszeichen nicht als unabdingbar modalisierend einzustufen sind, sondern häufig ausschließlich oder zumindest vorrangig dazu dienen, die Übernahme der Formulierungen Dritter für die Leserschaft kenntlich zu machen, vgl. dazu auch Beleg 6.

Für Ed Schmidt sind Ausländer und deutsche Leitkultur „überhaupt kein Thema".

Beleg 6: K. Sperber: Gerade mal „am Arsch vorbei". In: Frankfurter Rundschau vom 11. November 2000 [Hervorh. A.L.].

In Beleg 6 haben die nichtorthographischen Anführungszeichen eindeutig die Funktion, zu signalisieren, dass die Journalistin die Formulierung *überhaupt kein Thema* von ihrem Interviewpartner übernommen hat, wenngleich der vollzogene Stilebenenwechsel oder ihrerseits bestehende Zweifel am Wahrheitsgehalt von Ed Schmidts Behauptung ein zusätzlicher Anlass für deren Setzung sein könnten. Ähnlich verhält es sich, wenn nichtorthographische Anführungszeichen Teile einer indirekten Redewiedergabe umrahmen, vgl. dazu Beleg 7.

Berlin habe den Kommunen „zusätzliche finanzielle Lasten aufgeladen, ohne für einen ausreichenden Ausgleich zu sorgen", kritisierte der Finanzminister [Kurt Faltlhauser; A.L.].

Beleg 7: fa: Bayern will den Kommunen helfen. In: Süddeutsche Zeitung vom 9. Oktober 2002 [Hervorh. A.L.].

Die in vielen Grammatiken stillschweigend vorausgesetzte Annahme, dass sich aus einer indirekten Redewiedergabe die ursprüngliche Äußerung zweifelsfrei rekonstruieren ließe, verstellt den Blick dafür, dass es unter pragmatischen Gesichtspunkten in der Regel nicht tautologisch ist, innerhalb einer indirekten Redewiedergabe doppelte Anführungszeichen zu verwenden; vgl. dazu das folgende Zitat.

Die beiden Präsentationsmöglichkeiten für Gesagtes, Gedachtes, Gefühltes ‚direkte Anführung, wörtlich' und ‚indirekte Anführung, angepaßt an Situation der anführenden Proposition' sind *grundsätzlich* aufeinander beziehbar. Sie sind aber *keineswegs so streng parallel*, wie es bei der Ableitung der ‚indirekten Rede' aus der ‚direkten Rede' in manchen Grammatikbüchern (vor allem für Schulen) oft den Anschein hat. Ein Text mit indirekt angeführten Aussagen, Fragen, Gedanken, Gefühlen *kann* sich weitgehend anlehnen an eine vorhergegangene direkte Formulierung dieser Aussagen, Fragen, Gedanken, Gefühle – oft an einen ganzen vorhergegangenen ‚Originaltext'. Man kann sich aber auch völlig von vorhergegangenen originalen Formulierungen *lösen* oder auch *von vornherein* in *indirekter* Anführung darstellen, ganz ohne vorausgegangenen ‚Originaltext'.[15]

Anders als Glinz (1994) wollen wir uns im Weiteren allein auf die Wiedergabe sprachlicher Äußerungen konzentrieren, da jene von Gedanken oder Gefühlen, die nicht in sprachlicher Weise zum Ausdruck gebracht werden, in Zusammenhang mit Pressetexten zu politischen Themen kaum eine Rolle spielt. Als wichtig für unser Thema herauszustreichen ist hingegen, dass eine indirekte Redewiedergabe zwar auf Übereinstimmung mit dem Inhalt der ursprünglichen

15 Glinz 1994, hier S. 435.

Äußerung hindeutet, jedoch nicht unbedingt auf eine damit einhergehende sprachliche Übereinstimmung. Dementsprechend besitzen nichtorthographische Anführungszeichen auch im Falle der indirekten Redewiedergabe Zitatfunktion, da nur ihr Einsatz garantiert, dass die wörtliche Übernahme der Äußerungen Dritter beziehungsweise von Teilen daraus für die Leserinnen und Leser in hinreichender Weise erkennbar ist.

Sowohl die direkte als auch die indirekte Redewiedergabe ist grundsätzlich an die Angabe einer konkreten Quelle geknüpft – beispielsweise wird in Beleg 2 die Präsidentin des Deutschen Städtetages als Urheberin einer direkt wiedergegebenen Feststellung genannt und in Beleg 7 wird eine indirekt angeführte Äußerung dem bayerischen Finanzminister zugeordnet – oder zumindest an einen Hinweis auf die Existenz einer solchen Quelle (vgl. Beleg 8).

> Seit vier Jahren ist er [der CSU-Politiker Uwe Brandl; A.L.] Vize-Präsident des Bayerischen Gemeindetages. Viele haben ihn da kennengelernt als jemanden, der zwar „nicht viel redet, aber wenn dann er das Wort ergreift, die Dinge schnell auf den Punkt bringt".
>
> Beleg 8: C. Schneider: Mann der klaren Worte. In: Süddeutsche Zeitung vom 14. Oktober 2003 [Hervorh. A.L.].

Auch für Passagen, die von nichtorthographischen Anführungszeichen umrahmt und nicht in eine indirekte Redewiedergabe eingebettet sind, werden häufig die Urheber der betreffenden Formulierungen genannt, so in Beleg 5 der Deutsche Städtetag und in Beleg 6 ein Mann namens Ed Schmidt. Hier tritt jedoch eine Quellenangabe, anders als in den beiden erstgenannten Fällen, nicht obligatorisch auf, vgl. dazu die Belege 9 und 10.

> Denkbar wäre, dass sich der Bund seine Kosten teilweise im Wege der „Organleihe" von den Städten und Gemeinden erstatten läßt […]
>
> Beleg 9: U. Schäfer: Regierung will Hartz-Gesetze verschärfen. In: Süddeutsche Zeitung vom 2. August 2003 [Hervorh. A.L.].

> Wer nach der britischen Version einer Debatte über „Leitkultur" forscht, sollte heute aber nicht an die Spannungen mit den Minderheiten auf der Insel denken, […].
>
> Beleg 10: B. Heimrich: Pulver aus Maastricht. In: Frankfurter Allgemeine Zeitung vom 2. November 2000 [Hervorh. A.L.].

Der Bezugspunkt eines herkömmlichen Zitats ist auf der Ebene des Sprachgebrauchs zu suchen, da Zitieren gemeinhin bedeutet, eine konkrete Äußerung oder Teile derselben unter Angabe der Quelle wörtlich wiederzugeben. In den Belegen 9 und 10 fällt auf, dass zum einen eine solche Quellenangabe fehlt und zum anderen lediglich einzelne, lexikalisierte Ausdrücke von nichtorthographischen Anführungszeichen umrahmt sind. Hinzu kommt, dass sich hier im Unterschied zu fast allen anderen bisherigen Belegen anstelle der doppelten Anführungszeichen auch der Ausdruck *so genannt* einsetzen ließe. Wenngleich die nichtorthographischen Anführungszeichen auch in diesen beiden Belegen in gewisser Weise signalisieren, dass die jeweiligen Ausdrücke nicht von den betreffenden Journalisten selbst stammen, so existiert hier dennoch kein konkreter Urheber mehr, der zitiert wird; ausschlaggebend ist vielmehr die Ebene des Sprachsystems.

Die Verwendung nichtorthographischer Anführungszeichen bei gleichzeitigem Fehlen einer Quellenangabe soll der Leserschaft anscheinend verdeutlichen, dass an dieser Stelle ein Ausdruck verwendet wurde, der in der deutschen Gegenwartssprache zwar lexikalisiert ist, aber dennoch nicht zum üblichen Wortschatz der betreffenden Journalistinnen und Journalisten gehört oder zumindest im gegebenen Kontext von ihnen als unangemessen oder nicht ganz zutreffend empfunden wird. Die Gründe, warum gerade in bestimmten Fällen eine Distanzierung von der getroffenen Wortwahl als notwendig erscheint und warum nicht stattdessen andere Ausdrücke gewählt werden, sind vielfältig und vor allem nur schwer aufzudecken. So mag in Beleg 10 die Tatsache von entscheidender Bedeutung gewesen sein, dass *Leitkultur* als zentrales und zudem eindeutig parteiliches Schlagwort[16] innerhalb eines stark ideologiegeprägten gesellschaftlichen Diskurses fungiert, gleichzeitig jedoch in besonderem Maße dazu geeignet ist, diesen Diskurs zu benennen, und in Beleg 9, dass *Organleihe* ein Laien kaum bekannter verwaltungsorganisationsrechtlicher Terminus ist.

Die nachfolgende Tabelle fasst die Ergebnisse dieses Abschnitts noch einmal zusammen. Es sei ausdrücklich darauf hingewiesen, dass die darin enthaltenen Funktionsangaben als Tendenzbeschreibungen zu betrachten sind, nicht als auf jeden Einzelfall in gleicher Weise zutreffende Aussagen.

<table>
<tr><td>orthographische Anführungszeichen</td><td colspan="3">nichtorthographische Anführungszeichen</td></tr>
<tr><td>direkte Redewiedergabe</td><td>indirekte Redewiedergabe</td><td colspan="2">(formal) keine Redewiedergabe</td></tr>
<tr><td>immer mit Angabe einer Quelle im Begleitsatz</td><td>immer mit Angabe einer Quelle (= Typ A)</td><td>mit Angabe einer Quelle (= Typ B)</td><td>ohne Quellenangabe (= Typ C)</td></tr>
<tr><td>Zitatfunktion dominiert, modalisierende Funktion zumeist unbedeutend oder nicht gegeben</td><td>modalisierende Funktion zumeist unauffällig, da von der Zitatfunktion überlagert</td><td>Dominanz von modalisierender Funktion oder Zitatfunktion schwankend</td><td>modalisierende Funktion zumeist stark ausgeprägt, da keine Zitatfunktion belegbar</td></tr>
</table>

→ *Zunehmende Bedeutung der modalisierenden Funktion*

← *Zunehmende Bedeutung der Zitatfunktion*

[16] Zu einer Schlagwortklassifikation vgl. Burkhardt (1998), S. 97ff.

3.3 Die Frage der journalistischen Bewusstheit

Die in Abschnitt 2.2 angeschnittene Frage, inwieweit die journalistischen Einstellungsbekundungen, die in den Zeitungstexten anzutreffen sind, bewusst erfolgten, lässt sich nun für jene, die sprachreflexiv sind und anhand des Einsatzes doppelter Anführungszeichen realisiert werden, differenziert nach der jeweiligen Gewichtung der Zitatfunktion beantworten.

3.3.1 Nichtorthographische Anführungszeichen des Typs A

Als erstens ist festzuhalten, dass bei orthographischen Anführungszeichen (vgl. dazu die Belege 11 und 12) und nichtorthographischen Anführungszeichen des Typs A (vgl. dazu die Belege 13 und 14) die Kennzeichnung einer wortgetreuen Übernahme fremder Formulierungen im Vordergrund steht. Deren modalisierende Funktion dagegen tritt, soweit überhaupt wahrnehmbar, in den meisten Fällen eindeutig zugunsten der Zitatfunktion in den Hintergrund.

> „Wir sind [bezüglich der Gemeindefinanzreform; A.L.] nach wie vor unterschiedlicher Ansicht", erklärte Jörg-Otto Spillner, der finanzpolitische Sprecher der SPD, nach dem Treffen.
>
> Beleg 11: J. Käppner/U. Schäfer,: Der Zorn der Fraktion. In: Süddeutsche Zeitung vom 13. August 2003 [Hervorh. A.L.].

> „Wir sollten alles vermeiden, was den Eindruck erweckt, als wollten die Deutschen in Europa die Nummer eins spielen", sagte Rau am Dienstag bei einer Diskussion mit Studenten der Europa-Universität in Frankfurt.
>
> Beleg 12: AP: Rau kritisiert den Begriff der „Leitkultur". In: Frankfurter Allgemeine Zeitung vom 25. Oktober 2000 [Hervorh. A.L.].

> Ohne diese Reform, so hatte der Vorsitzende des [Bayerischen; A.L.] Städtetages, der Landshuter Oberbürgermeister Josef Deimer, gewarnt, würden die Städte und Gemeinden im nächsten Jahr <u>„handlungs- und zahlungsunfähig"</u>.
>
> Beleg 13: C. Schneider: In Trippelschriften zur Gemeinde-Finanzreform. In: Süddeutsche Zeitung vom 12. Juli 2003 [Hervorh. A.L.].

> CDU-Chefin Merkel sagte der Zeitschrift „Focus", die Diskussion um den B[e; A.L.]griff müsse in eine vertiefte <u>„Debatte über die Nation und das Vaterland einmünden"</u>.
>
> Beleg 14: F.A.Z.: CDU beharrt auf „Leitkultur". In: Frankfurter Allgemeine Sonntagszeitung vom 5. November 2000 [Hervorh. A.L.].

Die beiden genannten Arten doppelter Anführungszeichen scheinen hinsichtlich der vorrangigen journalistischen Motive für ihre Setzung gegeneinander austauschbar zu sein; es lässt sich in diesen Fällen lediglich als Faustregel formulieren, dass die Wahrscheinlichkeit, dass sich eine Journalistin oder ein Journalist für eine direkte Redewiedergabe anstelle einer in doppelte Anführungszeichen gesetzten Passage innerhalb einer indirekten Redewiedergabe entscheidet, mit der Länge des Textausschnittes, der zitiert werden soll, steigt. Diese gleichwertige Verwendung tritt besonders deutlich in Beleg 15 zutage. Hier ist eine Passage einer indirekten Redewiedergabe von doppelten Anführungszeichen umrahmt, gleichzeitig jedoch beinhaltet diese Passage eine direkte Redewiedergabe, wie an dem – angesichts des gegebenen syntaktischen Rahmens inkorrekten – Auftreten des Verbs *sollen* im Indikativ Präsens zu erkennen ist.

> Schröder sagte auf dem Gewerkschaftstag der ÖTV in Leipzig, er habe „nicht den Eindruck, daß diese Debatte die Gesellschaft weiterbringt – vielleicht soll sie das auch nicht".
>
> Beleg 15: elo./nf.: Meyer will Debatte über „Nation" und „Patriotismus". In: Frankfurter Allgemeine Zeitung vom 6. November 2000 [Hervorh. A.L.].

Entsprechend gering dürfte nicht nur bei orthographischen, sondern auch bei nichtorthographischen Anführungszeichen des Typs A zumeist die journalistische Bewusstheit ob einer möglicherweise parallel erfolgenden Wertung ausgeprägt sein (vgl. dazu Beleg 16, dessen doppelte Anführungszeichen als zumindest sprachreflexive Einstellungsbekundung interpretiert werden können). Lediglich im Hinblick auf eine Distanzierung auf Basis der Zitatfunktion selbst ist, was speziell nichtorthographische Anführungszeichen anbelangt, prinzipiell von einem gewissen Grad an journalistischer Bewusstheit auszugehen, da deren Setzung wesentlich stärker einer ausdrücklichen Entscheidung anstelle eines routinierten, unhinterfragten Handelns, eines bloßen Befolgens von orthographischen Regeln bedarf, als dies für orthographische Anführungszeichen gilt.

> Endlich herrsche Klarheit, die Regierung werde für „eine dramatische Vereinfachung" der Gewerbesteuer sorgen, verkündete er [Hans Eichel; A.L.].
>
> Beleg 16: U. Schäfer: Geben und Nehmen. In: Süddeutsche Zeitung vom 6. August 2003 [Hervorh. A.L.].

Für eine Entscheidung darüber, wann nichtorthographische Anführungszeichen des Typs A – ungeachtet einer journalistischen Bewusstheit ob dieses Sachverhalts – überhaupt als journalistische Einstellungsbekundung zu bewerten sind, lässt sich eine zweite Faustregel formulieren: Je kürzer der von doppelten Anführungszeichen umrahmte Text im Verhältnis zur Länge der indirekten Redewiedergabe ist, innerhalb der er steht, desto größer ist die Wahrscheinlichkeit, dass eine journalistische Einstellungsbekundung vorliegt. Wenn das Pendel besonders stark zugunsten der Länge der indirekten Redewiedergabe ausschlägt und gleichzeitig lediglich ein einziger lexikalisierter Ausdruck von doppelten Anführungszeichen umrahmt ist, kann das soweit gehen, dass die Grenzen zwischen nichtorthographischen Anführungszeichen des Typs A und des Typs C verschwimmen (vgl. dazu Beleg 17).

24 der 30 Vorhaben aus der „Agenda 2010“ seien bereits so weit gediehen, dass der Zeitplan sicher eingehalten werden könne, sagte Schröder.

Beleg 17: AP/Reuters: Schröder: Reformpläne stehen bis zum Sommer. In: Süddeutsche Zeitung vom 27. März 2003 [Hervorh. A.L.].

3.3.2 Nichtorthographische Anführungszeichen des Typs C

Entgegen den Gegebenheiten in Beleg 17 stehen nichtorthographische Anführungszeichen des Typs C in den eindeutigen Fällen nicht in Zusammenhang mit einer Redewiedergabe und treten dementsprechend ohne zugehörige Quellenangabe auf. Da deren Verwendung keinesfalls dem Wunsch nach Kennzeichnung einer wortgetreuen Übernahme fremder Formulierungen entspringen kann, muss während des Schreibens zwangsläufig der Aspekt der wertenden Distanzierung im Mittelpunkt der journalistischen Aufmerksamkeit gestanden haben. Unbestimmt bleibt dagegen, ob solch bewusst realisierte Einstellungsbekundungen mehrheitlich allein aus sprachkritischen Motiven heraus erfolgen oder ob sie von den betreffenden Journalistinnen und Journalisten darüber hinaus auch als Kritik an den betreffenden Sachverhalten intendiert sind. Es kann jedoch im Hinblick auf diese Frage als dritte Faustregel formuliert werden, dass die Wahrscheinlichkeit, dass nichtorthographische Anführungszeichen des Typs C nicht nur eine sprachkritsche Einstellung, sondern darüber hinaus auch eine sachbezogene Wertung kundtun, entsprechend des Grads der Ideologiegeprägtheit des Diskurses, dem der betreffende Pressetext zuzurechnen ist, ansteigt. So ist beispielsweise innerhalb des eher sachlichen denn ideologischen Diskurses zur Gemeindefinanzreform die Kennzeichnung von Fachwörtern, die als nicht oder nur bedingt allgemein verständlich betrachtet werden müssen, ein häufiges Motiv für die Setzung nichtorthographischer Anführungszeichen des Typs C (vgl. die Belege 18 bis 20).

Auch die diskutierte „Substanzbesteuerung“ führe zu einer unzumutbaren Belastung von Betriebsausgaben [...]

Beleg 18: A. Pöhner: „Rettet die Kommunen!“. In: Süddeutsche Zeitung vom 22. Mai 2003 [Hervorh. A.L.].

Im Mittelpunkt des Spitzentreffens am Montag abend stehen dabei die Gesetze zur Gemeindefinanzreform, zur Zusammenlegung von Arbeitslosen- und Sozialhilfe (Hartz IV) sowie der „Korb zwei“, eine Liste mit Vorschlägen zur Erhöhung der Unternehmenssteuer.

Beleg 19: U. Schäfer: Schröder will die Kommunen entlasten. In: Süddeutsche Zeitung vom 4. August 2003 [Hervorh. A.L.].

> Ist die Einbeziehung der Freiberufler in die Gewerbesteuer für die Betroffenen „kostenneutral" oder nicht? Das heißt: Wird die Besteuerung lediglich zugunsten der Kommunen umverteilt, indem die Freiberufler durch Anrechnung auf die Einkommensteuer sparen, was ihnen die neue Gewerbesteuer nimmt?
>
> Beleg 20: L. Müller: Kraft des Selbstbildes. In: Süddeutsche Zeitung vom 11. August 2003 [Hervorh. A.L.].

Dementsprechend ist, wie bereits in Abschnitt 2.2 ausgeführt wurde, in diesen Fällen davon auszugehen, dass die journalistischen Einstellungsbekundungen nur selten mit nennenswerter Bewusstheit erfolgen, da sie nicht über die sprachreflexive Ebene hinausgehen. Anders verhält es sich mit Pressetexten im Rahmen von sehr stark ideologiegeprägten Diskursen wie jenem um den Ausdruck *Leitkultur*, da hier zu den sprachbezogenen Motiven für die Setzung nichtorthographischer Anführungszeichen zumeist auch inhaltliche Vorbehalte treten (vgl. dazu die Belege 21 und 22).

> Zeitlich kurzfristige Perspektiven und Postulate für Integration im Sinne einer „Einschmelzung" der Ausländer in die einheimische Mehrheit verstärken daher die negativen Einstellungen zu Ausländern und hemmen ihre staatsbürgerliche Integration.
>
> Beleg 21: D. Oberndörfer: Was ist eigentlich ein integrierter Deutscher? In: Frankfurter Rundschau vom 24. Oktober 2000 [Hervorh. A.L.].

> Die „Leitkultur" damals ähnelte übrigens der aktuellen: Spiele, Spiele, Spiele.
>
> Beleg 22: C. Pornschlegel: Fremd in der Fremde. In: Süddeutsche Zeitung vom 2. Januar 2001 [Hervorh. A.L.].

Bei manchen Journalistinnen und Journalisten scheint das Bedürfnis nach Distanzierung von dem ideologisch aufgeladenen Ausdruck *Leitkultur* derart groß zu sein, dass sie selbst dann nichtorthographische Anführungszeichen des Typs C setzen, wenn sie ihm gleichzeitig das Wörtchen *so genannt*, das ebenfalls sprachliche und gegebenenfalls auch inhaltliche Vorbehalte kenntlich werden lässt, voranstellen (vgl. Beleg 23).

> In Wahrheit ist die Diskussion um die sogenannte „Leitkultur" der größte politische Erfolg der Union seit der Doppelpass-Kampagne – denn der Erfolg eines Begriffes misst sich nicht daran, ob ihn am Ende die meisten Menschen ablehnen, sondern ob es gelingt, mit diesem Begriff die Hegemonie zu erringen, die auch dessen Gegner dazu bringt, sich an diesem Begriff abzuarbeiten.
>
> Beleg 23: J. Kaiser: Die deutsche Neurose. In: Süddeutsche Zeitung vom 30. November 2000 [Hervorh. A.L.].

Eine Besonderheit des Diskurses um das parteiliche Schlagwort *Leitkultur* ist darin zu sehen,[17] dass sein zentrales Thema etwas Sprachliches ist, während sich

---

[17] Vgl. zur Genese des Schlagwortes *Leitkultur* Eitz 2002, s.v.

üblicherweise Pressetexte zu politischen Themen allenfalls beiläufig mit sprachlichen Gegebenheiten beschäftigen, ohne sie im eigentlichen Sinne zu thematisieren.[18] Aus diesem Grund finden sich in den einschlägigen Pressetexten doppelte Anführungszeichen häufig zu dem Zweck eingesetzt, die bloße Erwähnung des Ausdrucks *Leitkultur* oder eines konkurrierenden Schlagwortes entgegen seiner gewöhnlichen Verwendung zu kennzeichnen (vgl. Beleg 24).

> Über Jahre war der Streit um Einwanderung vor allem weltanschaulich geprägt, was sich in Begriffen wie „multikulturelle Gesellschaft" oder „Leitkultur" widerspiegelt.
>
> Beleg 24: J. Käppner: Verstärkte Zuwanderung ist ökonomisch notwendig. In: Süddeutsche Zeitung vom 17. Februar 2001 [Hervorh. A.L.].

Die Verwendung doppelter Anführungszeichen in der genannten Art ist natürlich insofern regelgeleitet, als lediglich erwähnte sprachliche Ausdrücke korrekterweise durch irgendein Verfahren, sei es anhand typographischer oder nichttypographischer Mittel, aus ihrem textuellen Umfeld herausgehoben werden müssen. Dadurch unterscheiden sie sich von allen anderen hier behandelten Formen nichtorthographischer Anführungszeichen in einem wesentlichen Punkt, der dagegen zu sprechen scheint, dass mit ihnen häufig sprachreflexive Einstellungsbekundungen, zudem noch bewusst hervorgebrachte, einhergehen. Nichtsdestotrotz schließt ihre regelgeleitete Verwendung nicht aus, dass gleichzeitig auch eine journalistische Einstellungsbekundung vorliegt – im Gegenteil. Zum einen zeigen zahlreiche Pressetexte, dass Journalistinnen und Journalisten es mit der Kennzeichnung lediglich erwähnter Ausdrücke oftmals nicht allzu genau nehmen (vgl. dazu Beleg 25).

> Die deutsche Sprache sollte zur Grundausstattung aller in Deutschland Lebenden gehören. Das meinen die Deutschen – ob sie das Wort Leitkultur mögen oder nicht […]
>
> Beleg 25: K. Reumann: Deutsch wird Deutschen zur Fremdsprache. In: Frankfurter Allgemeine Zeitung vom 28. Dezember 2000.

Zum anderen lässt sich durch die ausdrückliche Thematisierung politischer Schlagwörter oder der daran geknüpften Vorstellungen die unhinterfragte Gegebenheit von Ausschnitten der außersprachlichen Wirklichkeit so, wie sie mithilfe dieser Schlagwörter konstruiert werden, aufbrechen. Deshalb sind unserer Auffassung nach nichtorthographische Anführungszeichen auch in dieser regelgeleiteten Verwendung oftmals als journalistische Einstellungsbekundungen zu werten, nämlich als bewusste Verweigerungen gegenüber der usuellen Verwendung der betreffenden sprachlichen Ausdrücke und damit gegenüber einer fortwährenden Bestätigung der mit ihnen verknüpften, von parteilichen Interessen geleiteten Wirklichkeitskonstruktionen. Noch stärker kommen diese sprach-

[18] Vgl. Lehr 2001, hier S. 323ff.

reflexiven und inhaltlichen Vorbehalte in jenen Belegen zum Ausdruck, in denen die Bezugnahme auf sprachliche Ausdrücke beziehungsweise auf deren begriffliche Seite nicht durch die Erwähnung der betreffenden Ausdrücke, sondern mithilfe von Genitivattribuierungen in Kombination mit doppelten Anführungszeichen erfolgt (vgl. die Belege 26 und 27).

> Er [ein Frankfurter CDU-Politiker; A.L.] stimmt auch nicht gleich eine Lobrede auf den Begriff der „deutschen Leitkultur" an.
>
> Beleg 26: M. Köhler: „Leitkultur" ist für Magen schlicht das Recht. In: Frankfurter Allgemeine Zeitung vom 13. November 2000 [Hervorh. A.L.].

> Trotz anhaltender interner Kritik setzt die CDU auf den Begriff einer „Leitkultur".
>
> Beleg 27: [o. Verf.]: CDU beharrt auf „Leitkultur". In: Frankfurter Allgemeine Sonntagszeitung vom 5. November 2000 [Hervorh. A.L.].

3.3.3 Nichtorthographische Anführungszeichen des Typs B

Verbleiben als drittes nichtorthographische Anführungszeichen, die formal nicht in Zusammenhang mit einer Redewiedergabe stehen, aber dennoch an eine Quellenangabe gekoppelt sind. In dieser Gruppe muss für jeden Einzelfall gesondert entschieden werden, ob der Zitatfunktion oder der modalisierenden Funktion jeweils die größere Bedeutung zukommt; es lässt sich hinsichtlich dieser Frage keine Tendenzaussage formulieren (vgl. Beleg 28).

> Magen [ein Frankfurter CDU-Politiker; A.L.] will die „Spreu vom Weizen" getrennt haben, schließlich nutzten auch deutsche Bürger das Sozialsystem aus.
>
> Beleg 28: [o. Verf.]: Der Türke vom Hörensagen belastet die Integration. In: Frankfurter Neue Presse vom 13. November 2000 [Hervorh. A.L.].

Als Argument für die vorwiegende Dominanz der modalisierenden Funktion ließe sich anführen, dass nichtorthographische Anführungszeichen dieses Typs, da hier der syntaktische Rahmen keine Redewiedergabe erwarten lässt, ebenso wie jene des Typs C in besonderem Maße willkürlich wirken und deshalb – bei der Textproduktion und -rezeption gleichermaßen – die Aufmerksamkeit auf sich ziehen. Dementgegen spräche für die vorwiegende Dominanz der Zitatfunktion, dass für die Leserinnen und Leser in Textpassagen, die formal betrachtet nicht als Redewiedergaben zu werten sind, zumeist erst durch die Verwendung doppelter Anführungszeichen überhaupt erkennbar wird, dass hier dennoch eine wörtliche Übernahme vorliegt. In allen Fällen, in denen keine anderweitige Kennzeichnung einer wortgetreuen Wiedergabe vorliegt, ist es deshalb äußerst schwierig zu entscheiden, ob bei der Setzung der doppelten Anführungszeichen die Zitatfunktion im Vordergrund stand oder ob die betreffenden Journalistinnen und Journalisten bewusst eine kritische Distanz gegenüber den verwendeten Formulierungen beziehungsweise den geäußerten Inhalten kundtun wollten. In Beleg 28 beispielsweise wird die Zitatfunktion der nichtorthographischen Anführungszeichen durch die nachfolgende indirekte Redewiedergabe noch einmal unterstrichen, gleichzeitig jedoch provoziert das – ungeachtet des Bezugs auf eine einschlägige Bibelstelle – in der Anwendung auf Menschen sehr drastische Phrasem *die Spreu vom Weizen trennen* geradezu eine zumindest sprachkritische Distanzierung.

Wenn jedoch die wörtliche Übernahme mithilfe lexikalischer Mittel bereits angedeutet (vgl. Beleg 29) oder gar hinreichend gekennzeichnet (vgl. Beleg 30) ist, wie hier beispielsweise durch das Adverb *erklärtermaßen* oder Verben wie *einstufen* und *finden,* gewinnt die modalisierende Funktion der doppelten Anführungszeichen gegenüber ihrer Zitatfunktion klar an Bedeutung.

> Gemeinsamer Nenner der Kommentare anderer Unions-Abgeordneter war, dass sie diesen Teil von Spiegels Rede als „parteilich" einstuften [...]. Eine CDU-Abgeordnete fand Spiegels Verhalten „unfair".

Beleg 29: hll: Union reibt sich an Äußerungen Spiegels. In: Frankfurter Rundschau vom 11. November 2000 [Hervorh. A.L.].

> Indem die Regierung erklärtermaßen „Verzerrungen" bei der Gewerbesteuer beseitigen will, provoziert sie jedoch zugleich anderswo neue Verzerrungen.

Beleg 30: M. Bauchmüller/M. Beise: Großstädte fürchten Millionen-Verluste. In: Süddeutsche Zeitung vom 20. November 2002 [Hervorh. A.L.].

Dennoch bleibt auch in diesen Fällen fraglich, ob sich die betreffenden Journalistinnen und Journalisten der vollzogenen Einstellungsbekundungen bewusst waren oder ob sie sich der Notwendigkeit einer kritischen Distanzierung von den verwendeten Ausdrücken und gegebenenfalls auch von den mit ihnen verknüpften Inhalten durch die ausdrückliche Kennzeichnung von deren wörtlicher Übernahme bereits weitgehend entledigten. Noch weiter zu spitzt sich diese Frage in Zusammenhang mit den in Pressetexten häufig vorkommenden Formulierungsmustern *sprechen von etwas* (vgl. die Belege 31 und 32) und *etwas etwas nennen* (vgl. die Belege 32 und 33).[19]

> OB Christian Ude lobte Schröders Rede, die CSU sprach von „ollen Kamellen".

Beleg 31: B. Neff: Die Stadt spart 50 Millionen Euro im Jahr. In: Süddeutschen Zeitung vom 15. März 2003 [Hervorh. A.L.].

[19] Vgl. zu diesen Formulierungsmustern auch Lehr 2002, hier S. 333ff.

Die Frankfurter CDU-Bundestagsabgeordnete und Präsidentin des Bunds der Vertriebenen, Steinbach, sprach gestern von einem gegen die Union gerichteten „Meinungskartell". [...] Dagegen nannten der stellvertretende Vorsitzende der CDU/CSU-Bundestagsfraktion und Chef der hessischen Landesgruppe, Lippold, und der Vorsitzende der CDU/CSU-Gruppe im Europaparlament, Nassauer, die Beteiligung an der Kundgebung „richtig".

Beleg 32: U. Adolphs: „Mißverständnis bei Spiegel". In: Frankfurter Allgemeine Sonntagszeitung vom 12. November 2000 [Hervorh. A.L.].

Die Pläne zur Gemeindefinanzreform nannte Merkel „unausgegoren".

Beleg 33: Ph. Grassmann: Opposition lehnt Reformpläne der Regierung ab. In: Süddeutsche Zeitung vom 14. August 2003 [Hervorh. A.L.].

Einerseits gehören doppelte Anführungszeichen in dieser Verwendung eindeutig zu den nichtorthographischen Anführungszeichen des Typs B. Andererseits rükken, was den Grad der journalistischen Kenntlichmachung einer wortgetreuen Übernahme fremder Formulierungen anbelangt, Textstellen wie die in den Belegen 31 bis 33 hervorgehobenen auch ohne die Setzung von Anführungszeichen nahe an eine wörtliche Redewiedergabe heran. In besonderem Maße gilt dies für syntaktische Konstruktionen mit *nennen*; wenn beispielsweise jemand etwas richtig nennt, dann hat er unzweifelhaft eine Äußerung getätigt, in der das Wort *richtig* enthalten war. Ähnlich verhält es sich im Hinblick auf *sprechen*. Zwar kann das zugehörige präpositionale Objekt sowohl als Wiedergabe einer in diesem Zusammenhang verwendeten sprachlichen Formulierung als auch als Nennung des Themas, über das gesprochen wird, interpretiert werden; das textuelle Umfeld jedoch schließt die zweitgenannte Deutung zumeist aus. Damit ist jedoch keine hinreichende Gewähr dafür gegeben, dass die Journalistinnen und Journalisten, die diese beiden Verben verwenden, dies ebenso sehen und nichtorthographische Anführungszeichen der beschriebenen Art bewusst nicht aufgrund von deren Zitatfunktion, sondern aufgrund von deren modalisierender Funktion benutzen.

3.4 Von Einzelbelegen zu text- und diskursbezogenen Analysen

Wir wollen es bei der in den vorhergehenden Abschnitten vorgestellten Typisierung nichtorthographischer Anführungszeichen, die sich an den leicht überprüfbaren Kriterien der syntaktischen Einbettung und der Quellennennung orientierte, und einer groben Skizzierung der Bandbreite der möglichen journalistischen Motive für deren Setzung belassen. Wenngleich in dem vorliegenden Beitrag vom Grundsatz her zwischen den Motiven, sprachbezogene oder inhaltliche Vorbehalte zu signalisieren, unterschieden wurde und an manchen Stellen auch weiterreichende Ad-hoc-Interpretationen der in den Belegen vorgefundenen nichtorthographischen Anführungszeichen vorgenommen wurden, so erscheinen uns präzise Aussagen zu den jeweiligen Beweggründen für die Setzung nichtorthographischer Anführungszeichen angesichts des gegenwärtigen Forschungsstands in diesem Bereich nicht hinreichend gesichert.[20]

Zu den bereits dargelegten Problemen bei der Erforschung der journalistischen Motive tritt die isolierte Betrachtung von Belegstellen als ein weiteres wesentliches Hindernis hinzu. Gerade in Bezug auf einzelne in nichtorthographische Anführungszeichen gesetzte Ausdrücke sind oftmals den Ausführungen an anderer Stelle des betreffenden Pressetextes wertvolle Hinweise zu entnehmen, warum mit ihnen auf diese Weise verfahren wurde. So kann beispielsweise eine später folgende Erläuterung zu einem Ausdruck zu erkennen geben, dass dieser nicht aufgrund inhaltlicher Vorbehalte von doppelten Anführungszeichen umrahmt ist, sondern lediglich ob seiner fehlenden Allgemeinverständlichkeit. Auch genügt es in der Regel nicht, das Augenmerk allein darauf zu richten, in welchen Fällen nichtorthographische Anführungszeichen verwendet werden. Zu einer vollständigen Analyse gehört auch, danach zu fragen, in welchen Fällen sie nicht vorkommen, und entsprechende Vergleiche anzustellen (vgl. dazu als letztes Beispiel Beleg 34).

> Frau Künast gab an, das Papier der Grünen sei als Abgrenzung zur Haltung der CDU gedacht […]. Immerhin sei die CDU mit ihren Positionen inzwischen „in der Gegenwart angekommen". Sie betreibe aber, über die Verwendung des Begriffes Leitkultur, „Doppelstrategie". […] Sie beschrieb die Vorstellung ihrer Partei mit dem Begriff „multikulturelle Demokratie".
>
> Beleg 34: Lt.: Grüne gegen Gesamtquote. In: Frankfurter Allgemeine Zeitung vom 8. November 2000 [Hervorh. A.L.].

In diesem Beleg wird der Ausdruck *Leitkultur* nicht usuell verwendet, sondern lediglich erwähnt. Er müsste folglich ebenso wie *multikulturelle Demokratie* in doppelten Anführungszeichen erscheinen. Da dies jedoch nicht der Fall ist, bekommt der Einsatz der doppelten Anführungszeichen, die den Ausdruck *multikulturelle Demokratie* einrahmen, einen ebenso eindeutig wertenden Charakter wie der Verzicht auf eine solche Kennzeichnung bei *Leitkultur*. Wer ein parteiliches Schlagwort ohne besondere Kennzeichnung usuell verwendet, bringt damit ebenso zwangsläufig eine Wertung zum Ausdruck wie derjenige, der es in nichtorthographische Anführungszeichen setzt; beide können sich dem wertenden Charakter ihres Tuns nicht entziehen. Wer sich jedoch in dem einen Fall für und in einem zweiten, ähnlich gearteten Fall gegen die Setzung doppelter Anführungszeichen entscheidet, der wertet nicht nur in zweifacher Weise, sondern auch aus freien Stücken.

Eine Entscheidung darüber jedoch, ob in Beleg 34 lediglich sprachreflexive Einstellungsbekundungen, die sich beispielsweise auf den vermuteten unter-

[20] Vgl. zu dem Vorschlag einer umfassenden Klassifikation nichtorthographischer Anführungszeichen nach den Motiven für ihre Setzung, darunter unter anderem die Verwendung fremd- beziehungsweise fachsprachlicher Ausdrücke oder Stilebenenwechsel anzuzeigen zu wollen, Kramer 2002, hier S. 170–177.

schiedlichen Bekanntheitsgrad der beiden Ausdrücke beziehen, vorliegen oder ob zusätzlich von inhaltlicher Zustimmung beziehungsweise Ablehnung von journalistischer Seite auszugehen ist, lässt sich anhand dieses einzelnen Pressetextes nicht treffen. Dazu wäre es vielmehr notwendig, die Verwendung des Schlagwortes *multikulturelle Demokratie* in Pressetexten älteren Erscheinungsdatums zu überprüfen – beispielsweise wie häufig es vorkommt und in wievielen dieser Fälle es lediglich erwähnt wird, ob es überhaupt ohne sprachreflexive Hervorhebung anzutreffen ist, wie häufig sich die Journalistinnen und Journalisten zu einer Bedeutungserläuterung genötigt sahen und ob sich hinsichtlich dieser Fragen signifikante Unterschiede in den einzelnen Presseorganen je nach deren politischer Ausrichtung oder in verschiedenen Phasen des betreffenden Diskurses aufzeigen lassen.

In dieser Auflistung deutet sich an, dass oftmals selbst die Analyse eines gesamten Pressetextes, in dem nichtorthographische Anführungszeichen vorkommen, nicht ausreicht, um der Natur der dadurch getätigten journalistischen Einstellungsbekundungen auf die Spur zu kommen, und deshalb in eine Untersuchung ganzer Diskurse oder Diskursstränge münden muss. Insbesondere gilt dies im Falle von parteilichen Schlagwörtern. Diese sind nach Lübbe[21] ebenso Kondensate politischer Ideologien wie auch Kristallisationspunkte des politischen Sprachkampfs. Sie werden deshalb in den Pressetexten oftmals nur in Kombination mit einer zumindest sprachreflexiven Einstellungsbekundung verwendet. Dies gilt jedoch nur so lange, wie der jeweilige „Streit um Worte“ nicht zugunsten der Partei entschieden wurde, die mit diesem Schlagwort ihre Perspektivierung der Wirklichkeit durchsetzten wollte. Sobald dies im Fortgang eines Diskurses geschieht, erlischt das öffentliche und journalistische Interesse an dem Schlagwort als Schlagwort. Es wird unauffällig und findet forthin unhinterfragt Verwendung. In den Pressetexten ist dies daran zu erkennen, dass sein Vorkommen immer seltener an journalistische Einstellungsbekundungen geknüpft ist. Insofern ist zur angemessenen Interpretation nichtorthographischer Anführungszeichen der Blick auf die jeweiligen Diskurse und deren Verlauf notwendig. Umgekehrt kann die Beschäftigung mit ihnen im Rahmen von Diskursanalysen wertvolle Informationen über den Verlauf und den Ausgang politischer Auseinandersetzungen erbringen.

4. Fazit und Ausblick

Wenn Journalistinnen und Journalisten schreiben, werten sie. Sie können sich dem nicht entziehen. Es liegt in der Natur der Sprache, dass wir aufgrund der ihr innewohnenden Perspektivierungen, Ein- und Zusammenordnungen nicht interessenlos und wertneutral auf die Gegebenheiten unserer Welt Bezug nehmen können. Im Zuge einer sprachwissenschaftlichen Beschäftigung mit Pressetexten zu politischen Themen kann deshalb nur sinnvoll danach gefragt werden, ob die

---

[21] Vgl. Lübbe 1975.

Art der Darlegung jenseits der Grenzen der gewollten Manipulation verharrt, nicht aber, ob mit ihr – außer in den eigens dafür vorgesehenen Textsorten – auf alle Wertungen und Stellungnahmen verzichtet wird.

Die vorangegangenen Ausführungen haben gezeigt, dass nichtorthographische Anführungszeichen in den Pressetexten häufig eine modalisierende Funktion besitzen. Wer immer nichtorthographische Anführungszeichen verwendet, signalisiert, dass er sich von den Textstellen, die von ihnen umrahmt sind, distanziert – manchmal allein, weil es sich um die Wiedergabe von Äußerungen und Formulierungen Dritter handelt, manchmal, weil er sich mit der sprachlichen Form oder den geäußerten Inhalten, den in den verwendeten Ausdrücken zutage tretenden Einordnungen und Interpretationen der bezeichneten Sachverhalte, nicht einverstanden zeigt. Es ist zwar richtig, dass nichtorthographische Anführungszeichen in vielen Fällen im Dunkeln lassen, wes Geistes Kind diejenigen sind, die sie verwenden. Wenn sie jedoch eine modalisierende Funktion besitzen, dann leisten sie eines ganz bestimmt: Sie streuen Zweifel an der Angemessenheit der sprachlichen Formulierungen, die sie umrahmen, und an den Inhalten, für die diese stehen. Deshalb muss ihnen sowohl in informations- als auch in meinungsbetonten Texten ein gewisser Einfluss auf den Prozess der öffentlichen Meinungsbildung zugesprochen werden.

Wann jedoch mit der genannten Form der journalistischen Einflussnahme die Grenze zur Manipulation überschritten wird, muss hier für all diejenigen Fälle, in denen wir von mit hoher Wahrscheinlichkeit bewussten Einstellungsbekundungen ausgehen können, ungeklärt bleiben. Für eine zufrieden stellende Beantwortung dieser Frage wäre es unter anderen notwendig, in umfangreicheren empirischen Studien zu überprüfen, ob sich der Einsatz modalisierender Anführungszeichen je nach Verfasserin beziehungsweise Verfasser oder in den verschiedenen Presseorganen – beispielsweise in der eher linksliberalen Frankfurter Rundschau und der eher konservativen FAZ – unterschiedlich gestaltet. Gekoppelt werden sollte eine solche Studie zudem mit ergänzenden Untersuchungen zu anderen Formen journalistischer Einstellungsbekundungen in der Presse und – um abschließend den Bogen zum mündlichen Medium zu schlagen – im Rundfunk.

Literatur

Berger, Peter/Luckmann, Thomas ([5]1977): Die gesellschaftliche Konstruktion der Wirklichkeit. Eine Theorie der Wissenssoziologie, Frankfurt am Main.

Burkhardt, Armin ([2]1998): Deutsche Sprachgeschichte und politische Geschichte. In: Besch, Werner u. a. (Hrsg.): Sprachgeschichte. Ein Handbuch zur Geschichte der deutschen Sprache und ihrer Erforschung, 1. Teilband, vollständig neu bearbeitete und erweiterte Auflage, Berlin/New York, S.98-122.

Coulmas, Florian (1986) (Hrsg.): Direct and Indirect Speech, Berlin.

Eitz, Thorsten (2002): *Leitkultur*. In: Stötzel, Georg/Eitz, Thorsten (Hrsg.): Zeitgeschichtliches Wörterbuch der deutschen Gegenwartssprache, Hildesheim/Zürich/New York.

Eppler, Erhard (2003): Sprache und politische Moral. In: Burkhard, Armin/Pape, Kornelia (Hrsg.): Politik, Sprache und Glaubwürdigkeit. Linguistik des politischen Skandals, Wiesbaden, S. 13–21.

Glinz, Hans (1994): Grammatiken im Vergleich. Deutsch – Französisch – Englisch – Latein. Formen – Bedeutungen – Verstehen, Tübingen. (Reihe Germanistische Linguistik 136)

Klauer, Karl Christoph (1991): Einstellungen, Göttingen.

Klockow, Reinhard (1980): Linguistik der Gänsefüßchen. Untersuchung zum Gebrauch der Anführungszeichen im gegenwärtigen Deutsch, Frankfurt am Main.

Kramer, Undine (2002): Striche mit Wirkung: Markierung und Konnotierung durch Anführungszeichen. In: Luukkainen, Matti/Pyykkö, Riita (Hrsg.): Zur Rolle der Sprache im Wandel der Gesellschaft/The Role of Language in Changes of Society, Vantaa, S. 166–179.

Lehr, Andrea (2001): „Überdosis Sprache“. Ein Panoptikum sprachreflexiver Äußerungen in Pressetexten. In: Lehr, Andrea u. a. (Hrsg.): Sprache und Alltag. Beiträge zu neuen Perspektiven in der Linguistik. H. E. Wiegand zum 65. Geburtstag gewidmet, Berlin/New York, S. 321–348.

Lehr, Andrea (2002): Sprachbezogenes Wissen in der Lebenswelt des Alltags, Tübingen. (Reihe Germanistische Linguistik 236)

Linden, Peter (1998): Wie Texte wirken: Anleitung zur Analyse journalistischer Sprache, Bonn.

Lorenz, Dagmar (2002): Journalismus, Stuttgart/Weimar. (Sammlung Metzler)

Lübbe, Hermann (1975): Der Streit um Worte [zuerst: 1967]. In: Kaltenbrunner, Gerd-Klaus (Hrsg.): Sprache und Herrschaft, München, S. 87–111.

Lüger, Heinz-Helmut (^{2}1995): Pressesprache, Tübingen. (Germanistische Arbeitshefte 28).

Mast, Claudia (^{2}2000): Berufsziel Journalismus. Aufgaben, Anforderungen und Ansprechpartner, Wiesbaden.

Moilanen, Markku/Tiittula, Liisa (Hrsg.) (1994): Überredung in der Presse. Texte, Strategien, Analysen, Berlin/New York. (Sprache, Politik, Öffentlichkeit 3).

Püschel, Ulrich (1999): Präsentationsformen, Texttypen und kommunikative Leistung der Sprache in Zeitungen und Zeitschriften. In: Leonhard, Joachim-Felix u. a. (Hrsg.): Medienwissenschaft. Ein Handbuch zur Entwicklung der Medien und Kommunikationsformen, 1. Teilband, Berlin/New York, S. 864–880.

Stötzel, Georg (^{2}1988): Konkurrierender Sprachgebrauch in der deutschen Presse. In: Heringer, Hans-Jürgen (Hrsg.): Holzfeuer im hölzernen Ofen. Aufsätze zur politischen Sprachkritik, Tübingen, S. 277-289.

Straßner, Erich (^{2}1999a): Zeitung, Tübingen. (Grundlagen d. Medienkommunikation 2)

Straßner, Erich (1999b): Kommunikative Aufgaben und Leistungen der Zeitung. In: Leonhard, Joachim-Felix u. a. (Hrsg.): Medienwissenschaft. Ein Handbuch zur Entwicklung der Medien und Kommunikationsformen, 1. Teilband, Berlin/New York, S. 837–851.

Straßner, Erich (2000): Journalistische Texte, Tübingen. (Grundlagen der Medienkommunikation 10).

Watzlawick, Paul (Hrsg.) (1981): Die erfundene Wirklichkeit. Wie wissen wir, was wir zu wissen glauben? Beiträge zum Konstruktivismus, München.

Weischenberg, Siegfried (^{2}1990): Nachrichtenschreiben. Journalistische Praxis zum Studium und Selbststudium, Opladen.

Weischenberg, Siegfried (1995a): Journalistik. Theorie und Praxis aktueller Medienkommunikation. 2. Band: Medientechnik, Medienfunktionen, Medienakteure, Opladen.

Weischenberg, Siegfried (1995b): Konstruktivismus und Journalismusforschung. Probleme und Potentiale einer neuen Erkenntnistheorie. In: Medienjournal 4, S. 47-56.

Anita Fetzer

‚But I notice and so will the viewers notice.‘: the mediated status of political interviews

1. Introduction

The genre and media event of a political interview has been investigated in a number of analytic frameworks, which, from an interdisciplinary perspective are supplementary. The conversation-analytic approach to news interviews focusses on the interactional organization and reconstruction of the communicative event, on its context-sensitive employment of the turn-taking system and on the interactional organization of neutralism.[1] Naturally, a political interview is not only interactionally organized on the micro (or local) domain but also on the macro domain of genre with its subsets of opening, closing and topical-sequence sections. Critical-discourse-analysis based investigations of political discourse[2] examine the production and reception of language in different types of discourse with regard to medialization, conversationalization and ideology. The social-psychology paradigm[3] bases its investigation on face-saving strategies and on political equivocation. In the field of pragmatics[4], the dichotomy between *what is said* and *what is meant* is adapted to the contextual constraints and requirements of political discourse. This is reflected in the analysis of genre-specific strategies, such as hedging and evasiveness, which are based on the speech-act-theoretic differentiation between direct and indirect speech acts, which is also referred to as explicit and implicit uses of language. While the former is looked upon as not causing any communicative problems as the speaker unambiguously says what s/he means, the latter is assigned an indeterminate status, to some degree at least[5]. This is due to the fact that the speaker's communicative intention is not

1 Cf. Clayman 1992; Greatbatch 1998; Heritage 1985; Schegloff 1989.

2 Cf. Chilton 1998; van Dijk 1988; Fairclough 1995.

3 Cf. Bull 2003.

4 Cf. Holly 1990; Fetzer 2000; Jucker 1986; Wilson 1990.

5 It is beyond the scope of this contribution to elaborate on the different conceptions of indirect speech acts (Searle 1975), of implicated premises, implicated conclusion and implicature (Sperber/Wilson 1996), and of conversational implicature (Grice 1975; Levinson 1983, 2000). Instead, an operational definition of the dichotomy between directness and indirectness is adopted: direct speech acts or an explicit use of language are defined by a lower degree of indeterminateness and indirect speech acts or an implicit use of language is defined by a higher degree of determinateness.

realized explicitly and therefore must be inferred from the utterance and its embeddedness in social and linguistic contexts. Sociopragmatics has also focussed on the genre's leitmotif of a clear-cut division of labour[6], which is derived from a clear-cut differentiation between the speech act employed by an interviewer (IR) and the speech acts employed by an interviewee (IE), from their felicity conditions, from the coparticipants' interactional and institutional roles and from their complementary rights and obligations.

In the following, the dual status of a political interview as a genre and media event is examined, and special reference is given to the phenomena of interfacing frames, constitutive multi-frame interactions and multiple discourse identities. Section 2 investigates the linguistic representation of references to the media frame, such as TV, programme, interactional and institutional roles of IR, IE and audience. Particular attention is given to their distribution, linguistic realization and communicative function(s). In an unmarked, prototypical interview, explicit references to the media frame are restricted to the opening and closing sections. If employed in the topical-sequence section, they are used as a strategic means to secure the discourse common ground between the first-frame coparticipants of IR, IE and a possible audience (A-1) and the second-frame coparticipants of media audience (A-2), or they are exploited in order to communicate conversationally implicated meaning, such as boosting the pragmatic force of a challenge.

2. Political interviews: genre and media event

In sociopragmatics, coparticipants perform communicative acts in an intentional and strategic manner by intending their communicative act to count as a communicative act with a particular force. In speech act theory, speech acts are not only performed intentionally and strategically, but they are also performed sincerely[7]. If the sincerity condition is adapted to a dialogue frame of reference, a coparticipant's communicative intention is meant as uttered and interpreted as meant. In the context of a political interview, speech act theory's sincerity condition does not only hold for the felicitous performance of a micro speech act, but also for the felicitous performance of genre, which is also referred to as macro speech act[8] and as macro validity claim[9].

In a speech-act-theoretic frame of reference, IR and IE perform different kinds of speech acts, such as a request for information, an assertion or a commissive. Since the IR requests the IE to provide specific information, it is generally assumed that the IE provides the information for the IR. But is this really the case? Does a political interview consist of IRs and IEs exchanging speech acts?

---

6 Cf. Blum-Kulka 1983.

7 Cf. Austin 1980; Searle 1969.

8 Cf. van Dijk 1981.

9 Cf. Fetzer 2000.

If a political interview is investigated with regard to language production and language comprehension, then it does consist of an IR, who produces speech acts, and an IE, who interprets speech acts. However, there is more to the interactional organization of the genre of a political interview than the constitutive parts of IR, IE and speech acts. First, the ratified coparticipants of a political interview do not only consist of the actual language producers of IR and IE, but also of an audience[10], in front of whom and for whom the political interview is performed. Second, communication in a political interview is not only a micro phenomenon, but rather both a micro and macro endeavour. This means that the individual speech acts should not be investigated in isolation but rather should be looked upon as constitutive parts of the whole interview. For this reason, the examination of single speech acts has to account for the questions whether the coparticipants' communicative contributions are coherent, and whether the coparticipants act in accordance with the contextual constraints and requirements of the genre of a political interview.

In the following, a sociopragmatic framework is introduced, which allows for the accommodation of the contextual constraints and requirements of both the first-frame interaction between IR and IE, and between the first-frame interaction and the media-frame interaction. It is based on Habermas's conception of communication and his notion of validity claim, which is adapted to the contextual constraints and requirements of the micro domain.

3. Negotiating validity claims in context

Jürgen Habermas's approach to *communicative action* (1987) represents a dialogical framework par excellence. A speaker postulates a validity claim with a preliminary status and directs it at a hearer who ratifies the claim by accepting it, by rejecting it, or by taking a neutral stance. The move of ratification is a necessary condition for the claim to be assigned the status of a validity claim. In a micro framework, an accepted claim is assigned the status of a plus-validity claim, and a rejected claim is assigned the status of a minus-validity claim. The former accepts the validity claim and all of its presuppositions and attributes them to the discourse common ground[11]. Once a validity claim is accepted, it does not have to be explicated any longer. A minus-validity claim, by contrast, is not attributed to the discourse common ground, and its presuppositions are not attributed to the discourse common ground either. Instead, a negotiation-of-validity sequence is initiated in which the non-accepted claims and their presuppositions are negotiated. Only then is it possible to attribute them to the discourse common ground

10 The ratified coparticipant of an audience does not have to be a constitutive part of the first-frame interaction, but it must be a constitutive part of the media-frame interaction between the first frame and the second frame. Cf. Fetzer 2000.

11 Cf. Fetzer 2002a.

and continue with the exchange in a felicitous manner. But what relevance does that frame of reference have for the investigation of a political interview?

In a validity-claim framework, the genre of a political interview is defined by the IR's and IE's negotiation of validity claims. Due to genre-specific constraints, however, the IE does not ratify the claims by accepting them and assigning them the statuses of plus-validity claims or by rejecting them and assigning them the statuses of minus-validity claims only. This is because s/he has the obligation to discuss public discourse and thus postulate further claims in front of and for a public audience who is assigned a ratified participant status[12]. Of relevance is the fact that the audience is not a direct, but a mediated communication partner. As a consequence of the ratified and mediated statuses of the audience, A-1 and A-2 are obliged to ratify the first-frame claims, but not allowed to participate in the process of negotiating their communicative status. Moreover, audience's ratification of the first-frame claims by an acceptance or a rejection is a necessary condition for first-frame coparticipants' communicative intentions to be felicitous. Due to media-specific constraints, the audience is not in a position to negotiate the communicative status of the claims with the first-frame coparticipants, but may discuss them with other members of the audience or with other possible audiences[13]. The communicative setting of a political interview is schematized in figure 1:

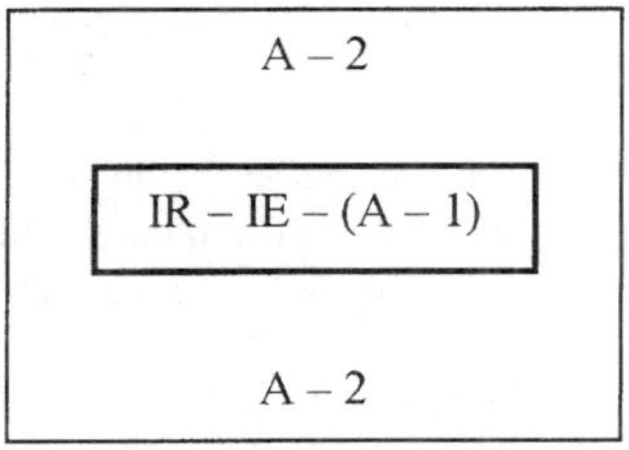

The hairline frame symbolizes the media frame and is assigned the status of a fuzzy category which contains the unbounded category of A-2. The heavy frame symbolizes the first-frame interaction between IR and IE and a possible A-1 and is assigned the status of a discrete category with a discrete number of coparticipants. As a consequence of the dual setting, first-frame coparticipants can refer to the media frame in an explicit mode and an implicit mode in their negotiation of validity claims. So, what communicative functions do the explicit and implicit references to the media frame fulfil?

In the framework of validity claims, a reference to the media frame realizes a validity claim with a preliminary status which is, if ratified, assigned the status of a plus-/minus-validity claim. Should it be accepted, it is assigned the status of a plus-validity claim, is attributed to the discourse common ground and given a

12 Cf. Goffman 1974; Levinson 1988.

13 Cf. Fetzer 2000.

presuppositional status. For this reason, it does not require any further explication. Should it be rejected, a negotiation-of-validity sequence is initiated in which the non-accepted claim is made explicit. Only then is it possible to negotiate its communicative status. In the topical-sequence section, a reference to the media frame can initiate a lengthy and controversial process of negotiation. While non-accepted presuppositions are explicated for the first-frame coparticipants in an ordinary face-to-face interaction, they are explicated for both the first- and the second-frame coparticipants in a political interview. Thus, the connectedness between an utterance, a speaker's communicative intention and its immediate and more remote linguistic and social contexts is of great importance to the investigation of the communicative function of media references. Against this background, they realize validity claims and can represent direct or explicit meaning, such as a reference to the ‚viewers', to ‚the audience' or to ‚the programme', and they can represent indirect or implicit meaning. Implicit meaning is calculated by a process of inferencing to retrieve the speaker-intended conversational implicature, such as criticism. For instance, the reference to the media frame „you or the green lobby groups who are watching this programme" in (1) does not only express a reference to the interviewer and to the green lobby groups, but also reflects on the IE's responsible attitude towards the media-specific constraints and requirements[14]:

(1) IE I don't want to give **you** or **the green lobby groups who are watching this programme** erm the message that it is simple. *On The Record* (17.06.90)

In (1) there are three references to the media frame. The IE (David Trippier, the then minister of the environment) indexes the media frame with a reference to a subset of A-2, i.e. „the green lobby groups", with a reference to the IR (Jonathan Dimbleby, BBC1), i.e. „you", which also indexes his institutional role as the interviewer of the programme ‚On The Record', and with an explicit reference to the media-frame presupposition of programme, viz. „this programme". From a linguistic-surface viewpoint, the three references to the media frame signify the medialized status of a political interview. From a transmission of information viewpoint, the references to the media frame are redundant as it is obvious to all of the coparticipants that the face-to-face interaction between the IR and IE is being broadcasted and therefore must have an audience. But the media references in (1) cannot be assigned the function of stating explicit meaning only. Instead, they trigger a process of inferencing to retrieve the IE's conversational implicature, namely that because of time constraints he cannot be as explicit about „it" (the discourse topic of combatting the greenhouse effect). Additionally the IE indicates that he is aware of the fact that he cannot answer the question in an appropriate manner. For this reason, it is not him who is to blame for not being „perspicuous"[15] but rather the external contextual constraints.

14 The pronominal references in the analysis of the data are based on natural gender.

15 Grice 1975.

A pragmatic conception of implicature and the underlying notion of communicative intention does not refer to some subjective cognitive domain but rather is anchored to the notion of presupposed common ground, or to employ Paddy Scanell's words:

> The study of implicatures, central to linguistic pragmatics, has hardly begun to be applied to broadcasting though I am certain that it can account for many of the organizational features of radio and television discourse. The theory of communicative intentionality - which is not a theory of the motives of speakers (what they have in mind) but of the structuring preconditions of communication as social interaction (intentionality as common ground between speaker and hearer) - must in the first place be presupposed as a grounding condition for the activities of broadcasters *and* audiences. (Paddy Scanell 1991: 6)

In the following, the linguistic representation of references to the media frame is investigated in a corpus of 14 dyadic political interviews recorded between May and June 1990 (*On the Record*, BBC1). Since the goal of the analysis is to investigate linguistic references to the media frame, the transcription mode employed follows orthographical standards.

4. The linguistic representation of media-frame references

The influence of audio-visual, printed and electronic media has undoubtedly had a decisive influence on how politics and political discourse are perceived nowadays[16]. And it is the media context, which has become one of the most important prerequisites for a political interview to be felicitous, because without the coparticipant-intended transmission of the interview in the media, the macro speech act of a political interview would be void. So, how is the media frame best defined?

The media frame comprises all the necessary and sufficient conditions for the transformation of the dyadic face-to-face interaction of an interview into the media event of a political interview, such as audience, viewer, television set, screen, camera, interview with a prespecified agenda, institutional interviewer, institutional interviewee, political discourse topics, politician or journalist. In this contribution, the conditions are classified with regard to the constitutive systems of (1) the medium of TV and its TV-specific presuppositions, such as screen, TV, TV set, camera, microphone or program; (2) the coparticipants and their institutional and social roles, for instance, interviewer, interviewee, politician, journalist, audience, viewer or voter; and (3) the genre of a political interview and its genre-specific presuppositions, such as turn, turn-taking, adjacency pair of question/answer, discourse topics from the domain of politics and an agenda which has been agreed upon. In line with the basic pragmatic premise, that communica-

16 Cf. Bell/Garret 1998; Fairclough 1998; Scollon 1998.

tive intentions can be realized both implicitly and explicitly, references to the media frame can also be realized in the explicit and implicit modes. That is, references to the medium TV and its TV-specific presuppositions can be realized explicitly by ‚TV' or ‚screen', and implicitly by ‚why I can't possibly start telling you publicly'. References to the coparticipants and to their institutional roles can be realized explicitly by ‚interviewer', ‚interviewee', ‚audience' or ‚viewers', and implicitly by generic terms indexing the public domain, such as ‚the public', ‚voters', ‚you', ‚many people', or by welcoming the audience in the opening section and by thanking the interviewee in the closing section. References to the genre of a political interview can be realized explicitly by ‚programme', ‚first full-length interview', and implicitly by the name of the programme, such as ‚on the record', by references to the genre's contextual constraints and requirements, such as ‚one final question' or ‚let me put this final thought to you'. So, how are references to the media frame, to its constitutive systems and to their presuppositions realized in the political interviews investigated, in what social and linguistic contexts is the media frame referred to, and are the coparticipants free to employ any mode of linguistic representation for their references to the media frame?

In the following, the distribution of references to the media frame and their linguistic realizations is investigated in detail. After an examination of media-frame references in the opening section, the topical-sequence and closing sections are investigated in detail.

4.1 Media-frame references in the opening section

In the interviews investigated, the frequency of explicit references to the media frame, viz. medium TV, coparticipants, genre and their presuppositions, is distinctively higher in both opening and closing sections than in the topical-sequence section, and the number of media-frame references is distinctively higher in the opening section than in any other section of the interview. This is due to the fact that the opening section of a political interview adheres to a fairly standardized procedure in the process of interactionally organizing the genre[17], which is anchored to the IR's employment of particular media references, such as the following references printed in bold:

(2) IR **Good afternoon and welcome to On The Record**. In today's **programme** mad cow disease and the **Minister of Agriculture, John Gummer**, argues his case that your beef is safe in his hands. Then Labour's answer to the poll tax. What is it? Would you like it? **On The Record** puts the roof tax to the test. Put bluntly, you have something of a credibility problem. *On the Record* (20.05.90)

17 Cf. Clayman 1991; Fetzer 2000, 2002b.

In (2) the IR refers implicitly to the media frame by „good afternoon and welcome to On The Record", which indexes the category of coparticipants and their institutional roles. Against this background, the common greetings have the communicative function of addressing A-2, which is supported by the IR's direct gaze. At the same time, the media-frame references initiate and establish the opening section of the interview. Additionally, there is an explicit reference to the category of genre, that is „today's programme", which introduces the political discourse topic of BSE, and there are implicit references to the categories of coparticipant and genre, namely the IE's name „John Gummer" and his institutional role „Minister of Agriculture", which introduce him to A-2, and to contextual constraints and requirements of the genre, i.e. „on the record", which introduces the second political discourse topic: the roof tax. Since there is neither an explicit nor an implicit sign of rejecting the media references, such as the IE's walking out or stating that s/he does not intend to discuss BSE, the opening section of the first-frame interview has been successfully initiated and is established. The transition from media-frame to the first-frame interaction is initiated by the IR's requesting the IE to provide particular information regarding the first-frame topic of the IE's credibility.

In (3), the IR does not directly address A-2 with a common greeting. Instead, he explicitly refers to the category of genre, i.e. „first full length interview", with which he initiates and establishes the opening section of the interview by introducing the IE, „Tony Blair", and by making explicit his institutional role as „Shadow Secretary of Employment". Again, the IR's references to the media frame are redundant for a felicitous first-frame interaction. For this reason, they infringe on the Gricean maxim of quantity (1975) and signify the IR's intention to get in a conversational implicature, through which he indirectly greets A-2, which is supported by his direct gaze into the camera:

(3) IR Today in his **first full length interview** as the Shadow Secretary of State for Employment Tony Blair goes **On The Record**. ... Now the policy that you have drawn up ...*On the Record* (27.05.90)

In the data investigated, all of the opening sections contain explicit or implicit references to the coparticipants, to their institutional roles and to genre and its contextual constraints and requirements, and all of the references are produced by the IR only. The opening section of a political interview seems to adhere to a standard procedure of indexing the media-frame specific categories of coparticipants and of the genre. Explicit references to the category of the medium TV and to its TV-specific presuppositions are not generally produced at that stage of the interview. After the initiation and establishment of the media frame, the IE's identity is made explicit. The address terms are anchored to a public discursive style: the IE is explicitly referred to by title, such as „Minister of Agriculture" or „Shadow Secretary of State for Employment", and by their first name and surname, for instance „Tony Blair" or „John Gummer". After the initiation of the internal first-frame opening section, the topical-sequence section of the interview may begin.

After the investigation of the opening section we will look at how the encounter is closed by examining the distribution and communicative function of media-frame references in the closing section.

4.2 Media-frame references in the closing section

Analogously to the standard procedure of the initiation and establishment of the first- and media-frame opening sections of a political interview, in which the individual phases are sequentially organized and ordered, the closing section subcategorizes into a first-frame closing section and into a media-frame closing section. Adapting the relevance-theoretic premise of order of inclusion to the macro domain of genre[18], the first-frame closing section must have been initiated, established and closed before the media-frame closing section can be initiated, established and closed. In the data analyzed, the closing section of the first-frame encounter between IR and IE is also initiated by the IR and his reference to the contextual constraints and requirements of the communicative encounter, namely that political interviews are bounded events which have to be terminated at some stage. Unlike the straight-forward initiation of the first-frame interaction by a straight-forward IR request for information, which is not supplemented by an explicit reference to the boundedness constraint, such as ‚let me put this first question to you', the initiation of the closing section of the first-frame interaction requires a reference to the boundedness constraint. This is due to the fact, that a genre is a both cooperative and collective endeavour[19], whose termination requires the coparticipants' acceptance. The boundedness constraint is indexed in (4) and (5) through the IR's references „one final question" and „this final thought". After the initiation of the first-frame closing section, the IE is generally allowed one brief answer:

(4) IR one final question *On the Record* (13.05.90)

(5) IR let me put this final thought to you *On the Record* (17.06.90)

After the IE's response to the IR's final first-frame question, the IR initiates, establishes and closes the second-frame closing section by obligatory references to the IE and to A-2, which may be realized in the explicit or implicit modes, as is the case in (6) to (9):

(6) IR **Minister**, we will see how **the public** judges you. **Thank you very much** *On the Record* (20.05.90)

18 Cf. Fetzer 2002a; Sperber/Wilson 1996.

19 Cf. Fetzer 2002a.

(7) IR **We'**ll see what happens next **Secretary of State, thank you**. *On the Record* (10.06.90)

(8) IR **Mister Lamont, thank you** for being so straight with **us**. *On the Record* (13.05.90)

(9) IR **We** look forward to seeing how you decide to make it better. **Jack Cunningham, thank you**.*On the Record* (20.05.90)

In all of the examples, references to the media frame in the closing section are employed by the IR only. While the IR refers explicitly to A-2 in the opening section, he does not explicitly refer to them in the closing section: the reference „public" in (6) does not directly refer to the media-frame coparticipant A-2, but rather to a less determinate general public which entails A-2. And the IR goes even further by spelling out the rights and obligation of that coparticipant, namely to judge the IR's and IE's performances. In (7) to (9), the IR does not employ the first-person singular pronoun ‚I' to refer to himself in their move to close the media-frame and thus the interaction. Instead, he uses the first-person plural pronouns ‚we/us', whose referential domain extends the first-person-singular referential domain to the first-person-plural domain thus indexing the set of IR and A-2. While A-2 is not explicitly referred to in the media frame's closing section, the first- and media-frame coparticipant of IE is explicitly referred to in the setting. In all of the closing sections investigated, the IR does not only employ the media-specific address terms of title and/or first and last name, e.g. „Secretary of State", „Mister Lamont" or „Jack Cunningham", but also the conventionalized appreciation device „thank you", which is intensified by the booster „very much" in (6). Regarding the position of „thank you" in the final turn, there is also variation: it can be realized in the turn-medial position or in the turn-final position.

The terms of address employed in the data investigated represent instances of a public discursive style because explicit references to the coparticipant's title or her/his first and second name are redundant in the closing section of a mundane face-to-face interaction. For this reason, the employment of terms of address at this stage of discourse is assigned the function of an implicit reference to the media frame. Moreover, the terms of address employed in the media-frame opening and closing sections are identical, which may indicate that the coparticipants' social identities have remained unharmed.

In the following the distribution and communicative functions of media references in the topical-sequence section of a political interview are examined, which is frequently perceived and referred to as the ‚real interview'.

4.3 Media-frame references in the topical-sequence section

Unlike the coparticipant-specific employment of media references in the opening and closing sections, references to the media frame are employed by both IR and IE in the topical-sequence section. So, in what contexts do they refer to the media frame and what communicative function do the references fulfil?

In (10), the media frame is implicitly referred to in the IR's predication „would not seek to portray you“:

(10) IR Erm **I would not seek to portray you** other other than you would like. *On the Record* (20.05.90)

Here, the lexical verb „portray“ indexes the TV-specific presupposition of transmission of information and, in that context, the transmission of mediated information, which may be exploited in order to manipulate A-2's reception and interpretation of the event. This can be achieved by the IR's focussing on a single aspect of a discourse topic, for instance. Against this background, the communicative meaning of the IR's negated predication „not seek to portray“ refutes a possible implicated conclusion drawn by A-2, namely that the IR has manipulated the IE's performance at the particular stage of the interview[20]. Thus, the IR's reference to the media frame is employed strategically in order to boost the pragmatic force of the refutation.

In (11), the IR's explicit reference to the media-frame category of coparticipant „viewers“ is used in the context of a non-acceptance of the IE's contribution. Analogously to (10), the media-frame reference occurs in the linguistic context of the first-person-singular pronoun and a verb of cognition through which the speaker refers to himself, namely „I notice“:

(11) IR You say it should. But I notice, and **so will the viewers notice**, the absence of a pledge that waiting lists will come down. *On the Record* (10.06.90)

The domain of validity for the conclusion drawn that there is no pledge that waiting lists will come down is then extended from the IR's personal domain and his process of reasoning to the domain of the media-frame coparticipant „viewers“ and their collective reasoning processes. That is, the IE's contribution will not only lead the IR, but also A-2 to draw the particular conclusion. The alignment is linguistically realized by the anaphoric reference „so“, which presuppose the content of the substituted clause „I notice“ and extends its domain of validity to the constitutive coparticipant of „viewers“, who „will“ also „notice“ that the IE has not answered the IR's request in an appropriate manner. Analogously to (10), the IR's media-frame reference boosts the pragmatic force of the non-acceptance.

[20] Since natural-language communication is - to some degree - indeterminate, the IR's refutation may be taken in an ironic way.

In (12), the IR indexes the media-frame category of coparticipants by the generic reference „people“:

(12) IR Let me, let me, I understand what you're saying and, of course, we must discuss these things, **but for many people this is an issue.** *On the Record* (13.05.90)

The IR's reference to the media frame occurs in the context of a non-acceptance. Again, the IE does not comply with the IR's request to provide for a particular piece of information, but suggests to discuss some different matter instead. To this, the IR reacts sympathetically but insists on discussing the controversial topic before they move on to discuss another topic. The insistence is boosted by the reference to A-2's information needs, viz. „but for many people this is an issue“. To summarize and conclude, IR's references to the media frame occur in the context of a non-acceptance and boost the pragmatic force. In what contexts do IE's references to the media frame occur and what communicative function do they fulfil?

The IE's references to the media frame identified in the data also occur in negative contexts, where the validity of the IR's request for some particular piece of information is at stake. However, the media-frame references are not used to boost the pragmatic force of the rejection but rather to provide a reason for the IE's non-compliance, as is the case in (13):

(13) IE Well, if I had said that, then that would have been perfectly reasonable. What I said was .... but, of course, if **the press** reports you in a way which is not true and there was only one report of that. *On the Record* (20.05.90)

In (13), the media frame is indexed by a reference to the category of TV and its presuppositions. Here, the IE's reference to „the press“ occurs in the context of a negotiation-of-validity sequence and has the communicative function of accounting for the IE's non-acceptance. The criticism of the press is also an instance of indirectly criticizing the IR for not having displayed a more critical and thus a more neutral attitude towards his selection of media information[21].

In (14) the IE's reference to the category of genre, that is the media event „interview“, is employed in a similar context and has a similar communicative function. It provides a reason for the IE's non-compliance which indexes the Gricean cooperative principle and its maxim of quality, and the IE opts out[22]:

(14) IE It would be very foolish of me **to speculate on this programme** as to what in fact might be in the white paper or indeed what the Chancellor of the Exchequer might wish to say. *On the Record* (10.06.90)

---

21 Cf. Fetzer 1999; Greatbatch 1998.

22 Cf. Grice 1975.

Again, the IE's reference to the media frame occurs in the context of a negotiation-of-validity sequence. His reason for the non-compliance is assigned the status of a higher-order principle which allows him to successfully terminate the discourse topic about finances. As a consequence of that, the IE presents himself as a responsible politician who does not „speculate" in the genre of a political interview but acts in accordance with the Gricean maxim of quality by saying only what ‚he believes to be true'. So, the IR is implicitly criticized for having asked such a question in the first place. An IE's reference to the media frame in order to opt out of the discussion of the discourse topic about finances is also employed in (15):

(15) IE ... and I know you'll understand **why I can't possibly start telling you publicly** what I believe the proper figure is. I discuss that with Norman ... *On the Record* (10.06.90)

The IE indexes the category of TV and its presuppositions by „tell you publicly". The genre-specific constraint is seen as inappropriate for the requested piece of information, and thus assigned the status of a higher-order principle which allows the IE to opt out of the Gricean cooperative principle. And the IE goes even further by spelling out the appropriate addressee of the requested information, namely „Norman", the then chancellor of the exchequer.

Unlike the participant-specific employment of media references in the opening and closing sections, references to the media frame are employed by both IR and IE in the topical-sequence section of the interview. Even though all of the references occur in the context of a negotiation-of-validity sequence, they serve different purposes: the IR employs a media-frame reference to boost the pragmatic force of his non-acceptance, which is intended to make the IE comply with his request, whereas the IE uses a media-frame reference to provide reasons for his non-compliance, and to opt out of the Gricean cooperative principle locally in order to close a discourse topic.

5. Conclusion

Political interviews are interactionally organized events. The media frame is a constitutive part of the genre of a political interview which is also reflected in the linguistic representation and distribution of media-frame references. As regards their semantic content, media references fall in three categories: the first category indexes the medium TV and its TV-specific presuppositions; explicit references are realized by a number of lexical markers denoting the medium, such as TV, screen or microphone, and implicit references are realized by lexical markers signifying the mediated status of communication, such as the adjective public or the lexical verb manipulate. The second category indexes the coparticipants and their institutional roles; explicit references are realized by the lexical markers interviewer, interviewee, audience or viewers, and implicit references are realized by lexical markers signifying the mediated status of the coparticipants, such as the generic nouns public or people or particular subsets, such as voters or lobby group. The third category indexes the contextual constraints and requirements of the genre of a political interview; explicit references are realized by the lexical markers programme, interview or question and answer-sequences, and implicit references are realized by lexical markers signifying the mediated status of the particular communicative event, such as making explicit the coparticipants' rights and obligations or spelling out the name of the program.

As regards the distribution of references to the media frame, it has been shown that explicit and implicit references to the media frame are employed in a context-dependent and in a coparticipant-specific manner. Explicit references to the media frame are a constitutive part of the opening section of the interview, where they are employed by the IR only. Thus, they are a necessary condition for the felicitous interactional organization of a political interview. This also holds for references to the media frame in the closing section. Unlike the obligatory explicit references in the opening section, references in the closing section can be realized both explicitly and implicitly. Analogously to the participant-specific distribution in the opening section, references to the media frame in the closing section are also employed by the IR only. Thus, the communicative event of a political interview is framed by explicit references to the media frame which initiate and open the encounter, and it is closed by references to the media frame which close the encounter. In the topical-sequence section, explicit and implicit references to the media frame are used by both IR and IE. In this section, they serve to intensify the pragmatic force of the contribution. IR's references to the media frame produced boost a request for a particular piece of information, and IE's references to the media frame are employed in order to indirectly criticize the IR, or they are used in order to opt out of the cooperative principle with regard to a local discourse topic. While the former do not necessarily terminate the discussion of the topic, the latter initiate its termination.

To summarize and conclude, references to the media frame regulate the interactional organization of political interview regarding the opening and closing sections. A prototypical political interview is defined by the IR's references to the media frame in the opening and closing sections, whereas a less prototypical interview exploits the media-frame references by making them explicit in the central section of the interview. If the Gricean cooperative principle, which is the foundation for the calculation of a conversational implicature, is adapted to the investigation of media references in the genre of a political interviews, explicit references to the media frame are required for the instantiation of the medialized communicative event of a political interview. If they are accepted, the media frame is established and does not require any further explication. Further explicit references to the media frame are thus redundant and infringe on the Gricean maxim of quantity. For this reason, the explication of an already accepted presupposition to the media frame triggers a process of inferencing with regard to the validity of the media presupposition and initiates a negotiation-of-validity sequence. Because of that, there are hardly any explicit references to the media frame in the topical-sequence section of the interview, where, professional politics'[23] is discussed. This may be one of the reasons of why the central part of the interview may be perceived and interpreted - from a social-reality viewpoint - as a single-frame interaction.

References

Austin, John (1980): How to do things with words, Oxford.

Bell, Allen/Garret, Peter (Hrsg.) (1998): Approaches to media discourse, Oxford.

Blum-Kulka (1983): The dynamics of political interviews. In: Text 3/2, S. 131-153.

Bull, Peter (2003): The Microanalysis of Political Communication. Claptrap and Ambiguity, London.

Brown, Penelope/Levinson, Stephen (1987): Politeness. Some universals in language use, Cambridge.

Clayman, Steven (1991): News interview openings: Aspects of sequential organization. In: Scannell, Paddy: Broadcast talk, London, S. 48-75.

Clayman, Steven (1992): Footing and achievement of neutrality. The case of news interview discourse. In: Drew, Paul/Heritage, John (Hrsg.): Talk at work, Cambridge, S. 163-198.

Chilton, Paul (Hrsg.) (1998): Political discourse in transition in Europe 1989-1991, Amsterdam.

Dijk, Teun van (1981): Studies in the pragmatics of discourse, The Hague.

Dijk, Teun van (1988): News as discourse, Hillsdale, NJ.

Fairclough, Norman (1995): Media discourse, London.

Fairclough, Norman (1998): Political discourse in the media: an analytical framework. In: Bell, Allen/Garret, Peter (Hrsg.): Approaches to media discourse, Oxford, S. 142-162.

Fetzer, Anita (1999): Challenging the unspoken. Exploiting the ideology in and of political interviews. In: Verschueren, Jeff (Hrsg.): Language and ideology: selected papers from the 6th international pragmatics conference. Vol. 1, Antwerp, S. 98-113.

Fetzer, Anita (2000): Negotiating validity claims in political interviews. In: Text 20/4, S. 1-46.

Fetzer, Anita (2002a): Communicative intentions in context. In: Fetzer, Anita/ Meierkord, Christiane (Hrsg.): Rethinking sequentiallity. Linguistics meets conversational interaction, Amsterdam, S. 37-69.

Fetzer, Anita (2002b): ‚Put bluntly, you have something of a credibility problem'. Sincerity and credibility in political interviews. In: Chilton, Paul/Schäffner, Christina (Hrsg.): Politics as talk and text. Analytic approaches to political discourse, Amsterdam, S. 173-201.

Goffman, Erving (1974): Frame analysis, New York.

23 Fairclough 1998.

Greatbatch, David (1998): Conversation analysis: neutralism in British news interviews. In: Bell, Allen/Garret, Peter (Hrsg.): Approaches to media discourse, Oxford, S. 163-185.

Grice, Herbert P. (1995): Logic and conversation. In: Cole, Peter/Morgan, Jerry L. (Hrsg.): Syntax and semantics. Vol. 3, New York, S. 41-58.

Habermas, Jürgen (^{4}1987): Theorie des kommunikativen Handelns. Band 1: Handlungsrationalität und gesellschaftliche Rationalisierung. Band 2: Zur Kritik der funktionalistischen Vernunft, Frankfurt am Main.

Heritage, John (1985): Analysing news interviews: aspects of the production of talk for an overhearing audience. In: Dijk, Teun van (Hrsg.): Handbook of discourse analysis. Vol. III, London, S. 95-117.

Holly, Werner (1990): Politik als Fernsehunterhaltung. In: Diskussion Deutsch 21, S. 508-528.

Jucker, Andreas (1986): News interviews. A pragmalinguistic analysis, Amsterdam.

Levinson, Stephen (1983): Pragmatics, Cambridge.

Levinson, Stephen (1988): Putting linguistics on a proper footing. Explorations in Goffman's concepts of participation. In: Drew, Paul/Wootton, Andrew (Hrsg.): Erving Goffman. Exploring the interaction order, Cambridge 1988, S. 161-227.

Levinson, Stephen (2000): Presumptive meanings. The theory of generalized conversational implicature, Cambridge.

Scannell, Paddy (Hrsg.) (1991): Broadcast talk, London.

Schegloff, Emanuel (1989): From interview to confrontation. In: Research on language and social action 22, S. 215-240.

Scollon, Ron (1998): Mediated discourse as social interaction, London.

Searle, John (1969): Speech acts, Cambridge.

Searle, John (1975): Indirect speech acts. In: Cole, Peter/Morgan, Jerry L. (Hrsg.): Syntax and semantics. Vol. 3, New York, S. 59-82.

Sperber, Dan/Wilson, Deirdre (1996): Relevance. Communication and cognition, Oxford.

Weizman, Elda (2001): Addresser, addressee and target. Negotiating roles through ironic criticism. In: Weigand, Edda/Dascal, Marcello (Hrsg.): Negotiation. The dialogic question, Amsterdam, S. 125-137.

Wilson, John (1990): Politically speaking, Oxford.